KB125636

두드려라
꿈이
열릴것이다

두드려라 꿈이 열릴것이다

초판 1쇄 발행 2018년 12월 10일

지 은 이 권익철
발 행 인 권선복
편   집 전재진
디 자 인 서보미
전 자 책 서보미
발 행 처 도서출판 행복에너지
출판등록 제315-2011-000035호
주   소 (07679) 서울특별시 강서구 화곡로 232
전   화 0505-613-6133
팩   스 0303-0799-1560
홈페이지 www.happybook.or.kr
이 메 일 ksbdata@daum.net

값 15,000원
ISBN 979-11-5602-668-6 (03190)

두드려라!
꿈이 열릴 것이다

권익철 지음

 도서 출판 행복에너지

일러두기

필자는 NLP University California(Santa Cruz USA)에서 Neuro-Linguistic Programming을 전공했다. NLP 전문가인 필자는 언어적 반복의 마법을 의도적으로 이 글에 반영했디. 이 글에서의 단이와 의미의 중복은 필지의 의도기 반엉된 것임을 밝혀둔다. 독자들의 의식의 변화를 극대화하기 위해서.

내게 가끔 이렇게 물어 올 때가 있다.
"대학교 다닐 때 전공이 무엇입니까?"
"저는 자동차정비공장에서 판금을 전공했습니다."
나는 자신 있게 대답한다. 그들은 의아한 표정이다.

나는 다시 말한다.
"저는 자동차 정비공 출신입니다."

내 자신을 소개할 때 '자동차 정비공'이라고 당당하게 말할 수 있는 것은 자동차정비공장이 내 삶에 방향과 깨달음을 주었기 때문이다.

군대를 제대하고 내세울 만한 학력과 기술이 없어서 새벽 인력 시장에 1년 6개월 동안 일거리를 찾아다녔다. 주로 공사장에서 잡부로 일을 했다. 비가 오면 일을 못할 때가 있었다. 하루 일당을 받았다. 월급을 받아 보고자 자동차정비공장을 찾게 되었다. '숙식 제공' 자동차정비공장은 내가 월급을 받은 첫 직장이었다. 정말 행복했다. 더구나 점심까지 공짜로 주었다.

아침은 호떡으로 때웠다. 아침에는 호떡 한 봉지(10개)에서 호떡을 꺼냈다. 호떡은 밖에 두어도 10일 동안 곰팡이가 피지 않았다. 밥을 먹고 싶었지만 아직 여유가 없었다. 호떡한 개와 물로 배를 채우고 집을 나섰다.

오전 9시 출근이지만 8시도 되기 전에 도착했다. 아직 정문이 열려 있지 않았다. 화장실 청소와 판금부 연장을 정리해 놓았다. 판금부 인원은 15명이 넘었다. 선임들은 내게 소리쳤다.

"야! 개새끼야! 빨리빨리 안 움직여?"

"야! 개새끼야! 담배 사 와!"

"야! 개새끼야! 소주 사 와!"

"야! 개새끼야! 막걸리 사 와!"

"야! 개새끼야! 작업복 빨고 와!"

"야! 개새끼야! 양말, 속옷 빨아 와!"

판금부 시다로 들어가니 선임들은 심부름과 빨래만 시켰다. 선임들은 불러서 내가 조금이라도 늦으면 욕설과 주먹을 날렸다. 당시 교도소 재소자에게 자동차 정비 기술을 가르쳤다. 교도소 출신들이 많았다. 일명 '빵 출신'이었다. 서 있어도 발길질, 앉아도 발길질이었다.

내가 버틸 수 있었던 것은 꿈이 있었기 때문이었다. 나는 생각했다.

'자동차정비공장 사장이 되려면 이 정도는 참아야 해!'

나는 호주머니에 늘 볼트와 너트를 넣고 다녔다. 5, 6, 7, 8, 10, 12, 13밀리 볼트와 너트를 호주머니에 넣고, 손으로 만지작거렸다. 몇 밀리인지 감각으로 맞추는 일이었다. 걸어 다니면서도 맞추고, 화장실에서도 맞추는 연습을 했다. 자동차 작은 부속도 맞추는 연습을 했다. 3개월 정도 연습하니, 크기별로 볼트, 너트, 부속품을 눈 감아도 찾을 수 있었다. 손끝에 감각을 익혔다.

정비 공장에 들어온 지 3개월쯤 지나서, 생명의 빛이 내게 찾아왔다. 상무님이 현장에 와서 말했다.

"오늘 야간작업을 해서라도 차를 내보내야 해!"

그런데 그날 작업이 끝날 무렵 전기가 나갔다. 손전등으로 비추며 작업했다. 최고선임이 중간선임에게 심부름을 시켰다. 몇 밀리 볼트와 너트를 가지고 오라고 했다. 그런데 올 때마다 잘못된 것을 가지고 왔다. 볼트, 너트, 부속품이 있는 판금부실은 어두웠다. 작업장에서 비추는 희미한 불빛만 들어오고 있었다.

이번에는 자동차 작은 부속품을 가지고 오라고 했다. 중간선임은 올 때마다 다른 부품을 가지고 왔다. 나는 갑자기 "피식" 웃음이 났다. 작업을 하는 최고선임이 나를 보고 말했다.
"웃어? 이 새끼 봐라. 네가 갔다 와!"

나는 볼트, 너트, 부속품을 정확히 가져다주었다. 그는 나를 훑어보았다.

그는 말했다.
"이 새끼 봐라!"
그는 또 다른 심부름을 내게 시켰다. 나는 그가 시키는 대로 척척 가져다주었다. 그는 이어 말했다.
"어쭈!"
호주머니에 볼트와 너트를 넣었다 뺐다 하면서 알아맞히는 연습한 지 3개월인데, 이 정도는 누워서 떡 먹기였다. 이때 반복의 힘을 알게 되었다. 중요한 것을 깨달았다.
"머리로 생각하지 말고 감각을 익히자. 처음에는 힘들다. 그러나 반복하면 아무런 생각 없이 하게 된다. 그냥 행동으로 하게 된다."라는 것이었다.

　반복은 내게 학습 지침이 되었다.
　반복은 내게 큰 선물을 안겨 주었다. 내 이름이 바뀌었다.
선임들은 내게 더 이상 '개새끼'라고 부르지 않았다. '시다바
리'로 불러 주었다. 날아갈 듯 기분이 좋았다. 나는 작업장
에서 크게 소리쳤다. 누가 듣거나 말거나 상관없었다. 공장
에 있는 사람들이 들으라고 크게 외쳤다.
　"나는 이제 개새끼가 아니고, 시다바리다."
　공장 안에서 얼마나 소리쳤는지 모른다.
　'개새끼'에서 '시다바리'로, 꿈에 그리던 엄청난 신분 상승
이 이루어졌다.

　자동차정비공장에서 일하는 최고 선임에게는 보조를 붙인다.
보조는 함께 일하는 선임을 '사수'라고 부른다. 내 사수 용식
이는 내가 정비공장에 들어간 지 3개월 만에 '판금 망치'를
만들어 주었다. 일주일 후에 내 망치가 보이지 않았다. 판금
부에서 망치를 잃어버렸다는 것은 전쟁터에서 총을 잃어버
렸다는 것과 같았다.

　며칠 동안 공장 안을 돌아다녀도 망치를 찾지 못했다. 정
비공장에서 보조하는 일에도 지쳐서 움직일 힘이 없었다.
그러나 나는 어떤 일이 있어도 망치를 찾아야 했다. 내 망치

소리를 생각했다. 집중하기 시작했다. 공장 안에서 정비하는 소리가 크게 들렸다. 더 집중했다. 도장부에서 '샌더기' 소리, 엔진부에서 엔진 소리, 하체부에서 타이어 교환하는 소리가 들렸다. 나는 망치 소리에만 더욱 집중했다. 도장부, 엔진부, 하체부에서 나는 소리가 사라졌다.

더욱 집중했다. '저건 함마 소리야, 저건 큰망치 소리야. 이건 판금 망치 소리야.'
더욱 집중했다. '이건 판금부 최고 선임 망치소리야. 저건 판금부 선임 망치소리야.'
오직 망치에만 집중했다. 희미하게 울려왔다. 엔진부에서 내 망치 소리가 들렸다. 내 망치 소리는 둔탁하지 않았다. 넓게 퍼지는 소리가 아니라, 짧게 끊어져서 들렸다. 결국 엔진부에 가서 내 망치를 찾았다. 나는 마음과 몸을 일치시켜야 원하는 것을 얻는다는 진리를 깨달았다.

정비 공장에서 점심을 먹고 난 후 30분 동안 산소 용접하기를 1년간 반복했다. 내 사수 용식이가 내게 말했다. "산소 용접할 때는 철사와 철판이 같은 온도가 될 때, 철사가 함께 녹아들어야 해! 녹아서 스며들어 가야 해! 눈으로 보는 것이 아니라 몸으로 느껴야 해!" 이때 깨달았다. 나를 앞세우지 말고 나를 내려놓아야 한다. 먼저 자신이 녹아야 한다. 녹아서 없어져야 한다.

또다시 점심을 먹고 난 후 30분 동안 전기용접을 연습하기를 1년 내내 반복했다. 문래동 정비단지에서 듣지도 못하고 말하지 못하는 이중고를 겪는 전기 용접공을 만났다.

그는 쓰레기차에서 전기 용접을 하면서 내게 알려주었다. 나는 그의 손짓, 두 다리, 헬멧의 의미를 알지 못했다. 잠시 후 나는 전기 용접하면서 쇳물을 서서히 채워 가고 있었다. 내 몸으로 느낌이 서서히 오기 시작했다. 용접봉이 철판에 녹으면서 한 몸이 되어 가고 있는 것을 느꼈다. 작업을 마치고 헬멧을 벗었다. 이때 깨달았다. 주위 환경을 정리한 다음에 작업해야 한다. 마음가짐은 자세에서 나온다. 일을 시작하면 자신을 의심하지 말아야 한다.

나는 다른 기술을 배우고 싶었다. 천지공업사 공장장을 만나게 되었다. 그를 통해 '함께'하는 것을 배웠다.
나는 다른 세상을 보고 싶었다. 잠실카도크 사장님을 만나게 되었다. 그를 통해 세상은 인품이 된 자와 함께 한다는 것을 배웠다.
나는 넓은 세상을 보고 싶었다. 풍성카도크 사장님을 만나게 되었다. 그를 통해 사람을 믿어야 한다는 것을 배웠다.

어느 날 미국에서 자동차정비공장을 운영하는 회장님께서 회사에 방문하셨다. 그런데 그분과 짧은 대화 중 "꿈은 이루는 것이 아니라, 다가가는 것이란다."라는 말씀을 하셨다. 나는 원하고 되고 싶은 것이 곧 꿈이라고 생각했었다. 그런데 꿈이란 다가가는 것이라니…… 짧은 인연이었지만 머리통을 해머로 내리 찍힌 것 같은 충격이 남았다. 그는 이렇게 말씀하셨다.

"강남에서 제일 큰 자동차 정비공장을 운영하시는 회장님이 계시단다. 선릉역에 가면 이화카도크가 있단다. 그분이 세상을 알아가는 지혜를 줄 거다!"

나는 세상을 알아가고 싶었다. 결국 이화카도크 회장님을 만났다. 그는 강남에서 막대한 부동산을 소유하고 엄청난 현금 동원력이 있다는 최병학 회장님이었다.

그는 이렇게 말씀하셨다.

"기회를 놓아주는 것이 큰 기회야."

그는 꿈에 대해 이렇게 말씀하셨다.

"꿈은 이루는 것이 아니라, 다가가는 것이야. 꿈은 여러 개, 아니 많은 꿈을 꿀 수 있어. 꿈은 얼마든지 다양하게 꿀 수 있어."

"다시 젊은 시절로 돌아간다면 많은 꿈을 꾸면서 다른 세상, 넓은 세상을 경험하고 싶네. 인생은 한 번 밖에 오지 않아. 삶도 마찬가지야. 얼마나 의미 있고, 가치 있게 살았는지 내게 묻고 싶네."

"꿈을 통해 기뻐하는 삶이 되도록 오늘 이 순간을 즐기게……."

나는 그분을 통해 꿈을 알아가기 시작했다.

중학교 때, 겨울 낚시터에서 국밥 장사를 하다가 털보 아저씨를 만났다.

그는 이렇게 말했다.

"서 있는 자리에서 얼음이 바로 깨지는 법은 없단다. 서서히 금이 가기 시작하지. 눈으로 금이 가고 있다는 것을 보는 것도 중요하지만, 잔금이 가고 있는 것은 눈으로 보이지 않아. 금이 가고 있다는 것을 알면 다른 곳으로 걸어가야 한다."

"저수지를 건너기 전에 저수지에 위에 있는 것이 중요하단다."

고등학교 때 과일 장사를 하면서 수박 도매상을 만났다. 그는 이렇게 말했다.

"수박밭에서 수박을 구입할 때는 수박 겉도, 소리도 아니고, 깨봐야 알 수가 있단다. 자르는 것하고 깨보는 것 하고는 차이가 있단다."

"한 곳에서 10통을 깨지 말고 걸어 다니면서 한 통씩 10통을 깨봐! 가능한 한 많이 깨볼수록 좋아!"

군대를 제대한 후 공사장에서 일했다. 시멘트 포대를 등에 메고 일어서야 했다. 포대를 나르는 아주머니를 만났다. 그녀는 이렇게 말했다.

"고개를 들고, 허리를 세우고, 다리 힘으로 일어나야 해!"
"뒤를 돌아보지 말고 앞만 보고 걸어가!"

철근을 나르는 아저씨를 만났다. 그는 이렇게 말했다.
"철근과 함께 움직여!"
"철근에 몸을 맡겨!"

중국에서 짐꾼을 만났다. 그는 이렇게 말했다.
"怀着愉快的心情, 像跳舞一般动起来就行了. (즐거운 마음으로, 춤추듯이 하면 됩니다.)"

지난 시간을 돌이켜보면 모든 이들은 내게 스승이었다. 삶 속에서 배움과 학습이 이루어졌다. 삶 속에서 교육이 이루어졌다. 그들은 내게 혼자가 아닌 '함께'를 보여주었다. 혼자 하면 힘들지만 함께 하면 즐겁다는 것을 보여주었다. 그들은 내게 가르치지 않았다. 그들은 삶으로 보여주었다.

세상의 지혜는 사람과 세상의 만남을 통해 얻어가는 것이었다. 삶 속에서 배움과 학습, 교육이 이루어져야 한다는 것을 깨닫게 해 주었다. 삶으로 배운 것은 결국 삶으로 이어져야 한다. 세상은 결국 삶으로 배운 것만 남는다.

"좁은 문으로 들어가라. 좁은 길로 들어가라. 생명으로 인도하는 문으로 들어가라."

세상은 알아가는 과정이었다. 세상을 알면 보이기 시작했다. 세상이 보이면 꿈을 꾸기 시작했다. 세상을 꿈꾸면 이루어졌다.

꿈은 이루는 것이 아니라, 다가가는 것이었다.
꿈 너머 또 다른 꿈이 있다는 것을 알았다.
내 꿈이 아닌, 우리가 함께하는 꿈을 꾸자.
혼자가 아닌, 함께 꿈을 만들어가자.

정재근 | 유엔거버넌스센터 원장

　나의 삶은 돌아보지 않고 남의 삶과 세상에 대한 공격과 주장이 넘쳐나는 세태입니다. 그래서 살아온 삶의 족적과 주장이 일치하는 글을 만나는 일은 쉽지 않습니다. 간혹 그런 글을 만날 때 행복합니다. 권익철 작가의 글 속에는 '꿈 너머 새로운 꿈에 다가가려고' 지금도 쉼 없이 달구고 있는 그의 삶이 오롯이 녹아있습니다. 울림이 있습니다. 오늘 주장한 말들에 스스로 책임을 지우고 남은 삶도 그렇게 살아가는 어려운 일도 잘 해내리라 믿습니다.

권택양 | 문학평론가

　삶을 통한 지혜, 경험으로 얻은 슬기로 저자는 꿈을 향해 쉼 없이 나아간다. 망설이고 주저하는 이들에게 이정표가 되어줄 것이다. 미래가 불안정하고 앞이 보이지 않아 좌절했을 때, 하늘은 스스로 돕는 자를 돕는다는 말이 있다. 항상 긍정하며 나 자신을 믿고 꿈을 꾼다면, 언젠가 그 꿈이 현실이 된다는 것을 일깨워 줄 수 있을 것이다.

김진화 | 동의대학교 평생교육청소년상담학과 교수

　필자가 이 책에 담아낸 생생한 삶의 경험과 생각들은 다른 사람에게 새로운 꿈과 도전의 씨앗이 될 것이다. 보통 사람들은 자신에게 맞는 적성과 흥미를 찾아서 그것에 맞추려고만 애쓴다. 이 책은 새로운 경험과 생각이 자신의 적성과 흥미로 재구성되고 성장한다는 삶의 지혜를 알려 준다. 필자의 삶과 생활은 청소년, 청년, 성인, 노년층 모두에게 소중한 의미로 와 닿을 것이다.

이성엽 | 교육학 박사, 아주대 교수, NLP Master Trainer

바닷가에서 파도를 구경한 것이 아니라, 온몸을 물길로 던져 도전하고, 실패하고, 좌절했으며, 배우고, 경험하며 결국 승리한 저자의 삶은 우리에게 힘과 용기를 준다. 수년간 가까이서 경험한 그의 열정 가득한 삶을 언어로 다 담을 수는 없다. 하지만 영혼으로 쓴 그의 책은 질풍노도를 앞둔 이들에게 희망의 마중물이 될 것이다.

이찬종 | 빵드포르투갈협동조합 이사장

삶의 연금술사 권익철 작가가 이 세상과 함께 살며 배우며 꿈을 꾸고 있는 삶의 연금술『두드려라! 꿈이 열릴 것이다』는 꿈 너머 꿈을 향해 나가야 할 이 시대의 교과서이다. 어떤 환경에서도 어려움과 장애물을 디딤돌로 삼아 끝없는 도전으로 꿈 너머 꿈을 향해 그 꿈을 계속해서 이루어가는 스토리텔링의 삶! 그의 삶은 이 시대의 빛과 소금이다.

장경생 | 시인, 도담 경영연구소장

　태평양을 바라보며 UCSC(캘리포니아 대학) 언덕에서 참다못해 흐르던 정이 오늘 이렇게 다가와, 앙상하던 나목이 푸르름 되어 드러난 자태가 더욱 고귀하다. 아픔을 기쁨으로 승화시키며 키워온 조각들마다 낱낱이 화려한 빛으로 발현하여, 시리게 파고들던 장면마저 이 시대 지리한 현자들에게 일갈한다. 뜻깊은 추억들이 모두에게 더욱 아름답게 피어나길 기원합니다.

조석제 | 한국NLP상담학회 회장, 전주대 상담대학원 객원교수

　우리는 종종 독일 문호 괴테의 "눈물 어린 빵을 먹어본 사람이 아니면 인생의 맛을 모른다."라는 말을 기억만 하고, 몸으로 마음으로 체험한 기억이 거의 없었다. 그러나 이제 그 말의 실제 모델인 권익철 작가를 통하여 특별한 삶을 만나게 된다. 매 순간 이 책 속에서 눈물과 환희와 끝없는 희망을 다시 만들게 된다. 그는 삶의 고난을 하늘의 별로 만들어 버리는 탁월함을 가지고 있다. 구절마다 우리의 마음을 진정한 감동과 눈물로 우리를 이끌어 갈 것이다.

|차례|

chapter 1.

가난의 탯줄을 끊고 세상 밖으로 나오다

가난의 탯줄을 끊고

세상 밖으로 나오다

chapter 1.

일하지 않는 자는 먹지 마라

스승의 날이 다가왔다. 가장 기억나는 선생님이 있다.

나는 초등학교 1학년 때 글자를 몰랐다. 국군 아저씨에게 위문 편지도 못 썼다.

2학년 때는 '군국 아저씨에게'라고 썼다. 아무리 외우고 외워도 안 외워졌다.

3학년 때, '국군 아저씨에게'는 정확하게 썼다. 그런데 어려운 단어가 있었다.

'깜짝'을 '짝깜'으로 썼다. 이번에도 순서가 바뀌었다.

3학년 때까지 한글을 완전하게 몰랐다. 그래도 담임 선생님은 혼내지 않으셨다. 늘 칭찬만 해주셨다.

글자를 잘 모르니 성적은 바닥이었다. 나 때문에 우리 반이 꼴찌라고 아이들이 구박했다. 그런 말을 들어도 기분이 별로 안 나빴다.

수업 시간에 나는 입이 없는 아이였다. 체육 시간에만 입이 있었다. 난 체육 시간이 제일 좋았다. 운동장에서 뛰는 게 좋았다. 소풍 가기 전에도 좋았다.

"어떻게 재미있게 놀 것인가?"

교탁 앞에서 큰 소리로 설쳐댔다. 나머지 시간엔 입이 없었다.

그런데 처음으로 내게 입이 생겼다. 60명 앞에서 사회를 보면서 발표를 할 수 있는 기회를 주신 분. 60명에게 박수를 받게 해주신 분. 칭찬과 격려가 삶을 바꾼다는 것을 가르쳐 주신 분.

초등학교 3학년. 우리 동네는 망원동이었다. 망원동의 망원은 망원경의 망원이다. 뭘 보라는 망원인지는 몰라도 멀리 보면 서울특별시 똥차와 쓰레기차만 보였다. 모두가 살면서도 다들 못 살겠다던 우리 동네. 그래도 나는 이 동네가 좋았다.

세상에서 제일 재미있는 놀이가 있었다. 똥차, 쓰레기차가 늘 우리 집 앞을 지나갔다.

친구들과 모여 다트 끝에 화약을 넣었다. 그리고 지나가는 쓰레기차와 똥차에 던졌다.

혼자서 던지니 재미가 없었다.

기다리던 토요일이었다. 오후 2시면 동네 친구들과 모두 모인다. 학교에서 돌아오면 가방을 던지고 밖으로 나왔다.
나는 친구들에게 말했다.

"준비됐지?"

"준비됐어!"

"하나, 둘, 셋" 하면 함께 던지는 거야, 알았지?"

"알았어!"

"하나, 둘, 셋, 던져!"

"빵!"

화약 터지는 소리와 함께 우리는 합창을 했다.

"튀어!"

이번에는 다른 목표를 찾았다.

"쓰레기차다!"

우리들은 큰소리로 합창을 했다.

"튀어!"

우리들은 앞만 보고 달렸다. 쓰레기차가 멈추지 않았다.
차에서 내리는 아저씨도 없었다.

이번에는 친구들을 좀 더 불러 모았다. 10명쯤 되었다. 쓰
레기차는 더러운 물을 흘리며 달린다. 따라가다가 잘못하면
바닥에 고인 물이 옷에 튄다. 그래서 목표를 바꿨다. 우리들
은 똥차만 공격하기로 했다. 나는 친구들에게 말했다.

"준비됐지?"

"어, 준비됐어!"

"알지? '똥 퍼요!' 하고 함께 튀는 거야!"

"알았어! 너나 잡히지 마!"

차의 똥통에 화약을 던졌다. 나는 생각했다.

'우리 화약이 똥통을 터뜨릴 수 있겠지?'

'똥통이 터져서 똥이 흘러나오면…….'

생각만 해도 즐거웠다.

이전에 길을 걷다가 웅덩이에 빠진 적이 있었다. 찐득찐득한 것이 내 허리춤까지 올라왔다. 빠져나오는데 시간이 좀 걸렸다.

'동네 아저씨, 아줌마, 형, 누나…….'

'똥통에 다 빠져봐라!'

상상만 해도 즐거웠다. 나는 이어 말했다.

"준비됐지?"

"준비됐어."

친구들은 자신 있게 말했다. 나는 친구들에게 큰 소리로 말했다.

"'하나, 둘, 셋' 하면 함께 외치고 던지는 거야, 알았지?"

"알았어!"

우리들은 서로의 얼굴을 보며 함께 외쳤다.

"하나, 둘, 셋, 던져!"

똥차 똥통에 맞고 소리가 났다.

"빵!"

화약 터지는 소리와 함께 우리는 합창을 했다.

"똥 퍼요!"

"튀어!"

우리들은 앞만 보고 달렸다. 운전사 아저씨 옆에 또 다른 아저씨가 있었다. 아저씨들은 우리한테 아무런 관심도 없었다. 나는 친구들의 얼굴을 번갈아 보면서 말했다.

"좀 제대로 하자!"

"알았어!"

"최대한 큰 소리로 '똥 퍼요!' 소리를 지르는 거야."

"알았어!"

모두 결의에 찬 모습이었다. 한마디씩 했다.

"이번에는 아저씨들이 내릴 거야."

"우린 무조건 튀는 거야!"

"아저씨에게 걸려도 원망하지 않기!"

우리들은 킥킥거리며 즐거워했다. 세상에 이렇게 재미난 놀이는 없었다. 난 달리기에 자신이 있었다. 나는 절대로 안 잡힐 자신이 있었다. 우리들은 서로의 얼굴을 보며 함께 외쳤다.

"하나, 둘, 셋. 던져!"

"빵!"

"똥 퍼요!"

"튀어!"

친구들과 함께 도망갔다. 엄청 스릴 있고 재미있었다. 갑자기 똥차가 정지했다. 이제야 반응이 왔다. 조수석에 탄 아저씨가 내렸다. 아저씨는 큰 목소리로 말했다.

"너희들 거기 안 서!"

우리는 킥킥거리면서 마구 달렸다. 숨이 찼다. 나는 생각했다.

'이제 아저씨가 못 쫓아오겠지.'

뒤를 돌아보았다. 저쪽에 아저씨는 우리만 바라보고 있었다. 시원한 바람이 내 이마의 땀을 씻어주었다. 정말 재미있었다. 이렇게 재미있는 놀이는 세상에 없을 것이다.

학교 수업이 끝나면 친구들과 모여서 작전을 짰다. 나는 친구들에게 말했다.

"이번에는 내가 운전사 아저씨가 있는 문을 맞출게. 너는 옆에 아저씨가 있는 문을 맞춰. 나머지는 전부 뒤쪽에 던져."

"알았어!"

우리를 향해 똥차 한 대가 오고 있었다. 나는 빨리 말했다.

"똥차 온다. 준비됐지?"

똥차가 우리를 지나가고 있었다. 우리들은 서로의 얼굴을 보며 함께 외쳤다.

"하나, 둘, 셋. 던져!"

내가 운전석 문을 맞췄다. 다른 친구는 옆자리 문을 맞췄다. 나머지 친구들은 똥통을 맞췄다.

"빵!"

우리들은 함께 소리를 지르며 달렸다.

"똥 퍼요! 튀어!"

그날따라 화약 소리가 유난히 컸다. 아저씨가 성큼 다가왔다. 도망가려니 눈앞에 누군가 서 있었다. 똥차 운전하는 아저씨였다. 도망가기에는 너무 늦었다. 나는 천천히 위를 올려다보았다. 덜컥 겁이 났다. 아저씨는 험상궂은 얼굴로 크게 외쳤다.

"모두 거기 안 서!"

친구들은 모두 달리기를 멈추었다. 내가 있는 곳으로 뒤를 돌아보았다. 아저씨는 우리들 보고 말했다.

"너희들 자꾸 '똥퍼요!'라고 말하면, 커서 아저씨처럼 똥 푼다!"

이 말만 하고 바로 운전석으로 올라갔다.

"부웅"

시동 소리가 들리며 아저씨와 똥차는 멀리 사라져 갔다. 나와 친구들은 똥차가 사라지는 것만 바라보았다. 한동안 심각하더니 모두들 입을 열었다.

"정말 아저씨 말대로 우리도 똥 푸면 어쩌지?"

"설마?"

"아마 아저씨가 우리 겁주려고 하는 말일거야!"

해는 넘어가고 있었다. 우리가 정말 똥을 풀지 엄마한테 물어보기로 했다. 일주일 뒤, 토요일 2시, 같은 장소에 모였다.

나는 친구들에게 물었다.

"엄마가 뭐라고 해?"

"어! 울 엄마도 계속 '똥 퍼요!'하면 진짜 커서 똥 푸는 사람 된대……."

"정말이야?"

"응……, 엄마가 아저씨 말이 맞대. '똥 퍼요!'라고 계속 말하면 진짜 똥 푸는 사람이 된대."

"그럴 리가?"

"맞아, 우리 엄마도 똑같은 말씀 하셨어. 계속 '똥퍼요!'하고 놀려대면 나중에 진짜 똥푼대!"

친구들은 힘없이 말했다.

"나 이제 '똥퍼요!' 놀이 안 할래."

"나도 '똥퍼요!' 하기 싫어."

"나중에 똥 푸는 사람 되면 어떡해?"

이 날, 세상에서 제일 재미있던 '똥퍼요!' 놀이는 사라졌다.

재미있게 놀다 보니 숙제를 안 했다. 사회 숙제를 깜박했다. '의식주'에 대해 공책에 적어가야 한다. 담임 선생님은 인식란에 꼭 자신의 생각을 적으라고 했다. 예습을 하고 공책 오른쪽 위쪽에 자신의 생각을 적는 것이었다. 담임 선생님의 별명은 호랑이 선생님이다. 일명 '삼각산 호랑이'. 체격이 다부진 50대 선생님이었다. 한번 화가 나면 징밀 호랑이 같다. 나는 집으로 달려가서 숙제를 했다.

월요일, 사회 시간. 담임 선생님이 숙제검사를 했다. 옆에 있는 아이들이 내가 인식란에 적은 글을 보고 말했다.

"익철이 너, 담임 선생님한테 혼났다. 숙제를 그렇게 하면 어떡해?"

"익철아, 인식란에 적은 게 뭐니? 왜 그리 짧아?"

아이들이 수군거렸다. 나는 반 아이들의 인식란을 보았다. 『동아전과』와 『표준전과』에 있는 내용을 똑같이 베꼈다. 어떤 애는 미국 집, 일본 집 그림을 오려서 붙였다. 또 다른 애는 에스키모의 '이글루' 사진을 오려붙였다. 아이들의 인식란은 모두 『동아전과』, 『표준전과』 내용이었다. 자신의 생각은 없었다.

나는 겁이 안 났다. 숙제를 물어보면 자신 있게 대답할 수 있었다. 선생님이 자신의 생각을 적으라고 했으니깐……. 선생님은 앞줄부터 검사하셨다. 점점 내 앞으로 오고 계셨다. 선생님께서 내 앞에 섰다. 그리고 내 앞에서 내가 쓴 글을 보셨다. 그는 내게 물었다.

"익철아, 네 생각이니?"

"예, 선생님. 제 생각입니다."

그는 다시 물었다.

"익철아, 정말 익철이 생각이니?"

"예, 선생님. 제 생각입니다."

나는 자신 있고 분명하게 대답했다.

그는 말했다.

"한번 큰 소리로 읽어 줄래?"

"예."

나는 반 아이들이 제대로 들으라고 크게 또박또박 읽어 나갔다.

"의식주에 대하여……, 일하지 않는 자는 입지도 말고, 먹지도 말고, 잠을 자지도 말아야 한다."

아이들은 쑥덕거리기 시작했다.

"너, 이제 선생님한테 혼났다."

선생님은 반 전체를 둘러보시며 숙제 검사를 마쳤다. 교탁 앞에서 우리들을 바라보았다. 아이들은 숨을 죽였다. 아이들은 내가 꾸중을 들을 줄 알았다. 그는 반 아이들을 향해 큰 소리로 말씀하셨다.

"오늘 사회 시간에 사회는 익철이가 본다."

"……."

"익철이, 앞으로 나올래?"

"제가요……?"

나는 이해가 되지 않았다. 아이들은 모두 함성을 질렀다.

"우와~!"

의외였다. 나는 혼날 줄 알았다. 그런데 혼내지 않고 사회까지 시키셨다. 깜짝 놀랐다. 사회자가 되었으니, 1·2부 발표할 사람을 뽑아야 했다. 사회자가 되어 보긴 처음이었다. 모두 내 얼굴을 보았다. 기분이 째졌다. 날아갈 것 같았다.

나는 생각했다.

'이 시간은 내가 주인공이다.'

나는 앞에 나와서 반 아이들을 바라보며 물었다.

"1부 발표할 사람?"

남자아이와 여자아이 몇 명이 손을 들었다. 제일 예쁜 여자아이를 먼저 시켰다. 나는 이어 물었다.

"2부 발표할 사람?"

몇 명이 손을 들었다. 이번에는 아무렇게나 남자아이를 시켰다. 1부에 여자아이는 '의衣'에 대해 발표했다. 2부에 남자아이는 '식食'에 대해 발표했다. 나는 사회자로서 1·2부 내용의 요점을 정리했다. 그리고 '의식주'에 대해 종합해서 말해야 했다. 나는 생각했다.

'일하지 않는 사람은 입지도 않고, 먹지도 말고, 잠을 자지도 말아야 한다.'

내 생각에는 이유가 있었다.

이틀 전, '똥 퍼요!' 놀이를 안 하기로 했다. 친구들과 집으로 걸어가면서 많은 생각을 했다. 똥을 푸며 살아가는 아저씨에 대해 생각했다. 똥냄새 나는 옷을 입고도 가족을 위해 열심히 살아가신다. 나는 지금까지 아저씨를 놀렸던 일이 부끄러웠다.

1부 발표의 요점과 2부 발표의 요점을 정리해 친구들 앞에서 말했다. 이제 내가 정리한 주住의 요점도 발표할 시간이었다. 친구들 앞에서 똥 푸는 아저씨 이야기를 했다.

"똥 푸는 아저씨는 똥냄새 나는 옷을 입고도 가족을 위해 열심히 일하십니다."

"우리 아빠, 엄마도 우리를 위해 열심히 일하십니다."

"우리 아빠, 엄마들은 우리들을 위해서 입지도 먹지도 잠을 자지도 않고 일하십니다."

"주住는 우리가 '함께 밥을 먹는 곳'이라고 생각합니다."

아이들이 또 수군거렸다. 사회 시간이 끝나면 점심시간인데 똥 이야기만 한다고 했다.

나는 걱정되었다. 선생님이 어떻게 생각할지 모르기 때문이다. 내가 할 이야기는 다 했다. 나는 그가 있는 쪽으로 고개를 살짝 돌렸다. 그는 화를 내지 않고 미소를 띠셨다. 그는 의자에서 손뼉을 치며 일어났다. 그는 반 아이들을 향해 큰소리로 말씀하셨다.

"오늘 의식주에 대해 사회를 본 사회자에게 우리 모두 박수를 쳐주세요."

"짝짝짝!"

나는 생각했다.

'우와, 세상에, 내가 박수를 디 받고…….'

나는 박수 소리에 너무 기분이 좋았다. 날아갈 듯했다. 지금까지 사회 시간에 사회를 보면서 박수를 받아 본 아이는 한 명도 없었다. 이때의 감동과 자신감은 지금까지 이어지고 있다.

선생님은 내게 가까이 다가왔다. 그는 환하게 웃으며 다정하게 말씀하셨다.

"익철아, 정말 잘했어!"

그는 평생 내게 기억에 남을 박수를 선물하셨다. 평생 가슴에 새길 말씀을 주셨다.

"짝짝짝!"

"익철아, 정말 잘했어!"

나는 지금도 그때의 감동과 자신감을 기억한다.

그의 따뜻한 목소리와 우렁찬 박수소리가 내 몸 전체에 흐른다.

나를 위해 돌아가신 분

초등학교 6학년 때부터 부모님 호칭을 바꿨다. 엄마를 '어머니', 아빠를 '아버지'라고 불렀다. 부모님은 등록금 납부에 신경을 많이 쓰셨다. 초등학교에 들어가면서 아버지와 어머니의 대화를 우연히 듣게 되었다.

"등록금을 빌려왔다."

"고모한테 생활비를 빌려왔다."

초등학교 3학년 때였다. 어머니는 내게 말씀하셨다.

"익철아, 3개월 동안 고모 집에 가 있을래?"

"······."

"3개월 뒤에 엄마가 고모집으로 갈게."

"엄마, 그럼 딱 3개월이야."

"······."

"엄마, 3개월 뒤에는 꼭 와야 해."

"……."

어머니는 아무 말씀도 하지 않았다.

망원동은 툭하면 물에 잠겼다. 한강이 넘치면 동네가 바로 잠겼다. 1972년, 초등학교 1학년 때 큰 물난리가 났다. 내 허리춤까지 물이 차올랐다. 하천과 인도, 차도가 전혀 보이지 않았다. 집 옆에는 하천이 있었다. 동네 사람들은 잘못 걷다가 하천으로 빠질 수 있다고 했다. 고모는 성산동에 있는 산 위쪽에 살았다. 나는 물난리 때문에 나를 산 위로 대피시킨다고 생각했다. 학교에서 고모 집까지 걸어서 1시간 걸렸다.

내 방은 2층이었다. 집에 가면 재미가 없었다. 내 방에는 아무도 없었다. 숨 막히는 어둠밖에는 없었다. 나는 날짜를 세었다. 나는 생각했다.

'3개월 지나도 엄마가 안 찾아오면 어떻게 하지?'

학교 수업시간에 선생님 말씀이 들어오지 않았다. 수업이 끝나고 고모집에 오면 늘 방 안이 어두웠다. TV도 없었다. 라디오도 없었다. 재미난 놀이도 없었다. 나는 방 안 구석진 곳에서 생각했다.

'90밤만 자면 엄마 만나!'

씻지도 않은 채 잠이 들곤 했다.

고모 집에서 밥 먹는 것도 눈치가 보였다. 고모 집에서 고양이처럼 살살 다녔다. 2층에서 내려올 때도 조용히 걸었다. 시끄럽다고 나를 집으로 보낼까 봐 걱정되었다. 고모 집에 가면 늘 어둡다. 나는 일부러 방 안의 전등을 켜지 않았다. 고모가 어머니께 전기료를 받을까 봐 늘 어둠과 함께 했다.

저녁 시간에 고모부 앞에는 '계란프라이'가 놓여 있었다. 먹고 싶었지만 말하지 않았다. 먹고 싶었지만, 꾹 참았다.

고모가 어머니께 "애 교육을 이따위로 시켰어!"라고 말할까 봐 참았다. 나는 학교에서나 고모 집에서나 늘 불안했다.

어머니는 3개월 지나도 연락이 없었다. 3개월 지나자 어머니가 아니라 아버지가 오셨다. 나는 아버지에게 묻고 싶은 말이 있었다. 나는 속으로 말했다.

'아빠! 엄마는 언제 와?'

아버지는 내게 학교생활에 관해 묻지도 않았다. 고모하고 오랫동안 대화를 하고 나갈 때 나를 보았다. 아버지는 내게 다가왔다. 아버지는 말씀하셨다.

"공부 열심히 해라."

이 말만 하고 사라졌다. 아버지는 내게 용돈을 주지 않고 갔다. 그때 우리 집이 엄청 가난하다는 것을 알았다. 6개월이 지나도 어머니는 오지 않았다. 4학년이 되었다. 어둠과 침묵의 시간이 너무나도 길었다. 초등학교 3학년 때까지 '반 등수'를 어머니께 물었다. 나는 내가 몇 등인지 잘 알고 있었다. 나는 웃으며 물었다.

"엄마, 나 반에서 몇 등 해?"

"끝에서 2등이란다."

어머니는 빙그레 웃으면서 말했다.

나는 이어 물었다.

"내가 엄마 닮아서 머리가 나쁜가 봐?"

"익철이는 공부를 안 해서 그렇지, 머리가 나쁘지 않단다."

"……."

나는 어머니를 따라서 웃었다.

나는 초등학교 3학년까지 한글을 못 떼었다. 부모님은 한 번도 내가 공부 못한다고 혼내지 않았다. 어머니는 웃으며 말했다.

"익철이는 나중에 머리가 터진단다."

"엄마, 내 머리가 폭탄이야? 터지게?"

초등학교 5학년. 어머니는 방 안에서 늘 바느질을 하고 계셨다. 옷을 지어다가 파셨다. 우리 집 반찬은 늘 김치뿐이었다. 어쩌다가 두부가 보였다. 나는 생각했다.

'오늘 엄마가 바느질값 받았구나!'

어머니께서 집에서 내 머리를 깎아 주셨다. 커다란 흰 천을 목에 둘렀다. 빨래집게로 집어서 내려오지 않게 하였다. 거울을 보았다. 어머니 첫 작품이다. 솔직히 별로 마음에 안 들었다. 쥐가 듬성듬성 파먹었다. 그때 엄마와 여자 짝꿍이 함께 떠올랐다. 내게도 잘 보이고 싶은 사람이 있었다. 내 학교생활도 있었다. 나는 잠시 머뭇거렸다. 나는 어머니에게 웃으며 말했다.

"엄마, 멋있는데요. 앞으로 집에서 깎을게요."

나는 어머니에게 늘 미안했다. 밥 먹는 것도 미안했다. 세수하는 것도 미안했다. 학교에서 집까지 버스로 30분. 좌석버스는 25원. 좌석+입석 버스는 20원. 입석 버스는 15원. 아까워서 타보지도 못한 버스 요금을 잊을 수가 없다. 비 오는 날 빼고는 걸어 다녔다. 버스는 입석 버스만 탔다. 입석버스는 양쪽에 문이 있다. 기다란 의자만 양쪽에 놓여있다. 버스 안내양이 두 명이다. 버스에 올라가면 사람들이 나를 바라보았다. 그들은 내게 물었다.

"혼자니?"

"예."

"엄마는?"

"보면 몰라요?"

사람들은 너털웃음을 지었다. 빈자리를 찾아 가방을 가슴에 안고 창밖을 물끄러미 바라보았다.

초등학교 3학년. 어머니에게 통장을 만들어 달라고 했다.

버스비를 아껴서 300원이 모였다. 은행에 갔다. 은행원 누나는 미소를 띠면서 물었다.

"혼자 왔니?"

"예."

은행원 누나는 '날짜 도장'을 찍어주었다. 날짜 옆에 검은색 볼펜으로 '300'을 적었다.

돈이 조금씩 쌓여갔고 행복했다. 나는 생각했다.

'엄마가 등록금 걱정을 조금 덜 수 있겠지?'

어린 작은 가슴이 뿌듯했다.

초등학교 6학년. 아버지가 담임 선생님께 드리라고 내게 흰 봉투를 주셨다. 궁금해서 봉투에 있는 종이를 꺼내 보았다.

"등록금을 제때 못내 미안합니다."

그 글을 읽으면서 지난 시간을 돌이켜보았다. 그때부터 아빠를 아버지로, 엄마를 어머니로 바꿔서 불렀다. 그날 이후, 나는 어머니에게 '소풍'에 대해 일절 말하지 않았다. 소풍 때 김밥을 싸가지 못해도 부끄럽지 않았다. 나는 반 아이들에게 말했다.

"도시락 뚜껑 좀 빌려줘. 나중에 깨끗이 씻어서 줄게."

반 아이는 도시락 뚜껑을 내게 주었다. 나는 큰소리로 외쳤다.

"나 김밥 안 싸 왔어!"

아이들은 김밥을 가지고 내 주위에 모여들었다. 나는 생각했다.

'내가 가난하긴 해도 착한 친구였나보다……'

초등학교 6학년 가을. 아버지는 집 근처에 조그만 낚시 가게를 얻었다. 결핵으로 늘 '콜록콜록' 하셨다. 집에서 낚시 가게까지는 걸어서 10분. 나는 새벽 6시에 일어났다. 알람을 맞춰 놨다. 나는 아침 운동으로 성미산까지 오르내렸다.

나는 아버지에게 말했다.

"아버지, 아침운동하고 오면서 가게에 들를게요."

"……."

"가게 청소 좀 하게요."

"……."

"청소비를 용돈으로 주세요."

"알았다."

나는 안다. 아버지는 돈이 없다는 것을…….

'아버지 자존심'을 지켜주고 싶었다.

낚시 가게에서는 고기보다 사람이 낚인다. 화투 치러 오는 사람들이 더 많았다. 그들은 낚시용품보다 화투판에 관심이 더 많았다. 나는 학교를 마치고 집으로 돌아가는 길에 가게를 지났다. 사람들이 빙 둘러 앉아있었다. 그들은 손을 올렸다, 내렸다 하면서 말했다.

"딱!"

"딱!"

"쌌다!"

어느 날 학교를 마치고 가게를 지나는 길이었다. 갑자기

가게 문이 열렸다. 한 아저씨가 나를 불렀다.

"어이!"

"저요?"

"아저씨, 심부름해라."

"……."

"담배, 사 와라."

"……."

정말 짜증 났다. 나는 생각했다.

'내가 무슨 심부름꾼인가?'

아저씨가 이어 말했다.

"담배 사 오고, 남는 돈은 심부름 값이다."

"아저씨, 무슨 담배 피우세요?"

나는 빙그레 웃으며 말했다. 그는 내가 누군지 잘 알고 있었다. 내게 담배 심부름을 시켰다. 나는 담배를 사서 아저씨에게 갖다 주었다. 가게 안은 소주병이 어지럽게 놓여있다. 수돗가에 아저씨들이 소변 본 냄새가 진동했다. 집으로 걸어오면서 생각했다.

'내일부터 6시 기상이다.'

나는 6시에 일어나 아침 운동을 마치면 가게에 들렀다. 가게를 정리하고 소주병과 소변을 치웠다. 부모님이 보시면 마음 아프실 것이다. 그런 생각을 덜게 용돈이라도 챙겨달라고 했다. 부모님께 내가 즐거워서 하는 일처럼 보이고 싶었다.

일요일이었다. 지나가는 척 가게를 보았다. 아버지가 안 보였다. 나는 가게 안에 들어갔다. 가게에는 모두 회사에서 제일 높으신 '사장님'들이 오셨다. 오늘도 서너 명이 모여 판을 돌리고 있었다. 나는 사장님 뒤에 앉았다. 나는 미소를 띠면서 물었다.

"사장님들, 담배 심부름시킬 일 없어요?"

"……"

사장님들은 잠시 아무 말 없이 나를 바라보았다.

점심때가 되었다. 그들은 서로를 바라보며 물었다.

"김 사장, 뭐 먹을래?"

"난 짜장."

"이 사장은?"

"나도 짜장."

"박 사장은?"

"나도 짜장"

나는 내 순서가 오기를 기다렸다. 사장님이 내게 물었다

"뭐 먹을래?"

"저는 짜곱……."

사장님들은 또다시 아무 말 없이 나를 바라보았다.

한겨울이었다. 산에 안 가고 낚시가게로 바로 갔다. 빈 소주병과 머다 남은 땅콩, 오징어를 치웠다. 대걸레에 물을 적혀서 바닥을 닦았다. 양동이에 물을 받았다. 대걸레를 양동

이에 넣다 뺐다 반복했다. 손으로 짰다. 대걸레를 눕혀 다리로 누르고, 걸레를 양손으로 돌려 짰다. 손이 시렸다. 손이 시리면 손바닥도 비비고, 손등도 비볐다.

내가 아버지에게 해줄 수 있는 일이 있었다. 아버지가 출근할 때 미리 구두를 닦아놓는 일이었다. 아버지는 항상 아침 식사를 나와 함께 했다. 나는 출근하는 아버지께 말했다.

"아버지, 다녀오세요."

아버지는 밤 10시에 들어오셨다. 나는 퇴근하고 집에 오시는 아버지께 말했다.

"아버지, 다녀오셨어요."

아버지는 늘 10시에 집에 오셔서 저녁을 드셨다. 식사하는 동안 아버지 앞에 앉아서 말없이 지켜보았다. 고등학생이 되어 아버지 모습을 보았을 때는 이전과 달랐다. 아버지의 어깨는 점점 힘이 없어 보였다. 자꾸 작아지고 있었다. 결핵이라 늘 '콜록콜록' 기침을 했다.

아버지는 서교동에서 망원동 낚시 가게까지 걸어 다니셨다. 건강한 성인 걸음으로도 40분 걸린다. 아버지의 힘없는 걸음은 1시간 걸렸다. 내가 장사를 하면서부터 아버지는 내게 말씀이 없었다. 아침 식사 후 나가시는 아버지의 어깨는 너무나 작아 보였다. 나는 생각했다.

'점심은 제대로 드실지 모르겠다.'

지금 생각해도 가장 후회되는 일이 있다. 그때 아버지에게 점심값이라도 드릴 수 있었다. 그런데 내 머릿속에는 학교 등록금이 먼저였다. 어머니께서 등록금 때문에 늘 걱정하셨다. 조금이라도 걱정을 덜어주려고 했다. 나는 생각했다.

'고등학교를 늦게 마쳐도 아버지에게 버스값, 점심값은 드렸어야 했는데…….'

늘 죄지은 마음이다.

고등학교 1학년. 나는 버스 토큰과 학생 버스표를 팔고 있었다. 아버지는 아들이 그러고 있는 것이 마음 아프셨을 거다. 아버지는 아픈 몸으로도 1시간이 넘는 거리 걸어 다니셨다. 비가 오는 날에도 마찬가지였다. 수업을 마치고 돌아오면 방안에 늘 일거리가 있었다. '실밥 따기'였다. 내가 초등학교 5학년 때부터 어머니는 삯바느질과 실밥 따기를 하셨다. 방안에 들어오면 답답했다. 나는 어머니에게 불평을 할 수 없었다. 어머니는 온종일 공기가 탁한 좁은 방에서 일하고 계셨다. 실밥 따기는 내가 고등학생이 되어도 이어졌다. 나는 반소매 티셔츠, 긴 소매 옷은 어렵지 않았다. 실밥 따기가 이골이 났나 보다. 방 안을 보니 '겨울 군복'이 있었다. 나는 어머니에게 물었다.

"한 벌당 얼마예요?"

"50원이란다."

겨울 군복은 한 벌당 50원을 쳐주었다. 최고로 많은 금액이었다. 겨울 군복은 속을 뒤집기가 힘들다. 나는 이 많은 겨울 군복도 얼마든지 실밥을 딸 수 있다. 겨울 군복은 엄청 무겁다. 어머니가 이 많은 무게를 어떻게 짊어지고 오셨는지 가슴이 아팠다. 나는 겨울 군복의 실밥 따기를 마치고 가져다주었다. 택시를 타고 가져다주니 별로 남는 게 없었다.

며칠 후 어머니는 또 실밥 따기 할 옷들을 가지고 왔다. 며칠 전 생고생해서 작업했던 겨울 군복이 한 벌 보였다. 어머니는 웃으며 말했다.

"익철아, 학교 다닐 때 입고 다녀라."

"……."

나는 아무 말도 하지 못했다.

밤 10시가 가까우면 우리는 실밥 따기를 마쳤다. 아버지가 퇴근하고 집에 오셨다. 방 한쪽에서 아버지는 늘 콜록대셨다. 기침에 가래를 내뱉었다. 피가 섞여 나왔다. 마음이 아팠다. 내가 할 수 있는 일이 없었다. 아버지는 나보다 마음이 더 아팠을 것이다. 아버지 역시 할 수 있는 일이 없었다. 나는 아버지와 함께해서 고맙고 행복했다. 초등학교 3학년 때보다 백배 아니 천만 배 행복했다. 그때는 어둠 속에서 나 혼자였다. 지금은 할머니, 아버지, 어머니가 한 방에 있다. 고등학교에 다닐 수 있는 것만 해도 행복했다.

나는 가게 안에서 참기름 기계로 참기름을 짜고, 길거리에서 과일을 팔았다. 주위 사람들은 어머니가 혼자 사는 사람으로 생각했다. 어머니 나이가 46세였다. 지나가는 50대 남자가 어머니에게 큰소리를 지르고 욕하는 소리를 들었다. 그는 어머니를 장사하는 여자라고 우습게 본 모양이었다. 나는 큰 목소리로 말했다.

"어른이면 어른답게 행동하세요."

그는 험악한 얼굴로 물었다.

"너는 누군데?"

"아들입니다."

며칠 뒤에 그는 또 가게에 찾아왔다. 나는 가게 밖에서 지켜보았다. 그는 이번에도 어머니에게 큰소리를 지르고 욕을 했다. 이번에는 참지 못했다. 나는 가게 안으로 들어가 그의 멱살을 잡고 가게 밖으로 끌어냈다. 나는 그에게, 지나가는 사람들이 다 들을 정도로 큰 소리로 말했다.

"너 뭐 하는 새끼야?"

"어른보고 새끼야가 뭐야?"

"너는 어른으로 자격이 없어"

"이 새끼 봐라."

고등학교 1학년 17살, 세상을 배워가고 있었다.

그 무렵 국밥 장사를 하고 있었다. 중학교 1학년부터 시작한 장사였다. 한겨울 얼음 위에서 쇠로 된 체인을 어깨에 메고 썰매를 끌었다. 고등학교 때는 시장에서 빈 소주병을 부댓자루에 담아 메고 돌아왔다. 리어카로 배추, 고추, 소금 가마니를 싣고 가정집 옥상까지 배달했다. 사과 상자와 귤 상자도 배달했다. 내 키가 174cm, 성인의 체력이었다. 힘으로도 누구한테도 지지 않을 자신이 있었다. 싸움으로 일대일 '맞짱'을 떠도 이길 자신이 있었다.

아침 7시, 아버지에게 인사했다.

"아버지, 다녀오세요."

아무 말 없이 걸어가는 아버지 등만 보였다.

아버지는 밤 10시, 집에 오셨다.

"아버지, 다녀오셨어요."

아버지는 눈도 마주치지 않고 식사만 하셨다. 식사를 마칠 때까지 아버지 앞에서 기다렸다. 한 겨울, 방안은 냉골이었다. 연탄을 풍족하게 때지 못했다. 탄불이 꺼지지만 않을 뿐이었다. 아버지도 나도 계속 기침을 했다. 아버지는 내가 가을에 입었던 '바둑판 무늬'의 옷을 입고 계셨다. 기침도 잘 먹어야 낫는데 형편이 안 되었다. 약국에서 약을 사 먹어도 차도가 없었다. 아버지와 내 상태는 이미 독감으로 진행되었다.

결국 병원을 찾았다. 병원에 도착했다. 나는 아버지를 부축하며 한 걸음씩 계단을 올라갔다. 병원 안 이곳저곳에서 '콜록콜록' 소리가 들렸다. 나는 접수창구에서 아버지와 내 이름을 적었다. 의자에 앉아 순서를 기다렸다. 내 옷에는 군 고구마 장사를 하면서 불에 그을린 구멍이 있었다. 목장갑 역시 시꺼먼 구멍이 나 있었다. 어느 정도 시간이 지났다. 간호사가 환자들을 향해 말했다.

"다음 분……."

아버지 이름이 들렸다. 나는 아버지를 주사 맞는 곳까지 부축했다. 시트에 눕히고 나왔다. 잠시 후 어머니께서 크게 울먹이는 소리가 들렸다.

"아버지 돌아가셨다!"

조무사가 주사를 잘못 놓아 쇼크로 돌아가셨다. 병원에서는 빨리 큰 병원, 신촌 세브란스로 옮기라고 했다. '쇼크사'는 큰 병원에서 처리해야 한다고 했다.

나는 아버지를 등에 업고 3층에서 한 걸음씩 계단을 내려왔다. 아버지는 목이 힘없이 뒤로 젖혀졌다. 내 두 눈에서 끊임없이 눈물이 흘렀다. 목소리는 어느덧 쉬고 갈라졌다. 나는 말했다.

"아버지!"

지나가는 택시를 불러도 서지 않았다. 아버지의 목과 손은 이미 풀린 상태였다. 어렵게 택시를 잡고 아버지를 뒷좌석에 기대게 했다. 아버지 얼굴을 만져보았다. 면도하지 않아서 까칠했다. 입에 귀를 가까이 대어보았다. 숨소리가 들리지 않았다. 나는 아버지 귀에 가까이 대고 말했다.

"아버지!"

계속해서 불러도 대답이 없었다. 다만 아버지 눈가가 젖어 있었다.

초등학교 1학년 때가 생각났다. 낡은 청바지를 입은 아버지는 나를 목말을 태워주었다. 나는 크게 소리쳤다.

"이얏! 달려!"

아버지는 나를 어깨에 올린 채 달렸다. 아버지의 어깨는 넓고 단단했다. 초등학교 때 아버지가 내게 물었다.

"우리 집이 가난한데 어떻게 생각하니?"

"저는 우리 집이 가난하다고 생각한 적이 없어요."

나는 웃으면서 대답했다.

중학교 때도 아버지가 내게 물었다.

"우리 집이 가난한데 어떻게 생각하니?"

"저는 우리 집이 가난하다고 생각한 적이 없어요."

나는 힘주어 대답했다.

고등학교 때, 한 번만이라도 내게 다시 물어주길 원했다.

"우리 집이 가난한데 어떻게 생각하니?"

이제는 이렇게 대답할 것 같다.

"아버지, 미안하고 고맙고 사랑합니다."

'어버이날'이 되면 늘 생각난다. 그날 병원 간호사의 목소리가 생생하다.

"다음 분……."

'만약 내가 먼저 주사를 맞았더라면…….'

늘 죄를 지은 마음이다. 이 세상에 나를 위해 돌아가신 두 분이 있다. 그중에 한 분이 내 아버지다. 6개월 후, 할머니도 돌아가셨다. 그해 겨울은 정말 추웠다. 할머니 유품을 정리했다. 초등학교 3학년 때 버스비를 아껴서 300원을 모았다. 문방구에서 '브로치'를 샀다. 곱은 손으로 할머니 가슴에 브로치를 달아드렸다. 할머니는 그것을 계속 간직하고 계셨다. 나는 생각했다.

'산 사람은 어떤 일이 있어도 살아야 해!

서있는 자리에서 얼음이 깨지는 법은 없다

중학교 1학년. 하굣길에 망원시장이 있었다. 토요일 오후면 시장 입구에 '뱀 장수' 아저씨가 나타났다. 일명 '약장사'다. 아저씨가 나타나면 많은 사람들이 주위를 에워쌌다. 정말 재미있었다. 얼마 전 TV에서 나왔던 이주일 아저씨만큼 재미있는 아저씨였다. 한참 웃다가 전파사 라디오에서 김기덕 아저씨 목소리가 들려왔다.

"2시의 데이트, 김기덕입니다."

이제 뱀 장수 아저씨와 헤어질 시간이었다. 집으로 가야 했다. 초등학교 때는 토요일 오후 2시면 늘 기다려졌던 시간이었다. 동네 친구들과 함께 신나고 재미있는 놀이를 하였다. 딱지치기, 구슬치기, 벽돌치기…….

그러나 지금은 집으로 가야 하는 시간이었다. 나는 빨리 집에 가서 '전'을 구워야 했다. 우리 집은 뒷문으로 들어가야 했다. 검은색으로 칠한 조그만 철문을 통과해야 했다. 지하에 살다 보니 햇빛이 안 들어왔다. 집에 오면 늘 어머니는 불도 안 켜놓고 바느질을 하고 있었다. 어머니는 내가 초등학교 5학년 때부터 삯바느질을 하였다.

내일은 국밥을 파는 날이었다. 공휴일에는 저수지 낚시터에서 국밥, 커피, 소주, 맥주, 안주를 팔았다. 나는 강태공들이 먹을 음식을 만들어야 했다.

나무꼬치에 몇 가지 음식을 끼워서 달걀물로 옷을 입힌다. 프라이팬에 기름을 두르고 앞뒤로 구웠다. 모양이 좋게 하려고 끝부분을 잘랐다. 그때 게맛살과 햄을 맛보았다. 이번에는 '닭똥집'도 튀겨서 꼬치로 만들어야 했다. 닭똥집도 꼬치에 끼웠다. 닭똥집은 팔기는 했지만 맛도 못 보았다. 어머니는 국을 끓이셨다. 낚시터로 떠나기 하루 전날은 무척 바빴다. 음식을 만들어 놓고 새벽에 관광버스에 옮겨놓아야 했다.

초등학교 5학년. 월말이 되면 어머니는 내게 같은 말을 했다.

"익철아, 담임 선생님에게 가져다 드려라."

"예."

흰 봉투 안에는 종이 한 장이 보였다. 나는 흰 봉투를 담임 선생님께 가져다 드렸다. 이유는 몰랐다. 매월 같은 날짜에 반복되다 보니 조금씩 궁금해졌다.

초등학교 6학년. 같은 일이 반복되었다. 이번엔 잠시 흰 봉투에서 종이를 꺼내보았다. 종이에는 이렇게 쓰여 있었다.

"등록금을 제때 못내 죄송합니다."

어머니는 등록금으로 무척 힘들어했다.

나는 그런 모습을 늘 지켜보았다. 나는 어머니께 말했다.

"어머니, 저 중학교는 졸업하고 싶어요. 고등학교 때부터는 제가 벌어서 할 테니 중학교만은 마치게 해 주세요."

겨울 얼음낚시는 12월 말 시작하여 2월 말에 마무리된다. 관광버스 2대와 함께 몸을 실었다. 1월 초에서 중순까지는 성수기였다. 이때는 관광버스 3대와 함께 갔다. 새벽에 국, 밥, 소주 박스, 맥주 박스, 커피가 담긴 보온병, 뜨거운 물, 커피, 꼬치를 준비하여 관광버스에 실었다.

관광버스는 낚시터로 향했다. 나는 바깥 창밖을 물끄러미 바라보았다. 고등학교 진학을 생각해 보았다. 중학교나 제대로 졸업할지 불안했다.

저수지에 도착했다. 얼음낚시를 하는 강태공들이 보였다. 상류, 중류, 하류를 살펴보았다. 겨울에는 강태공 대부분 한곳에 모여서 낚시를 했다. 얼음이 꽁꽁 얼지 않은 위치에서 낚시는 위험했다. 한겨울의 차가운 바람이 불고 있었다. 매서운 바람이 뺨을 찢을 듯했다. 손을 호주머니에 넣었다. 고개를 푹 숙였다. 그러나 춥다는 생각은 잠시였다. 내 머릿속에는 온통 한 가지 생각뿐이었다.

'오늘 국밥이 많이 팔렸으면 좋겠다. 국밥이 많이 팔려서 어머니도 나도 등록금 걱정 안 했으면 좋겠다.'

 나는 가장 먼저 관광버스 아래 칸에서 썰매를 꺼냈다. 썰매를 저수지에 옮겨 놓고 국, 밥, 소주, 맥주, 안주를 썰매 위에 올려놓았다. 강태공들이 차에서 내려 걸어가고 있었다. 잠시 기다려야 했다. 나는 강태공이 많이 모인 장소로 썰매를 끌었다. 양쪽의 체인을 어깨에 감고 끌어야 했다. 얼음판에 신발이 미끄러웠다. 앞을 잘 보고 걸어가야 했다. 강태공이 파놓은 얼음 구덩이에 발이 들어갈 수도 있었다. 강태공들은 한두 번 얼음구멍을 옮겼다. 국밥 파는 자리도 따라서 옮겼다.

 썰매를 끄는데 사용하는 것은 끈이 아니라 쇠로 만든 체인이었다. 차가운 기운이 손과 어깨에 바로 전해졌다. 끌수록 어깨에 통증이 밀려왔다. 체인이 어깨뼈를 점점 짓누르고 있었다. 낚시용 신발에는 이미 물이 들어와 있었다. 양말이 축축했다. 너무 추웠다. 너무 차가웠다. 발가락이 잘리는 것 같았다. 나는 생각했다.
 '오늘 국밥을 다 팔아야 해!'
 중학교 1학년이 감당하기에는 너무 힘들었다.

 겨울 얼음낚시의 좋은 점도 있었다. 얼음구멍 주변에만 강

태공이 모여 있다. 멀리 가지 못한다. 대부분 내 시야 안에
있었다. 저수지에서 강태공들은 나를 '커피'라고 불렀다. 커
피라고 부르면 난 뛰어갔다. 손짓하는 사람이 있으면 뛰어
갔다. 주문은 단순했다. 국밥, 소주, 맥주, 안주, 커피였다.
가끔 라면을 끓여달라는 사람도 있었다. 저수지에 도착하면
바로 아침 식사를 준비했다. 아침을 마치면 금방 점심 준비
였다. 오후에 배가 출출한 사람들은 라면을 찾았다.

 강태공들 대부분은 국밥 썰매 주변에 와서 식사했다. 간
혹 국밥을 가져다 달라는 사람도 있었다. 국그릇을 잘 챙겨
야 했다. 손님들이 국밥을 먹는 대로 나는 설거지를 했다.
국그릇 수가 부족하기 때문이다. 설거지를 하면서도 좌우를
살폈다. 누가 손짓을 할지, 어디에서 "커피"라고 부를지 모른
다. 늘 눈과 귀를 열어놓고 집중해야 했다. '커피'라고 불러
도, 손짓해도 행복했다. 매상을 올리면 등록금을 낼 수 있다.

 저수지에 도착하면 그렇게 하루가 바빴다. 손님들로 정신
이 없어서 아침 식사는 먹지 못했다. 아침 시간이 지나가면
강태공들은 오전에 주로 커피를 찾았다. 점심 후에는 소주,
맥주와 안주를 찾았다.

 늘 오는 손님이 있었다. 그는 우리 동네에 사는 사람이었다.
낚시꾼들은 그를 '털보'라고 불렀다. 턱밑에 덥수룩한 수염

이 많았다. 낚시꾼들은 '털보'가 진짜 강태공이라고 했다. 털보 아저씨는 커피만 찾았다. 소주는 안 마셨다. 아침 식사를 마치고 멀리서 나를 보고 크게 손짓을 했다. 커피 주문이었다. 낚시터에 온 대부분은 커피를 종이컵에 마셨다. 잔을 사용하는 사람은 없었다. 뜨거운 커피가 추운 날 차가워진 커피잔에 닿으면 바로 식는다. 그래서 잔을 사용하는 사람이 없었다. 그러나 딱 한 명이 있었다. 바로 털보 아저씨다.

나는 털보 아저씨에게 커피를 따라서 건넸다. 그는 별로 말을 하지 않았다. 커피 마시는 동안 나와 한두 마디 말만 했다. 그는 웃으며 물었다.

"안 추워?"

"이제는 겨울 낚시 올만 해요."

"지금 경험은 살면서 많은 도움이 될 거다."

"……."

나는 아무 말도 하지 않았다. 손발이 춥다. 귓불을 만졌다. 감각이 없다. 발가락을 꼼지락거렸다. 다행히 발가락은 움직였다.

나는 생각했다.

'빨리 커피 마시고, 커피값이나 주세요!'

털보 아저씨는 오전인데도 다른 사람들보다 고기를 많이 잡았다. 확실히 수준급이있다. 그런데 어느 날은 붕어가 한 마리도 안 보였다. 그는 찌가 움직여도 낚아채지 않았다. 나는 빨리 말했다.

"아저씨, 찌 움직여요."

그는 미소만 지을 뿐 가만히 있었다. 고기 잡을 생각은 없는 모양이었다. 낚시꾼들은 그에게 와서 물었다.

"털보, 고기 많이 잡았어?"

"보면 몰라."

"음, 많이 잡았네!"

"……."

그는 아무 말도 하지 않았다. 내 눈에는 고기가 한 마리도 안 보였다. 그런데도 낚시꾼들은 많이 잡았다고 했다. 나는 "낚시꾼들은 허풍이 심하다."라는 말을 실감했다.

털보 아저씨는 내게 물었다.

"내가 불렀을 때 어땠어?"

"커피 파니깐 좋아요."

"나 있는 데 오는 게 겁나지 않았어?"

"아저씨가 낚시하고 있는데 뭐가 겁이 나요."

나는 그 자리의 얼음이 꽁꽁 얼어 있다고 생각했다. 별 고민 없이 커피값을 받고 국밥 썰매로 돌아왔다.

오후에는 오전보다 햇볕은 강했지만, 바람이 더 불어왔다. 점심식사를 준비했다. 미리 밥을 퍼놓으면 안 된다. 바로 식어 버리기 때문이다. 국그릇에다 먼저 밥을 올리면 바로 국을 부어서 손님에게 주었다.

어머니는 손님이 남기고 간 국밥을 큰 그릇에 모았다. 나는 손님이 먹다 남은 국밥(잔밥)을 다른 곳에 버리는 줄 알았다. 손님들의 식사가 끝났다. 설거지도 다 끝났다. 내가 점심을 먹을 차례였다. 그런데 어머니는 손님이 먹다 남긴 국밥을 끓이고 있었다. 나는 생각했다.

'왜 어머니가 내게 국밥을 안 떠주시지? 왜 손님이 남긴 국밥을 끓이지?'

어머니는 손님들이 먹다 남긴 국밥을 모아두었다가 끓여서 내게 주셨다. 나는 큰 소리로 말했다.

"저도 손님처럼 새 국밥 주세요."

"……."

"어떻게 손님들이 먹다 남긴 국밥을 먹어요?"

"……."

어머니는 아무 말이 없었다. 나는 더 큰 소리로 말했다.

"손님이 남기고 간 국밥을 저보고 먹으라고요?"

"……."

어머니는 이번에도 아무 말이 없었다. 나는 어머니를 잘 알고 있었다. 한번 아니면 아니었다. 나는 아무 말 없이 먹었다. 더럽다는 생각은 잠시였다. 한 숟갈 먹어보니 맛있었다. 정말 맛있었다. 깔끔하게 비웠다.

1월은 성수기였다. 오늘은 관광버스 3대와 함께 왔다. 털보 아저씨는 늘 왔다. 그는 나를 봤다. 늘 하던 대로 보온병을 가지고 갔다. 그는 이전하고 똑같이 내게 물었다.

"내가 불렀을 때 어땠어?"

"기분이 좋았어요."

"나 있는 데 오는 게 겁나지 않았어?"

"아무 생각 없이 왔어요."

나는 커피값을 받고 국밥 파는 곳으로 갔다. 내 점심은 직접 챙겼다. 이제는 아무 말 없이 손님들이 남기고 간 국밥을 모아서 끓여서 먹었다. 언제 먹어도 맛있었다. 더럽다는 생각은 전혀 하지 않게 되었다.

2월에는 관광버스가 2대로 갔다. 1월보다 1대 줄었다. 털보 아저씨는 빠지지 않고 왔다. 이제 시선이 그에게 향했다. 나를 찾을까 봐 늘 살펴보고 있어야 했다. 그의 손바닥만 보여도 커피를 찾는 것을 알아챘다. 그는 나를 보고 손을 높이 흔들었다. 커피가 담긴 보온병을 들고 그에게 뛰어갔다.

털보 아저씨는 내게 늘 비슷비슷한 질문을 했다. 그런데 이번에는 조금 달랐다. 그가 물었다.

"저쪽 저수지로 갈 수 있겠어?"

나는 그가 가리키는 저수지를 바라보았다. 사람이 안 보였다. 얼음낚시를 하다가 사람이 없는 경우가 있다. 얼음이 꽁꽁 얼지 않았거나, 해빙이 시작되었다는 뜻이다. 그래서 겨울 낚시는 사람이 있는 곳으로 옮겨 다녀야 안전하다. 그런데 사람이 한 명도 보이지 않았다.

나는 말했다.

"저는 사람 없는 데는 위험해서 안 가요."

"잘 살펴볼래?"

"……."

다시 살펴보았다. 내가 잘못 본 것이다. 멀리서 사람이 움직이는 모습이 보였다. 나는 이어 말했다.

"저 멀리 낚시하는 사람이 있어요."

그는 이어 물었다.

"이쪽 저수지에서 저쪽 저수지까지 건너갈 수 있겠니?"

"얼음이 언 데는 갈 수 있는데, 얼음이 안 얼면 못 가요."

그는 말했다.

"서 있는 자리에서 얼음이 바로 깨지는 법은 없단다. 서서히 금이 가기 시작하지. 눈으로 금이 가고 있다는 것을 보는 것도 중요하지만, 잔금이 가고 있는 것은 눈으로 보이지 않아. 금이 가고 있다는 것을 알면 다른 곳으로 걸어가야 한단다."

나는 진지하게 물었다.

"다른 곳으로 걸어가다가 또 금이 가면 어떻게요?"

"또 다른 곳으로 걸어가면 된단다."

나는 이어 물었다.

"다른 곳으로 가다가 앞에 금이 가고, 얼음이 다 녹아있으면 어떡해요?"

"그러면 다시 뒤로 가면 돼."

나는 계속 물었다.

"어디까지 뒤로 가야 해요?"

"처음 그 자리로 가야 해."

나는 털보 아저씨와 평소보다 많은 대화를 했다. 그는 커피값을 주면서 이렇게 말했다.

"저수지를 건너기 전에 저수지에 위에 있는 것이 중요하단다."

내 질문은 계속되었다.

"저수지에 얼음이 얼어야 올라가는 것 아니에요?"

"얼음 위에 올라가기 전에, 한쪽 다리라도 올려놓고 얼음에 금이 가면 다리를 빼면 되는 거란다."

그는 웃으면서 대답했다.

어머니께서 몇 년 전에 돌아가셨다. 병실에서 꼭 묻고 싶은 말이 있었다.

"어머니, 중학교 때 낚시터에서 국밥 장사하면서 왜 저에게 손님이 먹던 국밥을 주셨어요?"

어머니는 말씀하셨다.

"애비야, 좋은 것은 기억하고 나쁜 것은 다 잊어버려라."

어머니가 돌아가시고 그 이유를 알았다. 돌아가신 후에 얼마나 하염없이 울었는지 모른다. 어머니께서 가시고 나서야 깨달았다. 얼음 낚시터에서 어머니가 국밥을 드신 기억이 내겐 없었다. 그때는 몰랐다.

법은 작은 약속에서 시작된다

중학교 1학년. 어머니는 신학기 '학부모 모임'에 참석했다. 수업이 끝나고 집에 오니 어머니가 근심 어린 표정이었다. 어머니는 힘없는 목소리로 말씀하셨다.

"익철아, 오늘 학부모 모임에 참석했는데, 담임 선생님 서랍에 5천 원, 만원이 보이더라. 앞에 있던 엄마들은 성의를 보였는데, 나는 그냥 왔다."

어머니는 내게 무척 미안한 표정을 짓고 있었다. 나는 분명하게 말했다.

"어머니, 괜찮아요. 제가 알아서 할 테니, 이젠 학부모 모임에 참석하지 마세요."

이후에 '학부모 모임'이 있어도 부모님께 일절 말하지 않았다. 담임 선생님은 도덕 담당이셨다. 수업시산에 늘 들려주시던 이야기가 있었다.

"내 월급이 15만 원이야. 배추 50포기가 내 월급이야."

그는 이어 말했다.

"고속도로 순찰대가 나보다 나아. 신발 속에 다 돈이야. 지폐가 그 안에 있어. 신발을 벗으면 다 돈 나와."

나는 도덕 시간에는 '인성교육'을 하는 줄 알았다. 그런데 내 귀에 들어오는 것은 하나밖에 없었다.

"담임 선생님의 월급은 '15만 원' '배추 50포기'"

그때부터 담임의 별명은 '15만 원', 또는 '배추 50포기'였다. 담임 선생님은 평상시에 복도에서 나와 마주쳐도 눈길도 주지 않았다.

그런데 어느 날 수업을 마치고 딱딱한 목소리로 말했다.

"오늘 수업 끝나고 남아 있어."

"예."

나와 같은 부류의 애들이 몇 명 남았다. 그는 나와 아이들을 향해 말했다.

"저 뒤에 보이는 것 있지?"

"캐비닛이요."

"그래, 맞아. 캐비닛이야. 캐비닛 팔아와!"

"……."

"무슨 말인지 몰라?"

"어디서 팔아요?"

"그건 너희들이 찾아봐서 팔아와!"

"……."

"꼭 돈으로 만들어 와!"

"……."

아이들은 걱정스런 표정으로 서로 바라보았다. 나는 수위실에 가서 리어카를 가지고 왔다. 5명이 캐비넷을 들고 낑낑거리며 계단을 한걸음씩 내려갔다. 무거웠다. 캐비넷이 우리들 키보다 컸다. 리어카로 싣고 교문 밖으로 나갔다. 한 아이가 물었다.

"어디서 팔지?"

"나는 알고 있어."

"어디?"

"전당포"

나는 자신 있게 말했다. 나는 또다시 자신 있게 말했다.

"전당포다. 가자!"

리어카를 앞에서 끌고 뒤에서 밀며 전당포까지 갔다.

'전당포'

나는 힘주어 말했다.

"내가 올라갔다 올게."

나는 당당히 계단으로 올라갔다. 내가 걱정스러운지 아이들은 따라 올라오고 있었다. 쇠창살 안에 나이 드신 아저씨가 보였다. 손이 통과할 수 있는 곳만 쇠창살이 없다. 그는 감옥 안에 있는 것처럼 보였다. 나는 창살 앞으로 갔다. 나는 전당포 아저씨에게 물었다.

"아저씨, 캐비넷 받아요?"

"……."

그는 대꾸도 하지 않았다.

나는 다시 물었다.

"아저씨, 캐비넷 받아요?"

그는 한참 있다가 말했다.

"캐비넷은 고물상으로 가! 여기는 돈 되는 것만 받아!"

나와 아이들은 전당포에서 내려왔다. 아이들은 계단에서 내려오면서 한마디씩 했다.

"이상하다. 캐비넷도 돈 되는데, 왜 안 받지?"

"'15만원'이 캐비넷이 돈 되니 팔아오라고 했어."

"맞아, '배추 50포기'가 팔아서 돈으로 만들어 오랬어."

"돈이 되니까 팔아오라고 한 거 아니야?"

나와 아이들은 어렵사리 고물상을 찾았다. 고물상 안으로 들어갔다. 우리 모두 오랫동안 리어카를 밀고 다녀서 많이 지쳐 있었다. 나는 고물상 아저씨에게 물었다.

"아저씨, 캐비넷 받아요?"

"당연히 받지."

그는 웃으면서 대답했다.

캐비넷을 리어카에서 내렸다. 무거웠다. 정말 무거웠다. 한 명은 리어카가 넘어가지 않게 잡았다. 4명이 낑낑거리며 내렸다. 다리가 후들거려서 모두 흙바닥에 주저앉았다.

고물상 아저씨는 '강냉이'를 퍼주려고 했다. 나는 아이들과 눈이 마주쳤다. 우리들은 서로의 얼굴을 쳐다보았다. 우리들은 동시에 벌떡 일어나며 크게 외쳤다.

"안 돼요!"

아이들은 걱정스러운 듯 서로 바라보며 한마디씩 했다.

"'15만 원'이 돈으로 만들어 오랬어."

"맞아! '배추 50포기'가 돈으로 만들어 오랬어."

"돈벌레……."

"지겹다. 고속도로 순찰대."

나와 아이들은 강냉이가 먹고 싶었다. 리어카를 학교로 끌고 오면서 아이들은 말했다.

"이상하다. 왜 캐비넷은 전당포에서 안 받고, 고물상에서 받지?"

"이 바보야, 캐비넷은 커서 전당포 창살을 통과 못하잖아."

"시계 같은 것은 통과하니 받을 거야."

"맞아, 시계는 작아도 비싸."

우리들의 대화는 계속 이어졌다.

"진짜 시계, 가짜 시계를 전당포 아저씨는 알아맞힐까?"

"밥먹고 그 일만 하는데 그걸 모르겠어?"

"전당포 아저씨, 머리 무지 좋다."

"전당포 아저씨, 생긴 것 하고 완전히 달라."

한 아이가 급히 말했다.

"빨리 가자. '15만 원'이 늦게 온다고 화내겠다."

대화를 마치고 우리들은 말없이 걸었다. 나는 생각했다.
'전당포에서 취급하는 게 뭐지?'

담임 선생님은 교실에서 우리를 기다리고 있었다.
그는 우리들을 보자 이렇게 물었다.
"캐비넷, 팔았어?"
"팔았어요."
"얼마 쳐 주대?"
"3,000원요."
"돈은?"
"여기 있어요."
그는 3,000원을 보자 바로 낚아챘다. 수고했다는 말 한마디도 없었다. 매주 월요일이 도덕 시간이었다. 오늘도 어김없이 '월급 15만 원', '배추 50포기', '고속도로 순찰대' 이야기를 했다.

도덕수업시간에 담임 선생님은 반 아이들을 향해 물었다.
"법에서 가장 기본이 되는 것을 아는 사람?"
"저요."
나는 몇 차례 크게 외치며 손을 높이 들었다.
"저요, 저요."
그는 끝내 나를 호명하지 않았다.

또다시 월요일, 도덕 시간이었다.

담임 선생님은 반 아이들을 향해 물었다.

"난 사람, 든 사람, 된 사람에 대해 아는 사람?"

"저요."

나는 몇 차례 크게 외치며 손을 높이 들었다.

"저요, 저요."

그는 끝내 나를 호명하지 않았다. 나는 그 이유를 잘 알고 있었다. 어머니는 학년 초에만 학부모 모임에 참석하셨다. 어머니는 또다시 걱정스러운 표정으로 말했다.

"익철아, 담임 선생님 찾아가 봐야 할 텐데······."

"제가 알아서 할게요. 걱정하지 마세요. 한번 버텨볼게요."

나는 미소를 지으며 말했다. 나는 수업을 마치고 교무실로 갔다. 선생님들이 다 보였다. 국어 선생님을 찾았다. 선생님은 의자에 앉아 계셨다. 앞으로 다가갔다. 나는 그녀에게 조용히 말했다.

"선생님, 저 부탁이 있습니다."

"······."

"국어 시간에 발표할 일이 있으면 저를 시켜주세요."

"······."

"발표하려고 손을 들면 저 좀 시켜주세요."

"······."

"담임 선생님힌데는 오늘 선생님 만났다고 말하지 않았으면 좋겠어요."

"알았다."

국어 시간이 가장 기다려졌다. 선생님은 반 아이들을 향해 물었다.

"앞에 나와서 발표할 사람?"

"저요."

나는 자신 있게 말하면서 손을 번쩍 들었다. 그는 나를 호명했다. 나는 앞으로 기분 좋게 나가서 설명했다. 나는 사람들 앞에서 발표할 때가 제일 행복했다. 발표할 때 반 아이들이 나를 보고 있는 것이 기분이 좋았다.

한 달쯤 지났다.

담임 선생님은 내게 할 말이 있으니 교무실로 오라고 했다. 기분이 좋지 않은 표정을 짓고 있었다. 앞으로 갔다. 그는 물었다.

"너, 국어 선생님 찾아갔다면서?"

"……."

"왜 찾아갔어?"

"……."

나는 아무 말 하지 않았다. 그는 화가 나 있었다.

"국어 선생님 찾아갔다면서?"

"……."

"왜 국어 선생님 찾아갔어?"

"……."

나는 이번에도 아무 말하지 않았다. 그는 화가 난 목소리로 말했다.

"왜 국어 선생님 찾아갔냐고 묻고 있잖아?"

"……."

난 대답하고 싶지 않았다. 그의 오른쪽 손 움직임이 보였다. 나는 바로 반응했다. 왼쪽 발을 조금 뒤로 뺐다. 나는 알고 있었다. 지금 그는 나를 못 때린다는 것을 알고 있었다. 그는 도덕을 가르치는 선생님이었다. 교무실 안에 많은 선생님들이 나를 바라보고 있었다. 그도 알았다. 그는 짜증 난 목소리로 말했다.

"가봐!"

"예."

이번에는 또렷하게 대답해 주었다. 그 후에 그는 나를 수시로 불렀다. 그는 이번에도 화가 난 목소리로 물었다. 그의 목소리는 교무실 안을 쩌렁쩌렁 울릴 만큼 컸다.

"등록금, 제때 못 내겠어?"

"……."

"내가 몇 번을 말해야 알아듣겠어!"

"……."

"너 한 명만 못 내고 있어!"

"……."

나는 이번에도 아무 말 하시 않고 있었다. 그는 교무실에 있는 선생님들이 '깜짝, 깜짝' 놀랄 정도의 큰 소리로 말했다.

나는 생각했다.

'단둘이 있을 때 조용하게 말해도 다 알아듣는데…….'

도덕 시간에 발표하고 싶어서 손을 들었다. 그는 끝내 나를 호명하지 않았다. 이제 국어 선생님도 끝내 나를 호명하지 않았다. 다른 과목 선생님들도 끝내 나를 호명하지 않았다. 모두가 알았다. 내가 반에서 등록금을 제일 늦게 내는 아이라는 것을 알았다. 우리 집이 가난하다는 것을 알았다.

나는 담임 선생님을 알았다. 그는 도덕 선생님이 아니었다. '난 사람'이 아니었다.

나는 국어 선생님을 알았다. 그는 약속을 지키지 않는 사람이었다. '든 사람'이 아니었다.

나는 다른 과목 선생님들을 알았다. 그들은 담임 선생님 말에 동조했다. '된 사람'이 아니었다.

"법은 작은 약속에서 시작한다."

시간이 지나면 알고, 이해하고, 깨닫는다

어머니는 초등학교 들어가는 내게 말씀하셨다.

"익철아, 학교 가면 선생님 말씀 잘 듣고, 애들하고 잘 지내라. 알았지?"

학교 다니는 내내 이 말을 들었다. 시간은 흘러갔다. 고등학교에 들어갔다. 나는 생각했다.

'이제 3년만 버티면 졸업을 하는구나!'

입학한지 얼마 되지 않았다. 수업이 끝나자 담임 선생님은 내게 소리쳤다.

"교무실로 와!"

"……."

나는 무슨 영문인지 몰랐다.

교무실로 가서 담임 선생님 잎으로 갔다.

그는 아무런 표정 없이 말했다.

"등록금 낼 때까지 교실 청소하고 집에 가!"

"……."

나는 생각했다.

'세상에! 등록금 늦게 낸다고 청소를 시키는 선생님도 다 있네.'

난 오늘도 내일도 청소할 것이다. 일 년 내내 청소할 것이다. 수업을 마치자 아이들은 집에 가려고 책을 가방에 넣었다. 나는 책을 천천히 가방에 넣었다. 나는 부모님께 등록금을 빨리 달라고 하지 않았다. 내가 초등학교 때부터 어머니는 삯바느질과 실밥 따기를 했다. 우리 집 형편을 잘 알고 있었다. 등록금을 재촉할 수 없었다. 나는 늘 몸으로 때웠다.

시간은 흘러 2년이 지났다. 3학년이 되었다. 담임 선생님 '면담'이 있었다. 담임 선생님은 교무실 의자에 앉아서 나를 기다리고 있었다. 그는 내 성적표를 보며 말했다. "교육대학교에 가서 교사가 되면 좋겠다."

"……."

나는 대답하지 않았다.

교사는 학생들을 진심으로 사랑하는 사람이어야 한다. 그는 국사를 가르쳤다. 노트에 적어온 내용을 칠판에 적었다. 그리고 책을 보고 읽었다. 나는 생각했다.

'적어온 내용을 칠판에 옮겨 적고, 그냥 교과서만 읽는 것

이 교사인가?'

그의 생각은 전혀 들을 수 없었다. 교과서가 없으면 수업이 되지 않았다. 나는 '국사 선생님'으로서 선생님의 생각을 들어보고 싶었다. 그는 47살이었다. 그는 수업 시간에 가족에 대한 이야기를 많이 했다.

"나는 고등학교 1학년 딸과 중학교 3학년 아들이 있어."

나름대로 가장으로 아버지로 열심히 살고 있다고 말했다. 이전에는 살이 쪘는데, 지금은 날씬한 이유가 있다고 했다. 금식원에 가서 살을 뺐다고 했다. 국사 시간은 재미도 없고 지루했다. 그는 반 아이 중에 공부를 잘하는 '덕순이' 칭찬을 했다. 한 명 더 있었다. 옷을 깨끗하게 입는 '남진'이도 칭찬했다. 자신이 좋아하는 아이를 대놓고 칭찬했다. 나는 생각했다.

'특정 아이만 칭찬하면 나머지 아이들은 어떻게 되는 거야?'

고등학교 3학년 때 교복 자율화가 이루어졌다. 나는 교복 자율화가 별로 안 좋았다. 내 몸은 소주 냄새와 담배 냄새로 절어있었다. 선술집에서 참기름, 들기름을 담을 빈 소주병을 수거해 와야 했다. 빈 소주병에는 오줌과 담배꽁초가 들어있었다. 가게에 가지고 와서 오줌을 쏟고 오줌에 절은 담배꽁초를 일일이 빼내야 했다. 그나마 청소를 해줘야만 선술집에서 빈 소주병을 얻을 수 있었다. 내 몸과 옷에는 음식

냄새, 소주 냄새, 담배 냄새, 참기름 냄새가 배어 있었다. 특히 담배 냄새와 소주 냄새는 잘 지워지지 않았다.

담임 선생님, 과목 선생님들은 내 몸에서 나는 냄새를 맡고 이렇게 물었다.

"너, 또 술 먹었지?"

"안 먹었습니다."

"너, 또 담배 피웠지?"

"안 피웠습니다."

"너, 손이 왜 노래? 이래도 담배 안 피웠다고?"

"……."

나는 많이 지쳐갔다.

선생님들은 내가 담배 피우고, 술 먹는 모습을 본 적도 없으면서 나무랐다. 그들은 담배를 많이 피우다 보면 손가락 끝부분이 노랗게 된다고 생각했다. 선술집의 빈 소주병에는 노란 오줌과 담배꽁초가 들어 있었다. 노란 오줌을 버리다가 손가락 끝부분에 잘 묻었다. 노란 오줌에 절은 독한 담배꽁초를 손으로 버렸다. 결국 집게손가락과 가운뎃손가락 끝마디가 노랗게 물들었다. 그들은 나를 불량학생으로 알았다.

고등학교 3학년 여름방학. 방학 기간에도 학교에는 자율학습 시간이 있었다.

쉬는 시간. 화장실에 가려고 나왔다. 담임 선생님이 보였다.

나는 다시 반으로 들어가려고 했다. 담임 선생님은 나를 발견했다. 그는 소리쳤다.

"어이, 이리 와봐!"

나는 그에게 다가갔다. 그는 내게 물었다.

"국사 공부는 하고 있어?"

"예, 국사 공부하고 있어요. 공부하다가 머리가 아플 때는 세계사 책을 보고 있어요."

"뭐야?"

"……."

그는 아무 말도 하지 않고 빤히 나를 쳐다봤다. 나는 생각했다.

'내가 무슨 말실수한 게 있나?'

그는 화를 내며 큰소리로 물었다.

"너, 지금 뭐라고 했어?"

"국사 공부하다가 머리가 아프면 세계사 책 보고 있다고 했습니다."

"세계사 공부를 하고 있다고?"

"……."

그의 화난 목소리에 나는 대답을 할 수 없었다. 대답할 시간도 없었다. 1층은 넓었다. 처음에는 아이들이 한두 명 몰렸다. 그의 큰 목소리에 아이들이 점차 많이 모였다. 그는 내게 말했다.

"너, 이리 가까이 와봐."

내가 그에게 다가가자, 바로 얼굴의 뺨을 때렸다.

"짝!"

나는 어안이 벙벙했다. 황당했다. 나는 분명하게 물었다.

"선생님, 내가 무슨 말을 잘못했나요?"

"이거 봐라."

내 말이 끝나기도 전에, 또 뺨을 때렸다. 나는 그에게 가까이 가서 말했다.

"맞더라도 내가 무슨 잘못을 했나, 알고 맞아야 할 거 아니에요?"

"이 새끼, 말하는 것 봐라."

그는 또 뺨을 때렸다. 나는 마지막으로 한마디를 했다.

"선생님이 저에게 교사가 되라고 했는데, 지금 이 모습이 교사 모습입니까?"

"……."

이번에는 내 말을 끝까지 들었다. 그는 잠시 호흡을 가다듬었다. 이번에는 최고로 강하게 내 뺨을 때렸다. 그는 '이성'을 잃었다. 자율학습을 나온 고등학교 3학년 아이들이 다 모였다. 1층, 2층, 3층에 아이들이 보였다. 계단에도 보였다. 나는 웃옷을 벗었다. 러닝셔츠도 벗었다. 그에게 다가갔다. 나는 분명하게 말했다.

"선생님이 원하는 만큼 맞겠습니다. 이것 하나는 기억하십시오. 교사로서 후회하지 않기를 바랍니다."

"이 새끼 봐라, 일루 와! 내 앞으로 안 와!"

나는 그에게 다가가서 때리기 좋은 위치에 섰다.

"퍽!"

"하나!"

맞으면서 나는 숫자를 외쳤다. 나는 다시 다가가서 때리기 좋은 위치에 섰다.

"퍽!"

"둘!"

"퍽!"

"셋!"

맞을 때마다 숫자를 외쳤다.

"퍽!"

"일곱!"

그는 이미 지친 상태였다.

"퍽!"

"열!"

숫자는 계속 올라갔다. 점점 크게 외쳤다.

그는 주위를 둘러보고 있었다.

"퍽!"

"열다섯!"

주먹이 아픈지 자주 만졌다. 나는 맞고 나면 다시 다가가서 때리기 좋은 위치에 섰다.

"퍽!"

"열여덟!"

그는 다시 주위를 둘러보았다. 나는 알고 있었다. 때리는 사람도 지친다. 맞는 사람은 내성이 생기면 맞아도 고통을 느끼지 못한다. 그러나 때리는 사람은 때릴수록 지쳐간다. '상황 종료' 느낌이 왔다.

나는 침착한 목소리로 말했다.

"교사의 본분이 무엇인지 생각해 보십시오."

"……."

그는 아무 말이 없었다.

나는 조용하게 말했다.

"졸업하고 선생님을 찾아뵙겠습니다. 저를 피하지 마십시오."

"……."

그는 이번에도 아무 말이 없었다.

내가 아무 말 없이 맞아준 것은 어머니 때문이었다. 어머니는 나를 고등학교라도 졸업시키려고 삯바느질, 국밥 장사를 하셨다. 나는 내게 말했다.

"조금만 더 버티면 졸업이다."

이후 졸업을 하고 담임 선생님 집을 찾아갔다.

나는 초인종을 눌렀다.

"누구세요?"

담임 선생님 목소리였다. 나는 반가웠다. 나는 반갑게 말했다.

"저, 익철입니다. 담임 선생님 뵈러 왔습니다."

"……."

이후 아무런 목소리도 들리지 않았다. 문도 열어주지 않았다. 몇 번 더 담임 선생님 집을 찾아갔다. 초인종을 눌렀다.

"띵동!"

"누구세요?"

담임 선생님의 목소리가 들려왔다. 나는 반갑게 말했다.

"저, 익철입니다. 담임 선생님 뵈러 왔습니다."

"……."

그는 이번에도 아무 말을 하지 않았다. 끝내 문을 열어주지 않았다.

또다시 그의 집을 찾아갔다.

초인종을 눌렀다.

"띵동"

"누구세요?"

"저, 권익철입니다. 담임 선생님 뵈러 왔습니다."

"담임 선생님요? 그분 이사 갔어요."

그는 나를 피했다. 우연히 그의 전화번호를 알게 되었다. 정말 반가웠다. 저녁식사라도 대접하고 싶었다. 전화기에서 그의 목소리가 들렸다.

"누구십니까?"

"저예요, 선생님! 권익철입니다."

"뚝!"

그는 내 목소리를 듣자마자 바로 전화를 끊었다. 끝내 나를 피했다.

길에서 우연히 담임 선생님을 보게 되었다. 나는 정말 반가웠다. 나는 큰소리로 그에게 다가갔다.

"선생님, 안녕하세요?"

그는 다가오는 나와 눈이 마주쳤다. 내가 다가가자 그는 걸음을 반대쪽으로 돌렸다. 나는 말했다.

"선생님……."

나는 후회하고 있다. 담임 선생님께 큰 잘못을 했다. 그날 내가 아무 말도 하지 말았어야 했다. 나는 생각했다.

'시간이 지나면 알아가고 이해하고 깨달을 텐데…….'

담임 선생님은 수업시간에 사랑하는 딸과 아들이 있다고 했다. 나도 말하고 싶었다.

"우리 어머니에게도 사랑하는 아들이 있다."

내게는 두 딸이 있다. 큰딸은 대학생이고, 작은딸은 고등학생이다.

작은딸이 다니는 고등학교까지 차를 태워주었다. 나는 차에서 내리는 딸에게 말했다.

"유신아, 학교 가면 선생님 말씀 잘 듣고, 애들하고 잘 지내라. 알았지?"

'왜?'라는 생각을 하자

학교는 내게 휴식공간이었다. 나는 수업시간에 늘 졸았다. 물고기는 눈 뜨고 잔다. 내가 그랬다. 생물 시간이었다. 선생님은 내게 말했다.

"어이 거기!"

"저요?"

"너 말고 누가 있어?"

"……."

반 아이들이 숨을 죽였다. 그는 화난 목소리로 말했다.

"자는 거야? 일어나! 서서 공부해!"

"……."

일어나서 졸린 눈으로 칠판만 쳐다보았다. 그는 물었다.

"서 있는데도 졸려?"

"예, 졸리는데요."

그는 크게 외쳤다

"야! 당장 이리 나와!"

다가서자, 바로 왼쪽 뺨에 손바닥이 날아왔다. 본격적으로 손목시계까지 풀었다. 왼쪽 손바닥으로 내 오른쪽 뺨을 갈겨댔다. 몇 대를 맞은 줄도 모르겠다. 나는 생각했다.

'말 한마디 기분 나쁘다고 이렇게까지 때릴 필요가 있을까?'

그는 이어 물었다.

"이제 안 졸리겠지. 지금도 졸려?"

나는 반 아이들이 모두 듣도록 또박또박 크게 말했다.

"지금도 졸리는데요."

"너 같은 놈은 공부할 자격이 없어. 집으로 가!"

나는 가방을 챙겼다. 나는 생각했다.

'여기는 학교가 아니야! 선생님이 아니다. 깡패야!'

집으로 가야 했다. 교실 앞으로 나가서 교실 문을 열었다. 뒤에서 선생님 목소리가 들렸다.

"복도에서 무릎 꿇고 손들고 있어!"

나는 복도에서 무릎 꿇고 손을 들었다. 수업 끝날 때까지 양손을 들고 있어야 했다.

연이어 수학 시간이었다. 수학 선생님의 왼손에는 출석부, 오른손에는 나무 몽둥이가 있었다. 어차피 둘 중 하나로는 맞는다. 그는 말했다.

"여름 방학 숙제 안 한 사람들 앞으로 나와!"

수학 공식을 300번 써 오는 것이었다. 20명 정도가 앞으로 나갔다. 그는 소리쳤다.

"전부 엎드려뻗쳐!"

"퍽! 퍽!"

나무 몽둥이가 엉덩이에 닿는 소리가 났다. 찰지게도 몽둥이가 감긴다. 한 대만 맞아도 넘어졌다. 소리는 점점 가까워졌다. 드디어 내 차례였다.

"퍽! 퍽!"

나는 생각했다.

'아이들은 아픈가 보다. 나는 하나도 안 아픈데…….'

아프지도 않다. 기분도 나쁘지 않다. 그냥 졸리다.

그는 또 소리쳤다.

"모두 엎드려 뻗친 채 신발을 칠판 위로 올려!"

다음 수학 시간에도 엉덩이를 맞았다. 맞은 후 신발을 칠판 위로 올렸다. 숙제를 안 해 온 아이들은 점차 줄어갔다. 드디어 한 자리 숫자가 되었다. 9명. 나는 또 엉덩이 찜질을 당했다. 엎드려 뻗친 자세에서 신발을 칠판에 올렸다. 수업이 끝나기만 기다렸다. 잠이 왔다. 앉아서 졸면 선생님들이 눈치를 챘다. 엎드려뻗친 자세로 졸면 아무도 모른다. 편안하게 쉴 수 있어 행복했다. 시간이 지나니 5명, 4명…, 2명으로 줄었다. 점차 숫자가 줄었다. 이제 1명이다. 나 혼자였다.

오늘도 나는 칠판 앞으로 나갔다. 엎드려뻗친 자세로 한 차례 맞았다. 신발을 칠판 위에 올렸다. 눈을 감았다. 편안하다.

그때 갑자기 귓가에 선생님 목소리가 크게 들렸다. 선생님의 얼굴이 다가왔다. 그는 말했다.

"자?"

"……."

"일어나."

"……."

"이제 들어가."

"……."

잠시 후 수업 마치는 종소리가 들렸다.

"차렷! 선생님께 경례!"

"감사합니다."

이날 수학시간은 1학년 마지막 수학시간이었다.

나는 서울시 마포구에 있는 경성고등학교에 다녔다. 수업을 마치면 바로 '동아일보' 보급소를 달려갔다. 바로 홍대역, 규수당 예식장 옆이었다. 보급소에는 소장, 상무, 총무, 경리 누나가 있었다. 신문을 돌리는 사람은 10명 정도. 상무는 신문 부수를 늘려야 했다. 총무는 신문을 돌리는 아이들을 관리했다. 아이들 중에 내가 제일 나이가 많았다. 대부분 초등학생, 중학생이었다. 가장 눈에 띄는 남매가 있었다. 누나는 초등학교 5학년, 남동생이 초등학교 4학년.

나는 그날을 생생하게 기억하고 있었다. 나는 고등학생이라 수업이 늦게 끝났다. 늘 제일 늦게 도착했다. 계단으로 올라가다가 아이들 울음소리를 들었다. 총무의 화난 목소리도 함께 들렸다.

"야! 이 새끼들아! 수금을 했으면 정확하게 내놔야 할 거 아니야!"

아이들이 모두 엎드려뻗쳐 나무 막대기로 맞고 있었다. 한 아이에게 한꺼번에 몇 대를 내리쳤다. 초등학생, 중학생들이 버티기에는 너무 힘들었다. 아이들이 모두 울면서 말했다.

"저 돈 안 훔쳤어요."

총무가 아이를 내려치려고 했다. 그때 아이 누나가 총무에게 매달리며 말했다.

"총무님, 제 동생은 절대로 돈 안 훔쳤어요. 그럴 아이가 아니에요."

남동생이 누나에게 울면서 말했다.

"누나, 나 돈 안 훔쳤어."

"그래 나도 잘 알아."

누나는 동생을 감싸 안았다. 총무가 아이 누나에게 말했다.

"너도 맞아볼래?"

보급소 소장, 상무, 경리 누나는 보고만 있었다. 나도 그들과 같이 보고만 있었다. 경리 누나가 지켜보고 있다가 총무에게 말했다.

"그러다 애 잡겠어요?"

"아직 보급소에 들어온 지 얼마 되지 않아서 잘 모르시는 모양인데요, 애들은 말로는 안 됩니다. 가만히 계세요!"

경리 누나도 가만히 있었다. 체념한 상태였다. 나는 벌벌 떨고 있는 남매가 불쌍했다. 남매의 눈빛은 내게 향하고 있었다. 나서고 싶었다. 하지만 괜히 나섰다가 내가 맞을 수도 있었다. 두려웠다. 그러나 지금 나서지 않으면 평생 후회할 것이다. 그 죄책감은 더 두려웠다. 나는 총무에게 다가갔다. 나는 큰 목소리로 말했다.

"총무님, 아이들이 돈을 훔쳤다고 했는데, 봤어요?"

"넌 뭐야?"

"돈을 훔쳤다고 했는데, 봤냐고요?"

"……."

총무는 아무 말을 하지 못했다.

그때 소장이 말했다.

"그래, 돈이 안 맞을 수도 있으니 다시 한번 맞춰보자구!"

상무도 거들었다.

"오늘은 전단지도 끼워 넣어야 하니 그만하자고!"

총무는 나를 노려보며 말했다.

"야, 이 새끼야, 내가 앞으로 너를 잘 지켜보고 있으니 조심해!"

나는 생각했다.

'앞으로 보자는 사람, 하나도 안 무섭거든…….'

신문보급소는 월요일이 제일 바빴다. 전단지를 신문 안쪽으로 밀어 넣었다. 전자대리점, 전당포, 슈퍼마켓, 미용실, 세탁소. 별별 광고가 다 있었다. 어느 때는 신문 1부 무게보다 전단지가 더 많이 들어갔다. 아이들은 흐르는 눈물을 닦았다. 그리고 전단지를 끼워 넣었다. 총무는 화난 목소리로 말했다.

"야, 이 새끼들아 제대로 안 넣을 거야? 다 돈이야! 전단지로 너희들 월급 주고 있어!"

"……."

보급소 안에는 침묵만 흘렀다. 나는 130부를 돌렸다. 전단지가 너무 많았다. 양 손가락을 끼고 돌려야 했다. 1시간 30분에서 2시간 걸렸다.

내가 신문을 돌린 지역은 상수동이었다. 가장 먼저 돌리는 곳은 버스 종점이었다. 버스 종점 사무실에 1부를 넣었다. 다음으로 버스 안내양 누나들 기숙사에 1부를 넣었다. 누나들이 있는 방은 통로 제일 끝이다. 이불이 잘 정돈되었다. 라디오와 몇 권의 영어책이 보였다. 한 누나가 말했다.

"야야, 덥재. 물 마시고 가기라."

"예, 누나."

"뻐덕 온나, 뻐덕 안 오고 머 하네?"

"예."

누나들은 나를 보면 시골에 두고 온 남동생 생각이 난다고 했다. 기숙사는 팔도 사투리 집합소였다. 상수동은 특히 가내 공장들이 많았다. 1층, 2층, 지하실에서도 일했다. 지하실에 들어가니 본드 냄새가 났다. 형들은 본드로 신발 밑창을 붙이고 있었다. 신발 밑창 붙이는 공장이었다. 아이스케끼 먹고 난 나무 막대가 도구였다. 구경하는 것도 재미있었다. 나는 생각했다.

'여기서 오래 있으면 안 된다.'

가내공장에서는 늘 라디오 소리가 들렸다. 기계 돌아가는 소리와 고함치는 공장장 목소리가 들렸다.

"무조건 오늘 다 끝내야 퇴근한다!"

정육점, 세탁소, 전파사, 구멍가게……. 거의 다 돌았다. 이제 딱 한 군데 남았다. 제일 마지막에 들르는 장소, 여기서부터 고난의 행군이다. '양주 코너'가 다닥다닥 붙었다. 예쁜 누나들만 있었다. 나는 말했다.

"사장님, 월말이 되었어요. 수금해야 하는데요."

"사장님이라고 하지 말고 누나라고 불러!"

"예. 그런데 누나들이 많아서 헷갈리는데요."

"그럼, 그냥 큰누나라고 불러."

"예. 큰누나……."

나는 웃으면서 대답했다. 작은누나가 말했다.

"애! 많이 덥지?"

"예, 누나."

"사이다? 콜라?"

"사이다 주세요."

예쁜 누나들이 건네주는 얼음 동동 '사이다'를 마셨다.

그 시절 나를 가장 마음 아프게 하는 문구가 있었다. '개조심', '동아일보 사절'이었다. 신문을 받아보는 사람이 쓴 경우도 있다. 하지만 경쟁상대 'XX일보' 보급소 인간들이 쓴 경우도 있었다. 나는 오늘도 신나게 달렸다. 나는 크게 외쳤다.

"신문이요!"

비 오는 날. 신문을 돌리고 수금을 하면 숨이 막혔다. 우비를 입고 돌렸다. 온몸이 땀에 젖었다. 최소 2시간은 한증막이었다. 신문이 젖을까 봐 돌돌 말아 비닐에 넣고 직접 전해주었다. 다 돌리고 나면 빨리 가야 하는 곳이 있었다. 참기름 가게 때문에 빈 소주병이 많이 필요했다.

선술집도 평일 오후 7시부터 영업시간이었다. 나는 저녁식사는 건너뛰었다. 급하게 선술집이 모여 있는 곳으로 달렸다. 오후 7시 넘으면 빈 소주병을 안 줬다. 7시 안으로 와서 병을 얻으려고 하면, 빈 소주병이 없었다. 이미 다른 사람들이 가지고 가 버렸다. 손수레로 빈 병을 모아 생계를 잇는 사람들이 많았다. 오늘도 허탕. 소주병 쟁탈전이었다.

　가게 몇 평 되는 공간에 참기름 짜는 기계를 놓았다. 참기름 한 병에 3,000원, 들기름은 2,000원. 참기름, 들기름을 가게에서 팔고, 식당에도 팔았다. 주문한 식당에 배달했다. 사과, 귤도 마른 수건으로 닦아 팔려 내놓았다. 여름에는 수박, 참외, 토마토, 배, 딸기, 포도도 팔았다. 딸기는 한판에 5,000원 주고 사 왔다. 과일 중에 딸기가 제일 빨리 상했다. 간장, 젓갈도 팔았다. 병의 먼지를 닦아 반들반들하게 했다. 대파도 손질했다. 대파, 콩나물, 두부는 신문지에 싸서 팔았다. 버스 토큰, 학생 버스표를 팔았다. 버스 타는 사람이 다니는 시간까지 가게 문을 열어야 했다. 토큰 한 개 사러 와도, 누워 있다가 일어나서 팔아야 했다. 고추, 배추, 양파, 마늘, 소금을 리어카로 싣고 배달했다. 가정집 옥상에서 작업한다고 하면 옥상까지 배달해야 했다. 사과, 귤을 배달시키면 손수레와 함께 버스에 올라탔다. 겨울이면 군고구마도 팔아야 했다. 등굣길에 둥글고 평평한 돌을 발견하면 가방에 넣었다. 군고구마 구울 때 밑에 깔면 좋다.

　그 시절 가장 원하는 게 있었다. 나는 속으로 생각했다.
　'누워서 잠자고 싶다.'
　시험을 치는 날이라고 해도 평일하고 다름이 없다. 시험 치면서도 잠이 왔다. 눈이 감겼다. 잠시 얼굴을 시험지 위에 올려다 놓았다. 얼마간 눈을 감고 있었는지 모른다.

뒤에서 선생님 목소리가 들렸다.

"시험지 걷는데 뭐 해?"

늘 나는 잠이 부족했다. 옆에 있는 덕순이는 늘 1등이었다. 덕순이는 수업시간에 선생님 입과 칠판 글씨에서 눈을 떼지 못했다. 나는 잠자는 물고기, 덕순이는 선생님 해바라기. 나는 부러운 표정으로 말했다.

"덕순이는 맨날 1등 해서 좋겠다."

"뭘……."

"나중에 커서 판검사하겠다."

"아니, 나는 판사·검사 관심 없어."

"대기업에 들어가서 돈 많이 벌겠다."

"아니, 나는 대기업 관심 없어."

나는 이어 말했다.

"나는 공부를 하고 싶은데 시간이 없어."

"공부는 머리로 하는 게 아니야."

"그럼 공부를 머리로 하지 않으면 뭐로 하는 거야?"

"공부하는 방법이 있어."

이번에는 덕순이가 내게 물었다.

"익철이는 공부를 어떻게 하는데?"

"그냥 중요할 것 같으면 공부해."

"시험을 내는 사람이 누구지?"

"누군 누구야, 선생님이지."

덕순이가 힘주어 말했다.

"그럼, 선생님이 되어서 시험문제를 낸다고 생각해봐!"

"내가 선생님이 되어 보라고?"

"그래."

"알았어!"

덕순이가 진지하게 물었다.

"익철이는 왜 공부하니?"

"글쎄……."

고등학교 1학년 때 덕순이를 만났다. 나는 덕순이에게 공부를 잘하는 방법을 물었다. 덕순이는 바로 이 두 가지를 말했다. '선생님의 관점'과 '왜 공부하니?'였다. 덕순이를 통해 '관점과 왜?'로 세상을 보는 시야가 넓어졌다. '관점과 왜?'는 내 삶의 한 부분을 차지해 버렸다.

빈 소주병을 구하러 선술집에 갔다. 이번에는 달랐다. 이전처럼 "빈 소주병을 구하러 왔는데요."라고 하지 않았다. 선술집 주변 쓰레기를 깨끗하게 치웠다. 나는 선술집 여주인에게 말했다.

"사장님"

"……."

선술집 여주인은 바깥으로 나와서 문 앞을 살펴었다. 그녀는 말했다.

"누가 치웠어?"

"……."

나는 미소로 대답했다. 그녀는 말했다.

"앞으로 학생이 빈 소주병 가지고 가!"

"정말요?"

"내가 앞으로 잘 챙겨줄게!"

"예, 감사합니다."

나는 몇 차례 인사했다. 나는 가게로 오면서 생각했다.

'이제 선술집에 있는 빈 소주병은 내 거다.'

한여름. 담배꽁초와 오줌이 든 소주병을 모두 쌀부대 자루에 담았다. 러닝셔츠만 입고 다녔다. 티셔츠를 입고 싶었는데 가격이 부담이었다. 쌀부대 자루를 어깨에 짊어졌다. 땀방울이 등줄기를 타고 조금씩 흘러내리고 있었다. 시간이 지나니 구슬땀같이 굵게 천천히 흘러내렸다. 걸으면서 내내 등에 통증도 왔다. 가게에 도착해서야 이유를 알았다. 쌀부대 자루에 피가 묻어있었다. 흘러내리던 것은 땀방울이 아니라 피였다. 깨진 소주 유리 조각이 등에 박혀서 피가 흘렀던 것이다.

덕순이와 3학년 때도 같은 반이 되었다. 1984년도 대입학력고사(현재의 수능)에서 덕순이가 전국 수석을 차지했다. 덕순이는 언론에 인터뷰도 했다.

"홀로 고생하시며 자식을 키워온 어머님에게 영광을 돌리고 싶다. 10여 년 전 돌아가신 아버님에게도 이 소식을 전할 수 있으면 좋겠다."

덕순이네 3남매는 홀어머니 밑에서 컸다. 어머니는 명지대학교에서 청소부로 일하면서 아이들을 키우셨다. 고등학교 1학년 때였다. 나는 덕순이에게 물었다.

"덕순이*는 왜 공부하니?"

"세상에 소외된 자, 가난한 자, 못 배운 자들에게 도움을 주고 싶어."

---

* 덕순이는 정말로 노동연구원에서 노동자들을 위해 일하다가 지금은 청와대 고용노동비서관이 되었다.

수박밭에서 좋은 수박을 사려면 깨봐야 한다

고등학교 1학년. 홍익대학교 옆, 극동방송국 맞은편으로 이사했다. 방 한 칸에 부엌. 햇빛은 없었지만, 그 시절 물난리 단골 동네 망원동을 벗어났다. 지하에서 탈출해서 무엇보다 기뻤다. 행복해서 잠을 이룰 수 없었다. 첫날밤 누워서 천장만 바라보다 잠이 들었다. 나는 생각했다.

'이제 비가 와도 천장에서 물이 떨어지는 일은 없겠다.'

다음날 아침. 평소보다 일찍 일어났다. 바깥세상이 궁금했다. 나무로 된 출입문을 열었다. 아침 햇살에 눈이 부신 게 신기했다. 차와 사람들이 지나갔다. 나는 인도에서 양치질했다. 세숫대야에 물을 가져다 얼굴을 씻었다. 뒷주머니에 수건이 있었다. 수건을 꺼내서 얼굴을 닦았다. 지나가는 사람들이 나를 쳐다보아도 기분이 좋다. 바로 앞에는 극동방송국이 보였다. 왼쪽 옆에는 오르막길. 홍익여고 후문으로 가는 길이었다.

화장실은 맞은편 세탁소에 있었다. 차도를 건너야 했다. 세탁소 아저씨, 아주머니에게 양해를 구했다. 세탁소 안에 연탄이 쌓여있었다. 연탄이 내 키보다 높게 쌓여 있었다. 비스듬히 걸어서 지나야 도착한다. 덥다. 이마에 땀이 흘렀다. 재래식 화장실이었다. 나는 세탁소를 나서기 전에 웃으며 말했다.

"세탁소 아저씨, 아주머니, 고맙습니다!"

이사를 오며 가장 먼저 한 일이 있었다. 나무로 좌판을 만들었다. 좌판 위에 누런 장판지도 깔았다. 3단 선반을 조립했다. 길에 버려진 사과상자를 뜯었다. 나무를 잘라 선반 받침대로 사용했다. 서너 평 되는 공간에 놓았다.

버스를 타고 아현동 도매시장으로 갔다. 잡화코너에서 번개탄을 샀다. 간장, 젓갈을 샀다. 조금 안쪽으로 들어가서 사과, 귤도 샀다. 구입한 물건이래야 적은 양이었다. 구입한 물건을 가지고 버스를 탔다. 버스에 서 있으니 기분이 붕 떴다. 앞으로 펼쳐질 내 미래가 궁금했다.

선반 1단(상단)에는 간장, 젓갈을 올려놓았다.

선반 2단(중간)에는 사과, 귤을 올려놓았다.

선반 3단(하단)에는 번개탄을 올려놓았다.

가게 안이 너무 빈약해 보여서 서교시장으로 갔다. 두부와 콩나물을 파는 아저씨가 보였다. 나는 물었다.

"아저씨, 두부하고 콩나물 어디에서 받아요?"

그는 친절하게 상호와 전화번호를 알려주었다. 그는 웃으며 말했다.

"두부는 미리 잘라놔야 한다."

"예."

"콩나물은 더 달라고 하면, 더 주어도 된단다."

"예? 더 주면 남는 게 없는데요."

"두부와 콩나물은 사람을 모으는 역할을 한다."

"아~, 이제 알겠습니다."

나는 웃으면서 대답했다.

조금 더 가니 계란을 파는 아저씨가 보였다. 나는 물었다.

"아저씨, 계란은 어디서 받아요?"

"가게 이름과 전화번호 적어 놓은 데가 어디 있더라……."

그는 친절하게 상호와 전화번호를 알려주셨다. 그는 웃으며 말했다.

"계란은 조금이라도 금이 가 있으면 팔아서는 안 된단다."

"예, 명심하겠습니다."

나는 웃으면서 대답했다.

수박을 떼어다 팔려고 아현동 도매시장에 갔다. 수박 파는 아저씨가 보였다.

나는 그에게 물었다.

"아저씨, 오늘 처음으로 수박장사를 시작하려고 하는데, 어떤 게 맛있는지 모르겠어요?"

"수박도 사람처럼 햇빛을 잘 받아야 한단다."

수박 파는 아저씨가 나이가 많이 들어 보였다. 왠지 전문가 같아 보였다. 나는 이어 물었다.

"아저씨, 어떤 수박이 맛있어요?"

"줄무늬가 진한 게 맛있단다."

"이거, 꼭지가 시들었는데, 맛이 없겠네요?"

"아니야, 꼭지가 시들었어도 맛은 더 있단다."

나는 수박 고르는 법을 계속 물어보았다. 아저씨는 전혀 귀찮아하지 않고 대답해 주었다. 나는 또 물었다.

"두드려서 어떤 소리가 나는 게 맛있어요?"

"물 흐르는 소리가 나는 게 맛있단다."

"물 흐르는 소리요?"

"자, 잘 들어봐."

아저씨는 바로 앞에 있는 수박을 살짝 때렸다.

"통"

"퉁"

"턱"

아무리 들어도 물 흐르는 소리는 안 났다. 수박 소리는 다 똑같이 들렸다. 나는 말했다.

"저는 암만 들어도 모르겠어요. 2통만 골라주세요."

아저씨는 웃으며 수박 2통을 골라주었다. 나는 물었다.

"아저씨, 수박 얼마 붙여서 팔면 돼요?"

"30% 붙이면 될 거야. 너무 욕심내면 안 된단다."

아저씨는 웃으면서 말했다.

나는 두 통을 들고 버스를 탔다. 나는 버스 안에서 계속 생각했다.

'수박을 두드렸을 때 물 흐르는 소리가 뭐지?'

양손에 든 수박은 하나도 무겁지 않았다. 한 손에는 꿈, 한 손에는 희망. 하나도 힘들지 않았다.

꿈과 희망을 좌판 위에 올렸다. 굴러떨어지지 않게 둥근 고리로 받쳤다. 지나가던 아주머니가 내게 왔다. 그녀가 물었다.

"학생, 이 수박 얼만데?"

"1,500원입니다. 수박 달고 정말 맛있어요."

나는 웃으면서 대답했다.

수박을 좌판에 올려놓은 날, 2통이 다 팔렸다. 나는 탄성을 질렀다.

"우아, 다 팔렸다."

너무도 기뻤다. 그런데 좋은 기분도 한순간이었다. 나는 갑자기 걱정되었디.

'맛없어서 다시 가지고 오면 어떡하지?'

그날 잠을 이룰 수 없었다. 학교에 가서도 늘 수박 생각만 했다. 다음 날도 그랬다. 내 걱정은 3일째 계속되었다.

'아주머니가 맛없다고 가지고 오면 어떻게 하지?'

아현동 도매시장에 다시 갔다. 내게 수박을 팔았던 아저씨를 찾아갔다. 나는 물었다.

"아저씨, 수박 사 간지 3일 되었는데, 맛없다고 가지고 오면 어떡해요? 반 정도 먹고 나서 맛없다고 가지고 오면 새 수박으로 줘요? 아니면 돈으로 줘요?"

"3일 지나서 돌려달라고 하는 손님은 없을 거야. 만약에 3일 지났는데 맛이 없어서 돌려달라고 하면 손님이 원하는 데로 해 줘야 한다. 돈을 원하면 돈을 주고, 수박을 원하면 수박을 주어야 한다."

"아저씨, 그럼 나는 완전히 손해잖아요."

"손해가 아니야. 그 손님은 앞으로 너의 고객이 될 거야."

"……."

3통부터는 버스를 타지 못했다. 양손으로 들 수가 없었다. 이번에는 4통을 샀다. 택시를 잡았다. 트렁크에 놓았다가 충격을 받으면 깨질 것 같았다. 뒷자리 바닥 양쪽에 2통씩 놓았다. 아저씨 덕분에 구입하는 수박 통수도 점차 많아졌다. 삼륜차가 집으로 배달해 주었다. 기사 아저씨가 수박을 가게에 내려주었다.

이제 요령도 생겼다. 마진 30%을 끝까지 고수하지 않았다. 수박을 구입해서 3일째까지는 30%, 그 다음 날에는 20%, 그 다음 날에는 10% 마진을 붙였다. 그 다음 날에는 본전으로 팔았다. 그래도 남으면 땡처리 해 버렸다. 일부러 손해를 보면서도 팔았다. 장사를 조금씩 배워갔다. 나름 자랑스러웠다. 이제는 아저씨보다 내가 수박을 더 잘 고를 것 같았다. 나는 어깨를 으쓱하며 말했다

"아저씨, 이제 제가 아저씨보다 수박을 더 잘 골라요."

"그래?"

"지나가면서 한 번에 딱 봐도 잘 익은 수박인지 아닌지 알 수 있어요."

"벌써 잘 익은 수박을 찾아냈다니 정말 대단한데……."

"이제 수박에서 물 흐르는 소리도 알아요."

"정말? 물 흐는 소리를 아는 것이 쉽지가 않은데……."

"한번 들어보실래요?"

"그래, 들어보자."

나는 아저씨 앞에서 수박을 두드렸다.

"퉁"

"이것은 둔탁한 소리입니다. 그리 잘 익지 못했어요."

나는 자랑스럽게 말했다.

"통"

"이것은 맑은소리예요. 잘 익었어요."

나는 이번에도 자랑스럽게 말했다.

"좌알"

"이게 아저씨가 말했던 물 흐르는 소리예요. 백 점짜리 수박입니다."

나는 미소를 지으며 우렁찬 목소리로 말했다. 나 스스로가 무척 대견했다. 나는 수박을 눈으로만 봐도 알았다. 만져볼 필요도 없었다. 그런데 잠시 있다가 아저씨가 말씀하셨다.

"수박이 잘 익었는지, 덜 익었는지는 겉으로 봐서 100% 알 수 없단다."

"……."

"소리로도 100% 알 수 없단다."

"그럼 겉으로 봐서도 모르고 소리도 모르면, 잘 익은 수박을 어떻게 골라요?"

"무조건 깨봐야 해!"

"……."

그는 힘주어 말했다.

"확신이 설 때까지 수박을 내던져서라도 계속 깨봐야 한단다."

"아저씨 말대로 하면 수박 한 통 팔려고 한 통을 깨다가 뭐가 남아요?"

"물론 한 통 팔려고 한 통을 깨보면 남는 게 없지."

"남는 것도 없는데 뭐 하러 장사해요?"

"수박밭에서 수박을 구입할 때는 수박 겉도, 소리도 아니고, 깨봐야 알 수가 있단다."

"아저씨, 아까부터 자꾸 깨본다고 하시는데, 깨본다는 게 무슨 말이에요?"

"자르는 것하고 깨보는 것 하고는 차이가 있단다."

"차이요?"

"한 곳에서 10통을 깨지 말고 걸어 다니면서 한 통씩 10통을 깨봐!"

"걸어 다니면서 한 통씩 10통씩이나요?"

"가능한 한 많이 깨볼수록 좋아!"

"……"

내리막이 있으면 오르막이 있다

　고등학교 1학년. 바로 옆에 슈퍼마켓이 있어 담배를 거리 제한으로 못 팔았다. 옆에 슈퍼마켓에서 담배를 팔고 있었다. 이듬해부터 솔, 태양, 거북선[1]이 500원으로 오른다고 했다. 나는 가게에서 '버스 토큰'과 '학생 버스표'를 팔았다. 버스 토큰은 110원, 학생 버스표는 60원이었다. 매주 한 번 신촌에 가서 버스 토큰과 학생 버스표를 구입해야 했다. 홍익대학교 옆 극동방송국에서 신촌까지는 버스로 15~20분 걸렸다. 걸어서 가면 40분. 나는 신촌까지 걸어갔다. 버스비가 아까웠다. 또 다른 이유가 있었다. 홍대 분식점에서는 라면 가격이 300원이었다. 분식점에서 라면이 먹고 싶었다. 신촌

1　솔, 거북선, 태양 : 80년대 담배 이름

까지 걷는데 40분 거리는 먼 게 아니었다.

신촌 '토큰 판매소'에 도착했다. 버스 토큰과 학생 버스표를 구입하기 위해 자리에 앉아 기다리고 있었다. 옆에 앉아 있는 사람들을 보니, 대부분 나이가 많은 아저씨, 아주머니뿐이었다. 옆에 있는 아저씨들의 대화가 들려왔다.

"광화문에서 토큰 파는 사람은 한 달에 60만 원이나 번대."

"역시 장소가 좋아야 해."

"목 좋은 자리 알아볼까?"

"자릿세가 비쌀걸."

"그러게 말이야."

"임대료도 만만하지 않을 거야."

여기에 오면 돈 버는 곳 정보를 많이 들었다. 늘 듣는 말이 자릿세와 임대료였다. '토큰 판매소'에서 토큰을 담을 수 있는 누런 부댓자루를 2개 주었다. 나는 구입한 버스 토큰과 학생 버스표를 담았다. 부댓자루 끝에는 끈이 있었다. 토큰이 흘러내리지 않게 끈을 당겨 단단히 묶었다. 이제 가게로 가야 했다. 양쪽 어깨에 부댓자루를 걸치고 계단으로 내려왔다. 올 때는 내리막길이 갈 때는 오르막길이었다. 그래도 힘든 줄을 몰랐다.

고등학교 1학년. 길에서 말린 '고추'를 방 안으로 가지고 왔다. 좁은 방 한 칸에 신문지를 펼쳐 널어놓았다. 마른 수건으로 일일이 닦아야 했다. 방 안은 매운 고추 냄새로 꽉

찼다. 고추를 큰 포대에 담아 리어카로 싣고 배달했다. 가게에서 신촌까지 1시간이 넘게 걸렸다. 신촌에는 음식점이 많았다. 순대 국밥집, 설렁탕집…. 나는 늘 혼자 배달을 했다.

홍익대학교 거리를 '와우산 길'이라고 했다. 내리막 오르막이 있었다. 걸으면서 묘한 기분을 맛보았다. 나는 생각했다. '내게도 늘 내리막길만 있지는 않을 거야.'

고추를 싣고 제일 먼저 지나가는 곳은 '홍익대학교'였다. 정문에 가까워질수록 학생들이 보였다. 잠시 걸음을 멈추고 바라보았다. 여중생, 여고생, 대학생이 보였다. 친구들과 깔깔거리며 내려오는 모습이 정말 부러웠다. 사람들에게 나는 고등학생이 아니었다. 장사하는 사람이었다. 나는 생각했다.

'고등학교라도 졸업했으면 좋겠다.'

나는 리어카를 차도 위에서 끌었다. 끌다 보면 차들이 경적을 울려댔다.
"빵빵"
운전사의 짜증 난 얼굴이 보였다. 운전사는 내게 크게 외쳤다.
"야! 빨리 안 가!"
나도 빨리 가고 싶었다. 쉬고 싶었다. 잠을 자고 싶었다.

배달할 때는 물도 거의 마시지 않았다. 나는 생각했다.

'화장실에 갔다가 물건을 도둑맞으면 어떻게?'

나는 배달할 설렁탕집과 순대 국밥집만 생각하고 걸었다. 신촌으로 가는 지름길이 있었다. 내리막길이었다. 먼저 설렁탕집에 도착했다. 나는 소리쳤다.

"고추 배달 왔어요. 어디다 내려놓을까요?"

고추를 내려놓고 나왔다. 이번에는 신촌 대학가 주변에 순대 국밥집이다. 그곳으로 가려면 오르막길이었다. 고추 부댓자루가 뒤로 떨어지지 않게 끈으로 리어커에 묶었다. 몸을 앞으로 숙이고 한발 한발 걸어갔다. 내려오는 차도 보였고, 올라가는 차도 보였다. 차들은 쉬지 않고 경적을 울려댔다.

"빵! 빵!"

기계음이 아닌 인간음도 들렸다.

"야! 빨리 안 가!"

이제는 건널목이었다. 신호등도 건너야 했다. 지나가는 사람들이 나를 피했다. 나는 알고 있다. 땀 냄새와 매운 고추 냄새가 뒤섞인 내 몸 냄새 때문이다. 나는 생각했다.

'인생은 내리막만 있는 것이 아니라, 오르막도 있어!'

가게에 도착하니 이번에는 '배추'배달이다. 배달하기 전에 안 좋은 부분을 뜯어냈다. 가정집과 음식점 배달에는 차이가 있다. 가정집 배달은 양이 적다. 그러나 대부분 2층, 3층까지 배달해야 한다. 음식점 배딜은 양이 많았지 거의 1층이다. 식당 안으로만 들여다 놓으면 됐다. 리어카에 배추를 신고 갔다. 3층 집이었다. 나는 초인종을 눌렀다.

"띵똥!"

"배추, 배달 왔습니다."

넓은 마당이 보였다. 일하는 아주머니가 말했다.

"학생, 왔어! 배추, 옥상에 올려놔!"

"예."

대문 밖에 리어카를 세웠다. 2포기씩 들고 옥상까지 올라갔다. 집안으로 들어갔다. 나무 계단이었다. 매끈하게 왁스칠이 잘 되어있었다. 배추를 가지고 오르내리기를 얼마나 반복했는지 모른다. 어깨와 팔의 근육이 땅겼다. 리어카에 배추가 얼마 남지 않았다. 아주머니 목소리가 들렸다.

"바닥에 떨어진 배추, 깨끗하게 청소하고 가!"

"예."

가게로 돌아왔다. 이번에는 '굵은 소금가마니'가 나를 기다리고 있었다.

입소문을 듣고 찾아오게 하라

1981년, 고등학교 1학년. 추운 겨울이었다. 새벽에 사과를 사러 아현동 도매시장에 갔다. 시장에 불이 피워져 있었다. 상인들은 페인트 깡통에 구멍을 뚫고 과일상자 나무를 뜯어 태웠다. 깡통에서 불꽃이 조금씩 새어 나왔다. 연기가 자국했다. 아저씨, 아주머니가 모여들었다. 두툼한 모자와 귀마개를 하고들 있었다.

나는 여태 사과와 귤을 소량으로 구입했다. 양손으로 들어서 버스를 타고 서서 올 정도의 적은 양이었다. 오늘은 처음으로 상자째 구입하려 왔다. 며칠째 헛걸음인지 모른다.

과일을 살 때 눈으로 상태를 확인하고 맛을 보면 확실하다. 나무박스 안에 사과와 귤이 들어있었다. 하지만 뜯어볼 수가 없다. 도매상들은 한두 상자 구입하는 소매상에게 과일상자를 뜯어 보이지 않는다. 나는 힘없이 생각했다.

'오늘도 허탕인가 보다.'

2만원을 가지고 나왔다. 한 달 동안 신문 돌려서 받은 월급이었다. 열어보지 못한 과일상자를 살 수는 없었다. 불안했다.

나는 조심스럽게 물었다.

"아저씨, 사과 사려고 그러는데요?"

"얼마나?"

"한 상자요."

"……."

아저씨는 내 말을 듣자마자 다른 손님들에게 얼굴을 돌렸다. 오늘도 허탕이었다. 나는 생각했다.

'나무상자 안에 있는 사과, 귤의 상자를 뒤집어 나무 한 개만 빼서 잠시 구경만 시켜줘도 좋겠다.'

다음날 새벽. 다시 갔다. 아저씨, 아주머니들은 '타닥 타닥' 소리를 들으며 몸을 녹이고 있었다. 그들은 이제 내게 자리를 비켜주었다. 언제까지 허탕을 칠 수는 없었다.

두 군데를 눈여겨보았다. 규모가 큰 가게와 작은 가게가 있었다. 큰 가게에는 여러 종류의 과일상자들이 많이 놓여 있었다. 큰 가게에는 '포니 픽업'에 과일상자를 싣고 있는 사람들이 보였다. 바로 옆 파란색 '삼륜차'도 보였다. 과일 상자를 올려주면 적재함 위에 있는 사람은 과일 상자를 받아서 적재함에 차곡차곡 싣고 있었다. 그런데 사람들은 많이 보이지 않았다. 작은 가게는 과일 종류도 많지 않았다. 그런데 주위에는 많은 사람들이 모여 있었다.

나는 온종일 사과만 생각 했다. 집에 있을 때도 사과를 생각했고, 학교 가면서도 사과를 생각했고, 학교 수업 시간에서도 사과를 생각했고, 학교가 끝나고 집으로 가면서도 사과를 생각했고, 장사하면서도 사과를 생각했고, 배달하면서도 사과를 생각했고, 잠자기 전에도 사과를 생각했고, 꿈에서도 사과를 생각했다.

나는 오직 하나, '사과'만 생각했다.

'큰 가게에서 살까? 작은 가게에서 살까?'

큰 가게에서 과일을 사가는 사람 대부분이 단골이다. 작은 가게는 단골보다는 새로운 손님이 많다.

큰 가게가 보였다. 과일 상자들이 가게 안에 빼곡하게 찼다. 상인들은 무심하게 가격만 물어보고 대량으로 구매를 한다. 상인들은 말했다.

"사장님, 저거 주세요."

"······."

주인아저씨도 무심하게 상자만 내주었다. 작은 가게가 보였다. 작은 가게에는 새로운 손님들이 더 많아 보였다. 주인아저씨는 웃으며 말했다.

"날씨 추운데 이리 와서 불 좀 쪼이세요."

"사장님, 사과가 정말 달고 맛있어요."

손님들은 사과를 먹고 무척 만족해했다. 얼굴에 행복한 웃음까지 머금었다.

나는 작은 가게로 다가갔다. 나는 주인아저씨에게 물었다.

"아저씨, 이 사과는 이름이 뭐예요?"

"후지사과란다."

맛있었다. 정말 달고 맛있었다. 온종일 사과만 생각했다. 집에서, 등굣길에서, 학교에서, 하굣길에서, 장사하면서, 배달하면서, 심지어 꿈에서도……. 모든 순간이 사과 생각이었다.

이제 결정할 시간이 왔다. 맛을 보여준 아저씨 가게에서 구입하고 싶었다. 하지만 규모가 큰 가게도 자꾸 생각났다.

'큰 가게에서 파는 사과가 가격이 싸고, 맛이 있으니 사람들이 '포니 왜건', '삼륜차'에 대량으로 실어 가는 것 아니야?'

오랫동안 고민했다. 썩은 사과 상자를 사면 신문 돌린 월급이 날아간다. 선뜻 나설 수 없었다. 수학 시간이었다. 녹색 칠판만 멍하니 바라보니 '녹색 사과'가 보였다. 어느덧 마칠 시간이 다 되었다. 선생님 목소리가 들렸다.

"오늘 수업은 여기까지, 다음 시간까지 연습 문제 꼭 풀어 올 것! 알았지!."

나는 나대로 숙제가 있었다.

'어느 가게에서 사과를 살 것인가?'

선생님이 숙제로 내준 연습 문제를 살펴보았다. 연습 문제가 어디 붙어있는지 모르겠다. 수학 책을 넘겼다. 몇 번을 넘겼다. 천천히 책장을 넘기다가 순간 이상한 느낌이 왔다. 책에 쓰인 글씨가 눈에 들어왔다. 나는 갑자기 소리를 질렀다.

"바로 이거야!"

다음날 새벽 아현동 도매시장으로 갔다. 작은 가게 아저씨는 오늘도 손님들에게 사과를 맛보이고 있었다. 나는 웃으며 물었다.

"아저씨, 저도 사과 먹어봐도 돼요?"

"되지, 얼마든지 맛보렴."

아저씨는 웃으면서 대답했다. 역시 맛있었다. 정말 달고 맛있었다. 나는 이어 물었다.

"아저씨, 이 사과 이름이 뭐예요?"

"후지 사과란다."

"한 상자에 얼마예요?"

"10,000원이란다."

"후지 사과 2상자 주세요."

그는 물었다.

"어디서 장사하니?"

"홍대 앞, 극동방송국 정문 앞에서요. 그건 왜요?"

"후지 사과를 2상자 사지 말고, 후지와 홍옥 각각 한 상자를 사거라."

"……."

나는 잠시 대답하지 못했다. 그는 이미 깎아서 생반에 놓은 '홍옥사과'를 내게 건넸다.

역시 맛있다. 나는 물었다.

"홍옥 사과는 얼마예요?"

"6,000원이란다."

"아저씨 말대로 홍옥 사과도 팔아볼게요."

"잘 생각했다."

그는 빙그레 웃으며 말했다. 그는 후지 한 상자와 홍옥 한 상자를 꺼내주셨다. 상자를 뜯어보지 않아도 나를 믿고 아저씨를 믿었다.

한 상자 무게는 15kg이었다. 나 혼자 두 상자를 들고 정류장까지 가기에는 무리였다. 그는 손수레 위에 상자를 올려놓고 나와 정류장까지 걸었다.

그는 웃음 띤 얼굴로 말했다.

"가격이 싸다고 한꺼번에 많이 사는 건 안 좋아."

"가격이 쌀 때 많이 사두면 좋지 않아요?"

"한꺼번에 산 물건이 잘못되면 큰 손실을 볼 수 있단다. 그리고 지금이 제일 싸다고 볼 수 없지."

"……"

"입소문 듣고 찾아오게 해라."

"……"

"입소문이 최고의 검증이지."

"……"

그는 더 이상 아무 말도 하지 않고 걸었다.

가게에 도착하자 바로 사과 상자 바닥을 꺾쇠로 뜯었다. 사과를 살펴보았다. 밑에 있는 사과도 살펴보았다. 상처 난 사과가 없었다. 한 개를 깎아서 먹었다. 무척 달고 맛있다.

 수학책은 '정의-공식-증명', '보기-예제-연습 문제'의 순서로 되었다. 과일 상자가 산더미처럼 쌓였던 큰 가게는 '보기'가 없었다. '맛보기'가 없었다.

세상에 내 몸을 맡겨라

23살에 군대를 제대했다. 제대 후 1년 6개월 동안 새벽 인력시장을 전전했다. 내세울 학력도 기술도 없었다. 주로 공사장에서 보조 역할을 했다. 삽질과 벽돌 나르는 일을 했다.

새벽 5시. 새벽 인력시장에는 사람들이 모였다. 당시 큰 새벽 인력시장은 서울역과 청량리역에 있었다. 집에서 서울역까지 버스로 30분. 집에서 청량리역까지는 버스로 50분. 나는 버스비가 아까워 가까운 인력시장을 찾았다. 신촌 새벽 인력시장에 나갔다. 걸어서 30분 거리였다. 비록 규모는 작았지만 내가 할 수 있는 일은 찾을 수 있을 것 같았다.

특별한 기술이 없었다. 몸으로 때우는 것뿐. 인력시장은 내가 세상 구경을 할 수 있는 유일한 통로였다. 수염이 덥수룩하게 난 아저씨가 내게 다가왔다. 그는 물었다.

"너 뭐 할 줄 알아?"

"일만 시켜주시면 열심히 일하겠습니다."

"타!"

"예."

나는 가방을 들고 봉고차에 올라탔다. 가방 안에는 작업복, 속옷과 양말, 수건이 있었다. 봉고차 안 사람들은 아무 말도 하지 않았다. 유리창만 바라보는 사람들. 땀내 나는 작업복……. 말하는 사람도 없고, 말을 거는 사람도 없었다.

공사장에 도착했다. 트럭에서 모래를 쏟아내고 있었다. 작업복으로 갈아입고 삽을 잡았다. 작업장에서 일하는 아저씨가 내게 말했다.

"시멘트 포대 날라!"

"예."

40대 아주머니 한 명, 50대 아주머니 한 명이 포대를 나르고 있었다. 그녀들은 앉은 자세로 포대를 등허리에 붙였다. 그리고 뒤로 감싸 안아 일어났다. 보기엔 쉬웠다. 그러나 나는 해보니 안 되었다. 그녀들은 웃으며 한마디씩 했다.

"힘으로 하는 게 아니야. 다 요령이 있어."

"등 뒤에 있는 포대, 생각하지 마!"

나는 포대를 등허리에 댔다. 손을 뒤로해서 포대를 잡고 일어나려고 했다.

40대 아주머니는 단호하게 말했다.

"고개 들어!"

"……"

"허리를 세우고 다리 힘으로 일어나야 해!"

"……"

나는 가까스로 포대를 등에 대고 일어났다.

나는 불안한 마음으로 뒤를 돌아봤다.

50대 아주머니는 힘주어 말했다.

"뒤를 돌아보지 말라니깐!"

"……"

"앞만 보고 걸어가!"

"……"

나는 그때 세상에 대해 큰 경험을 하게 되었다. 세상을 몸으로 배우고 있었다.

함바집에서 점심을 먹었다. 작업장에 와서 바로 누웠다. 일하는 아저씨들은 스티로폼이나 나무 판때기에 누웠다. 나는 주위를 살폈다. 신문지가 나뒹굴었다. 가져다가 깔고 누웠다. 건물 안이라 시멘트 냄새가 가득했다. 쉬는 시간은 30분도 되지 않았다. 내가 누울 데라고는 찬 시멘트 바닥뿐이었다. 찬 바닥에 누우니 허리에 통증이 한꺼번에 밀려왔다.

고등학교 1학년 때였다. 소금은 다른 품목보다 마진이 좋았다. 늘 가마니로 도매 장사에게 주문했다. 돈 되는 것은 다 팔아야 했다. 소금 가마니를 들다가 그만 허리를 다쳤다.

치료하려면 돈이 들어서 아무에게도 말을 안 했다. 시간이 지나면서 통증은 점점 심해졌다.

군대 일병 시절. 겨울에 자대 208 병원에 입원했다. 병명은 '허리 디스크'였다. 시간이 지나면서 통증은 점점 악화되었다. 208 병원에서 퇴원하면서 바로 국군춘천병원에 입원했다. 점호시간에 군의관에게 이렇게 점호했다.
양쪽 손을 허리에 바짝 가져다 대면서 크게 외쳤다.
"일병 권익철, 허리 아파 입원했습니다."

오늘도 통증은 밀려왔다. 삽질을 멈출 수는 없었다. 이유는 한 가지였다. 삽질을 멈추면 밥도 책도 함께 멈추기 때문이었다.
오후 작업 시간이 되었다. 아주머니들은 벽돌을 나르고 있었다. 등에 벽돌을 짊어지고 계단을 오르고 있었다. 나는 벽돌을 등에 짊어지고 계단을 올랐다. 허리에 통증이 밀려왔다. 허리만 안 아프면 세상에 무엇이든지 할 수 있겠다. 나는 생각했다.
'세상은 너무 불공평해! 배운 것도 없고, 기술도 없고, 돈도 없고……. 거기다 몸도 아픈데 어떻게 살아가…….'

이번에는 철근을 날라야 했나. 수건을 어깨에 대고 철근을 올렸다. 철근이 출렁거려서 제대로 걸을 수가 없었다. 그런데 50대 아저씨가 보였다. 나보다 훨씬 많은 철근을 메고 걸어가셨다.

그는 나를 보며 말했다.

"철근과 함께 움직여!"

"......"

"철근에 몸을 맡겨!"

"......"

철근을 다 나르자 레미콘 차량들이 이쪽으로 오고 있었다. 나는 급히 장화를 신었다. 레미콘 차들이 도착했다. 내 앞에서 시멘트를 쏟아 붓기 시작했다. 얼굴에도 다 튀겼다. 나는 빨리 움직여야 했다. 동료들도 함께 빨리 움직였다. 어느 정도 골고루 깔리니 최고 선임이 평탄작업을 하기 시작했다.

오늘도 긴 하루가 지났다. 수돗가에서 웃통을 벗고 씻었다. 시멘트는 굳어져서 잘 떨어지지 않았다. 철 수세미로 빡빡 문질러도 떨어지지 않았다. 나는 생각했다.

'내 꿈아! 어떤 일이 있어도 떨어지지 마라!'

작업복을 가방에 넣고 집으로 향했다. 다음날도 새벽 인력 시장을 찾았다. 이삿짐센터에서 보조를 찾고 있었다. 이번에는 이삿짐을 날라야 했다. 아파트로 이사하는 것은 쉬웠다. 엘리베이터나 사다리차로 짐을 옮기는 것은 힘들지 않았다.

가장 힘든 집이 단독주택이었다. 장독대가 보였다. 장독을 차에 싣고 내리는 것은 정말 조심스럽다. 이사할 단독주택에 부뚜막이 보였다. 간장이 가득 찬 장독을 부뚜막 위로 옮겨야 했다. 계단의 폭은 좁았다. 장독이 아무리 커도 오직 두 사람이 들고 올려야 했다. 크기도 엄청났지만, 안에는 간장이 가득 들어있었다.

이삿짐센터 아저씨는 말했다.

"물건을 들 때는 숨을 쉬지 마!"

"예."

"내가 '하나, 둘, 셋' 하면 숨을 멈추고 들어 올리는 거야."

"예."

"하나, 둘, 셋."

"……."

나는 내쉬던 숨을 정지하고 장독을 들어 올렸다. 한 계단을 올라갔다. 팔의 근육이 당겼다. 손톱이 빠질 것 같았다. 하늘을 보았다. 노랬다. 노란 구름이 보였다.

그는 이어 말했다.

"내가 '하나, 둘, 셋' 하면 숨을 멈추고 들어 올리는 거야."

"예."

"하나, 둘, 셋."

"……."

나는 내쉬던 숨을 정지하고 장독을 늘어 올렸다. 그리고 한 계단을 올라갔다. 팔의 근육이 당겼다. 손톱이 빠진 느낌이었다. 결국 부뚜막에 올라왔다. 하늘을 보았다. 파랬다. 흰 구름이 보였다.

인력시장 일자리는 원하는 걸 찾는 게 아니다. 공사장 십장이 원하는 일에 맞춰서 해야 했다. 1년 6개월 동안 늘 먼지를 마셔야 했다. 매일매일 똑같은 일상생활이었다.

하루는 배가 고파서 라면 2개를 끓여 먹었다. 라면 1개만 먹다가 사치를 부렸다. 체해서 방 안에서 일어나지를 못했다. 내 인생이 서글퍼져서 눈물이 맺혔다.

나는 서글픈 생각이 들었다.
'이렇게 살아서 무엇을 하나?'

체했어도 크게 기침도 못 했다. 크게 기침을 하면 허리에 전율이 왔다. '허리 디스크'를 가지고 살아갈 생각을 하니 자신이 없었다. 나는 생각했다.
'평생 이래야 하나……. 머리로 먹고사는 것이 아니라, 몸뚱이로 먹고사는데…….'

나는 한강 다리에 몇 차례 갔다. 돌아올 차비도 준비하지 않았다. 해가 지고 밤이 찾아왔다. 검푸른 한강에 뛰어들 용기도 없었다.

한여름 오후. 어느 때처럼 공사장에서 삽질을 하고 있었다.

점점 더 깊이 파기 시작했다. 내가 들어가 앉을 자리 정도 파는 것은 어렵지 않았다. 땅에 들어가 앉았다. 나는 동료에게 말했다.

"흙을 덮어줘!"

"뭐?"

동료는 잠시 머뭇거리더니 삽으로 흙을 던졌다. 동료는 발로 땅을 다졌다.

내 얼굴만 땅 위로 나와 있었다. 그때 함바집 아주머니 목소리가 들려왔다.

"새참 드세요!"

동료는 그 소리를 듣고 바로 함바집으로 향했다. 새참 시간은 대개 30분 정도였다. 길면 1시간. 그때 내 얼굴만 밖으로 나와 있었다. 옆에는 차들이 지나가고 있었다. 불안한 생각이 들었다.

'만약 차들이 나를 발견하지 못하고 내 얼굴 위로 지나가면……'

둘 중의 하나였다. 목이 떨어지든지, 아니면 목이 눌리든지…….

몸이 근질거렸다. 온몸에 벌레가 기어 다니는 느낌이었다. 땅에서 나오려고 했는데 그럴 수가 없었다. 뜨거운 여름 태양이 얼굴을 내리쬐고 있었다.

머리는 뜨거웠지만 희한하게도 몸은 차가워졌다. 온몸에 찬 기운이 들어왔다. 입김도 차가웠다. 차들이 내 옆으로 지나가고 있었다. 자꾸 안 좋은 생각만 들었다. 나는 크게 소리를 질렀다.

"지나가는 사람 없어요?"

주위에 사람이 없었다. 차들만 지나가고 있었다. 나는 있는 힘을 다해 소리를 질렀다.

"사람, 살려요!"

나는 점점 두려운 생각이 들었다.

'혹시 동료들이 새참 먹고 바로 퇴근하면 어떡해…….'

이마에 흐르는 땅방울이 눈으로 흘러내려 따갑고 쓰라렸다. 입으로도 들어갔다. 나는 생각했다.

'어차피 내가 자초한 일이 아닌가? 그냥 받아들이자!'

이것이 내 운명이라면 오늘 여기서 밤을 지새워야 한다. 내일 아침에 내가 여기에서 살아있을까? 저체온으로 오래 버티지 못할 것 같았다.

나는 눈을 감았다. 천천히 숨을 쉬었다. 하도 소리를 질러서 목은 이미 쉬어버렸다. 한여름 뜨거운 오후에 내 입김은 아직도 차가웠다. 심장은 점점 식어갔다. 나는 걱정이 되었다.

'이러다 진짜 죽는 거 아니야?'

지나가는 차 소리가 귓가에 들려와서 눈을 뜰 수 없었다. 두려워서 눈을 감았다. 눈을 감으니 내 숨소리만 들려왔다. 내가 느끼는 것은 오직 하나였다. 지금 여기서 내가 숨을 쉰다는 것이었다. 운명을 수용하기로 했다. 그러자 어떤 생각

도 느낌도 없었다. 시간이 얼마나 흘렀을까? 사람들이 웅성
거리는 소리에 눈을 떴다. 사람들이 황급히 내 주위에서 흙
을 퍼내기 시작했다.

"정신 차려!"

"……."

나는 생각했다.

'죽는 게 사는 것보다 더 어렵구나!'

세상에서 인내를 배우다

　새벽 인력시장에서 일자리를 찾으러 돌아다녔다. 아무 일이나. 1년 6개월 동안. 닥치는 대로 했다. 잡부, 공구리[2] 하스리[3], 도배공, 페인트공, 이삿짐센터, 물류센터 등에서 일했다. 비가 오면 일을 못 할 때도 있었다. 하루 일당만 받아서 생활할 수는 없었다. 1989년, 여러 군데 자동차 정비공장을 찾아 돌아다녔다. 신촌 공덕동에 자동차 정비공장이 있었다. 공장 안으로 들어가니 사고 차들이 많이 보였다. 정비공들이 열심히 일하고 있었다. 공장 안으로 들어가는 입구부터 흙바닥으로 울퉁불퉁했다. 그들이 사용하는 연장들

....

2　콘크리트 타설

3　콘크리트 벽면을 깎고 다듬는 작업

은 대부분 녹이 슬어 있었다. 사무실이 목조건물이었다.

나는 정비공에게 물었다.

"아저씨, 이 공장 생긴 지 몇 년 됐어요?"

"아마 20년은 훨씬 넘었을걸."

나는 60대 정도로 보이는 아저씨와 눈이 마주쳤다. 그는 물었다.

"어떻게 왔어?"

"일을 배우려고 하는데요. 사람 구하나요?"

"어떤 거 배우려고?"

"판금을 배우려고요."

"그래, 내일부터 일하러 나와."

나는 잠시 있다가 물었다.

"일 배우는 사람에게는 월급 주나요?"

"월급? 일 배우는 것만 해도 어딘데."

그는 너털웃음을 지었다. 나는 다시 물었다.

"일 배우는 사람에게는 원래부터 월급 없나요?"

"당연하지, 기술을 배우려면 수업료를 내야 하는 것 아니야?"

"……."

"기술 배우려고 하면 기술을 배워야지, 어디서 돈 먼저 밝히고 있어?"

"……."

나는 아무 말도 못 하고 나왔다. 이번에는 동교동에 있는 자동차정비공장을 찾았다. 나이가 많이 보이는 아저씨가 있었다. 나는 그에게 물었다.

"자동차 정비 배우려고 하는데요. 사람 구하나요?"

"뭐 배우려고?"

"판금 배우려고요."

"일손이 필요한데 잘 됐다. 내일부터 나와라."

나는 이어 물었다.

"일 배우는 사람에게 월급 주나요?"

"일 배우는 시다에게 월급 주는 데가 어딨어?"

"그래도 몇 푼이라도 주지 않나요?"

"우리 때는 말이야, 기술만 배울 생각했지. 월급일랑 꿈에도 꾸지도 않았어."

"......"

이번에도 아무 말도 하지 못했다. 정비공장 몇 군데를 더 돌아보았다. 돌아오는 대답은 한결같았다. 나는 생각했다.

'이쪽 바닥은 정비기술 배우는 사람에게 월급을 안 주는구나!'

지하철을 타고 강남으로 가보기로 했다. 가장 많이 붐비는 곳은 역삼역이었다. 급하고 중요한 것은 식사와 잠자리였다. 드디어 찾았다.

"숙식제공-○○자동차정비공장"

떠돌다가 처음으로 직장이 생긴다고 생각하니 행복이 넘쳐 잠을 설쳤다. 행복은 잠시였다.

'삼아카독크' 큰 간판이 걸려있었다. 역삼동에 있는 자동차 정비공장이었다. 나는 정문 앞에서 잠시 서성거렸다. 수위 아저씨는 물었다.

"뭐 하러 왔어?"

"자동차 정비기술 배우려고요."

"잠깐만 기다려봐."

"……"

수위 아저씨는 수화기를 들고 말했다.

"공장장님. 자동차정비 배우려는 젊은이가 있는데, 어떻게 할까요?"

나는 기대를 하지 않았다. 수위 아저씨는 웃으며 말했다.

"사무실에 가보렴!"

정문은 철문으로 되어있었다. 오른쪽에는 누런 똥개가 보였다. 조금 더 들어가니 엔진부·하체부에서 정비공들이 일하고 있었다. 왼쪽에 사무실이 있었다. 안으로 더 들어가니 판금부가 보였다. 더 안쪽에는 도장부가 보였다. 도장부 옆에는 쓰레기장이 보였다. 나는 현장에서 일하는 정비공에게 말했다.

"여기 굉장히 크네요."

"강남에서는 제일 크지."

"몇 명 정도 돼요?"

"현장 직원과 사무실 직원 합치면 100명 넘을걸."

나는 월급 없이도 일하고 싶었다. 사무실 문을 열고 들어갔다. 사무실 직원들이 15명 정도 보였다. 50대 건장한 남자가 나를 쳐다보았다. 공장장은 내게 다가와서 물었다.

"어떻게 왔어?"

"정비기술 배우려고 왔습니다."

"뭐 배우려고?"

"판금을 배우려 합니다."

그는 이어 물었다.

"몇 살이야?"

"25살입니다."

"나이가 너무 많아."

"……."

나는 힘 있는 목소리로 말했다.

"기술 익히기 전까지 월급을 안 받아도 좋습니다. 열심히 일하겠습니다."

"……."

그는 말했다.

"월급을 안 받고 일하겠다고. 알았어! 이력서 가지고 와봐!"

"예."

사무실을 나오면서 기분이 좋았다. 나는 생각했다.

'이력서를 가지고 오라는 것은 일할 수 있다는 것 아닌가!'

사무실에서 나왔다. 현장을 둘러보며 걸었다. 똥개가 보였다. 자동차 수리하는 소리가 시끄러워서인지 개 집 안으로 들어갔다. 수위 아저씨는 내게 말했다.

"일은 잘됐어?"

"잘 모르겠어요. 이력서 가지고 오라고 하네요."

나는 물었다.

"아저씨, 여기는 한 평에 얼마 해요?"

"그건 왜?"

"저 똥개가 3평은 차지해 보여서요."

"여기는 강남이라 비싸. 내가 알기로는 한 평에 1,000만 원이 넘어."

"우아, 그렇게 비싸요?"

그는 웃으면서 수위실 안으로 들어갔다. 개집이 차지하는 공간은 3평이었다. 나는 생각했다.

'똥개가 3,000만 원을 깔고 사네……'

나는 다음날 이력서를 들고 다시 찾아갔다. 공장장은 이력서를 보면서 말했다.

"25살, 나이가 많아. 뭐 하러 힘든 정비를 배워보겠다는 거야?"

"……"

처음하고 똑같은 말을 하고 있었다. 나도 똑같은 말을 했다.

"기술 익히기 전까지 월급을 안 받아도 좋습니다. 열심히 일하겠습니다."

"월급을 안 받고 일하겠다고, 알았어!"

그는 이전하고 똑같은 말로 대답했다. 그는 옆에 있는 여직원에게 말했다.

"판금 반장 오라고 해!"

"예"

잠시 후에 40대 남자가 들어왔다. 공장장이 판금 반장에게 말했다.

"얘 데리고 가서 일 시켜!"

"알겠습니다."

그는 내게 위압적인 목소리로 말했다.

"따라와!"

"……."

나는 아무 말도 하지 않고 따라갔다. 판금 반장은 가던 걸음을 멈추고 뒤를 돌아보았다. 판금 반장이 말했다.

"기다려봐!"

"예"

잠시 후에 작업복을 가지고 왔다. 판금 반장이 말했다.

"입어!"

"예."

옷을 갈아입을 곳이 없었다. 판금부실로 들어갔다. 온갖 연장들이 보였다. 흙바닥 위에서 옷을 갈아입었다. 판금 반장의 목소리가 들렸다.

"빨리 안 나오고 뭐 해!"

"예."

나는 옷을 제대로 입지 못했다. 옷을 주섬주섬 주워서 나왔다. 판금 반장이 소리쳤다.

"일루 다 모여 봐!"

판금부에서 일하는 사람들이 모이기 시작했다. 15명이 넘어 보였다. 판금 반장이 말했다.

"얘, 일 배우러 온 애야. 심부름시켜!"

가장 나이가 많아 보이는 사람이었다. 40대 후반으로 보였다. 그는 내게 다가와서 말했다.

"몇 살이야?"

"25살입니다."

"그 나이에 정비 기술 배워서 언제 써먹어?"

"……"

"다른 일자리 알아보는 게 좋을 텐데."

"……"

그는 공장장과 같은 말을 했다.

나는 나중에 알게 되었다.

자동차 정비공들은 대부분 초졸, 중졸이었다. 초등학교 졸업하고 14살부터 배우기 시작한다. 11년이면 내 나이다. 자동차 정비 경력 10년이면 선임이다. 그날 내 직장생활은 시작되었다. 월급도 받지 않는 직장생활이었다. 그날부터 나는 이름도 없이 '이 새끼, 저 새끼'하면서 많이도 불려 다녔다. 그들은 내게 늘 심부름을 시켰다. 그들은 내게 연장 이름을 안 가르쳐주었다.

선임은 내게 말했다.

"담바꾸, 가지고 와!"

"담바꾸가 뭐죠?"

"그걸 나한테 물어보면 어떻게?"

"······."

그들이 그냥 시키면 나는 가져와야 했다. 나는 선임들에게 말을 먼저 걸 위치도 아니었다. 말을 건다고 대답해 줄 사람들도 아니었다. 선임이 하는 입모양과 표정에 집중을 해야 했다. 또 다른 선임이 내게 말했다.

"야! ○○○씨가 찾는다."

"누구요?"

"그걸 나한테 물어보면 어떻게?"

"······."

선임들은 내게 이름을 말하지 않았다.

첫날부터 뒤에서 내 엉덩이를 걷어찼다. 다른 정비공들은 운동화 바닥으로 내 등짝을 내리쳤다. 내 자존심은 이미 사라졌다. 그들은 내게 이렇게 말했다.

"뭘 봐! 새끼야, 그렇게 꼬나보면 어쩌려고?"

"······."

일과 종료 시간은 오후 6시였다. 5시 30분. 판금 반장이 내게 소리쳤다.

"야! 청소해!"

"예."

나는 연장 정리와 청소를 했다. 산소통과 아세틸렌 통의 밸브를 잠갔다. 선임들 연장을 판금부 안에 가져다 놓았다. 무슨 연장을 어디에다 놓아야 하는지도 몰랐다. 아무도 설명해주지 않았다. 그들은 짜증을 내며 내게 말했다.

"이걸 여기다 놓으면 어떡해? 좀 제대로 해라! 이따위로 일해서 처자식 먹여 살릴 수 있겠어!"

"……."

선임들은 나를 완전히 등신 취급하고 있었다. 속이 끓어올라도 참아야 했다. 참고 참았다. 나는 참을 수밖에 없었다. 왜냐하면 난 갈 데가 없었다. 일자리를 받아주는 곳이 없었다.

판금부 사람들은 내게 목장갑도 주지 않았다. 나는 맨손으로 못 쓰는 문짝, 범퍼, 떼어낸 패널, 하우스, 프레임을 고철장으로 옮겼다. 산소로 용접한 부분을 도려낸 패널은 날카로웠다. 손바닥은 이미 갈라져 빨갛게 물들었다. 쓰라림이 몰려왔다. 일과를 마치면 정비공들은 세면장으로 갔다. 그들은 나를 불렀다.

"야! 수건 가지고 와!"

"예"

대답괴 함께 수건을 가지고 달려가야 했다. 바닥에 떨어진 비누 조각을 주었다. 세면장 바닥에 물청소를 했다. 드디어 내 첫 직장생활 하루가 마무리되었다.

자동차 정비공장에 다닌 지 20일이 지났다. 월급날이었다. 정비공들은 출근하면서 인사를 나누었다.

"오늘 소주 한잔해야지!"

"좋지."

"오늘 목에 낀 때 빼야지?"

"그럼."

"오늘 회식 있는 거 알지?"

"바로 갈게."

정비공들은 나를 회식 자리에 참석시키지 않았다. 사람을 보는 앞에서 '왕따'를 시켰다. 나는 완전히 투명 인간이었다.

현장으로 방송이 들려왔다.

"직원들 모두 사무실로 오시기 바랍니다."

정비공들은 모두 씻고 옷을 갈아입었다. 정비공들의 밝은 얼굴을 처음 보았다. 나는 작업장에 널린 연장들을 치웠다. 나는 아직 씻지도 않은 채. '체인, 체인블록, 담바꾸, 꺾쇠, 드릴, 망치, 함마……'

하나씩 제 위치에다 가져다 놓았다. 판금부 연장 정리가 끝나면 쓰레기장으로 가야 했다. 얼굴에 땀과 쇳가루, 먼지가 섞인 채 내려왔다. 쓰레기장에서 고철은 따로 분류한다. 분류를 마무리하고 세면장으로 갔다. 세면장에는 아무도 없었다. 오늘 월급날이라 정비공들이 유난히 빨리 씻고 나갔다.

어질러진 비누도 비눗갑에 올려놓아야 했다. 세면장 바닥을 물로 깨끗이 청소했다. 쇳가루와 먼지가 몸 안으로 들어와서 너무 가려웠다. 그날도 얼굴, 손만 씻었다.

옷을 갈아입으러 탈의실에 왔다. 아무도 안 보였다. 모두 퇴근했다. 나는 아직도 일을 마치지 않았다. 탈의장에 버려진 양말, 목장갑, 운동화, 담배꽁초, 소주병이 어지럽다. 쓰레기장에 버리고 와야 했다. 탈의장을 나왔다.

수위 아저씨가 보였다.

그는 말했다.

"아직 퇴근 안 했네?"

"이제 가려고요."

아저씨가 보시던 신문이 눈에 들어왔다.

"올해 들어 강남 아파트값이 최고 2배가량 뛰어올랐다."

나는 자동차정비공장

사장이 될 거야!

chapter 2.

반복은 신분도 상승시킨다!

자동차 정비공장에 들어와서 새로 내 이름이 생겼다. 그들은 분명하게 말했다.

"너는 성이 개고, 이름이 새끼야! 알았어!"

"예."

나는 작은 소리로 대답했다. 자동차정비공장에 오기 전에는 공사장에서 일했다. 나는 공사장에서도 늘 그렇게 불려 왔기에 별로 기분이 나쁘지 않았다. 공사장은 대부분 오전 7시에 일을 시작해서 오후 7시에 끝났다. 자동차정비공장은 오전 9시에 일을 시작해서 오후 6시에 마쳤다. 3시간이 생겼다. 나는 생각했다.

'3시간이라는 귀한 시간을 어떻게 사용할 것인가?'

하루에 한 시간이라도 내 시간이 있었으면 했다. 살아오는 동안 소망이었다. 이곳 자동차정비공장 일자리를 잃어버리고 싶지 않았다. 자동차정비공장은 내게 월급을 주는 첫 직장이었다. 정말 행복했다. 더구나 점심까지 공짜로 주었다

아침을 호떡으로 때웠다. 아침에는 한 봉지(10개)에서 호떡 1개를 꺼냈다. 호떡은 밖에 두어도 10일 동안 곰팡이가 피지 않았다. 밥을 먹고 싶었지만, 아직 여유가 없었다. 호떡 한 개와 물로 배를 채우고 집을 나섰다.

9시 출근이지만 8시도 되기 전에 도착했다. 아직 정문이 열려있지 않았다. 화장실 청소와 판금부 연장을 정리해 놓았다. 9시에 조회 시간이었다. 조회가 끝나면 바로 산소·아세틸렌 통이 있는 손수레로 달려갔다. 게이지를 확인했다. 비어 있으면 충전된 것으로 바꿔놓았다. 판금부 인원은 15명이 넘었다. 선임들은 내게 소리쳤다.

"야! 개새끼야! 빨리빨리 안 움직여?"

"야! 개새끼야! 담배 사 와!"

"야! 개새끼야! 소주 사 와!"

"야! 개새끼야! 막걸리 사 와!"

"야! 개새끼야! 작업복 빨고 와!"

"야! 개새끼야! 양말, 속옷 빨아와!"

판금부 시다로 들어가니 그들은 심부름과 빨래만 시켰다.

지하에 세탁실이 있었다. 눅눅한 냄새가 났다. 하지만 선

임들의 양말과 속옷을 빨아도 행복했다. 선임들은 세탁실에 들어오지 않기 때문이었다.

선임들은 불러서 내가 조금이라도 늦으면 욕설과 주먹을 날렸다. 당시 교도소 재소자에게 자동차 정비기술을 가르쳤다. 교도소 출신들이 많았다. 일명 '빵 출신'이었다. 서 있어도 발길질, 앉아도 발길질이었다.

서 있는 상태에서는 조금이라도 피할 수 있었다. 앉은 있다가 당하면 그냥 넘어졌다. 앞에 '산소 불때'라도 있어서 내 눈에 스치면, 바로 실명이다.

주먹보다 더 두려운 것은 '판금 망치'였다. 망치를 보면 한쪽은 둥글고 다른 쪽은 평평하다. 일자 쪽으로 머리를 때리는 것이었다. 잘못 맞으면 사망이다. 다행히 죽지 않을 정도로 때려줘서 고맙다.

판금부에 나보다 5살 어린 부원이 있었다. 내게 늘 반말이었다. 그는 내게 일을 시켰다. 선임들, 반장 앞에서 심부름을 시켰다. 자동차정비공장 직원은 100명이 넘었다. 판금부·도장부·엔진부·하체부·전기부·광택부·세차부·사무실·부속실······.

이 인간, 저 인간 할 것 없이 모두 나를 부르고 찾았다. 조금이라도 늦게 도착하면 버럭 화를 냈다.

"야! 개새끼야! 빨리 안 튀어와!"

정비공장 안에 있으면 늘 가슴이 조마조마했다. 나는 동네 북이었다. 제일 힘없는 시다였다. 누구든지 부르면 달려가야 했다. 그러나 힘든 것을 버틸 수 있었던 것은 내겐 '꿈'이 있었기 때문이었다.

나는 스스로를 위로했다. 내 자신의 미래를 내 앞에 그려 보았다. 나는 생각했다.

'자동차정비공장 사장이 되려면 이 정도는 참아야 한다.'

오전만 버티면 점심시간이었다. 점심시간이 되어 가면 반장과 선임들이 하나둘 사라졌다. 작업장에는 아무도 보이지 않았다. 그제야 나도 식당으로 갔다. 다행히 밥 먹을 때는 부르지 않았다. 나는 생각했다.

'개도 밥 먹을 때는 건드리지 않는다고 했다. 고맙다!'

식당은 자유 배식이 아니고 배식원이 있었다. 줄을 서서 내 차례를 기다렸다. 행복했다. 비록 내 이름이 개새끼라도 "나 직장인이다."라는 뿌듯함이 있었다.

나는 배식하는 사람에게 바짝 다가갔다. 나는 그에게 웃으며 말했다.

"저 밥 좀 더 주세요."

그는 큰 소리로 말했다.

"이, 새끼는 맨날 밥만 처먹어, 너 여기 밥 처먹으러 다니지. 엔간히 처먹어라."

그는 말을 마치자 밥주걱으로 내 머리를 내리쳤다.

식당에 모인 사람들은 보고만 있었다. 아무도 시다에겐 눈길을 주지 않았다. 배식 담당하는 식당 직원은 나를 '개새끼'라고 부르지 않았다. 친근하게 '새끼'라고 이름을 불러줘서 고마웠다.

창피함도 자존심도 배고픔을 이겨내지 못했다. 맞으면서도 미소를 띠어야 했다. 그래야 밥을 조금 더 주었다.

아침에 호떡 한 개 먹고 와서 늘 배가 고팠다. 점심때 저녁까지 먹어야 했다. 배가 쉽게 안 꺼지는 방법이 있었다. 물에 밥을 말아 그냥 마시는 것이었다. 그러면 오래갔다.

다음 날 점심때도 나는 "밥 좀 더 주세요."라며 미소를 띠며 말했다. 그는 밥주걱으로 또 머리를 때렸다. 나는 머리카락에 붙은 밥풀을 떼며 웃으면서 말했다.

"조금만 더 주세요."

내겐 알량한 자존심보다 생존이 더 급했다.

15명이 넘는 판금부 선임들이 내게 소리쳤다.

"야! 개새끼야! 이거 가지고 와!"

"야! 개새끼야! 저거 가지고 와!"

심부름, 연장 정리, 판금보조, 화장실 청소, 세면장 청소, 탈의실 청소, 쓰레기장 정리 ……

근육에 통증이 왔다. 열탕에 들어가서 쉬고 싶었다. 그러나 목욕탕은 사치였다. 목욕비 아껴서 책을 사는 게 우선이었다. 공장에서 늘 찬물로 씻었다.

약국에 가서 파스도 구입하지 않았다. 파스값이 내 하루 일당보다 비쌌다. 그 돈 모아서 책을 사야 했다. 광화문 교보문고로 향하는 이유가 있었다.

일주일 내내 정비공장에서 개새끼로만 불렸다. 그러나 이곳에 오면 내게 개새끼라고 하는 사람이 없었다. 내게 심부름시키는 사람이 없었다.

또 있었다. 세상 사람들을 구경할 수 있었다. 내 옆에 사람들이 지나다니고 있는 것이 신기했다. 나는 용접으로 구멍난 작업복을 입었다. 이곳 사람들은 형형색색 옷을 입고, 맛있는 것도 먹고, 이야기도 한다. 나와 전혀 다른 세상에 사는 사람이었다. 자동차정비공장 안에서는 아무 말도 하지 못했다. 선임들이 묻는 말에 대답하면 바로 주먹과 욕이 날아왔다. 유일한 생존법은 시키는 대로 일하고 아무 말 하지 않는 것이었다.

그런데 이곳 광화문 교보문고에 와서 말을 했다. 책을 골라서 판매대로 갔다. 나는 예쁜 아가씨에게 말했다.

"이 책, 얼마예요?"

"……."

이 한마디를 할 수 있다는 것이 정말 신기했다.

책을 사서 지하도에 나와서 광화문을 걸었다. 대학생이 된 것 마냥, 책을 끼고 광화문, 종로를 걸었다. 책은 내게 친구, 애인, 스승이었다.

내 생일이었다. 정육점에 들러 300원치 돼지비계를 샀다. 온종일 정비공장에서 쇳가루를 마시니 목이 따갑고 아팠다. 콩나물과 식용유를 샀다. 돈은 없고 고기는 먹고 싶었다. 국에 식용유를 부으면 기름이 떠올라 고깃국물 느낌이 났다. 기름이 둥실둥실 떠다녔다. 내 꿈도 떠다녔다. 나는 생각했다.

'내 꿈아! 어떤 일이 있어도 가라앉지 마라.'

식용유를 팍팍 부었다. 모처럼 마음 편하게 밥을 먹으니 정말 행복했다. 나는 이어 생각했다.

'이 정도를 못 버티면 이 세상을 어떻게 사는가?'

정비공장에서 괴롭고 힘들었지만 벗어나고 싶은 생각은 없었다. 미국에다 자동차정비공장을 차려보고 싶었다. 자동차 정비기술로 미국에 가서 살고 싶었다. 나는 이런 말을 들었다.

"미국은 돈 없는 사람을 무시하지 않아."

"미국은 못 배운 사람을 무시하지 않아."

"미국은 학력보다 실력이 우선이야."

나는 굳게 다짐했다.

'실력을 키워야 한다.'

나는 호주머니에 늘 볼트와 너트를 넣고 다녔다. 5, 6, 7, 8, 10, 12, 13밀리 볼트와 너트를 호주머니에 넣고, 손으로 만지작거렸다. 몇 밀리인지 감각으로 맞추는 일이었다. 걸어 다니면서도 맞추고, 화장실에서도 맞추는 연습을 했다. 자동차 작은 부속도 맞추는 연습을 했다. 3개월 정도 연습하니, 크기별로 볼트, 너트, 부속품을 눈 감아도 찾을 수 있었다. 손끝에 감각을 익혔다.

정비공장에 들어온 지 3개월쯤 지나서, 생명의 빛이 내게 찾아왔다. 상무님이 현장에 와서 말했다.

"오늘 야간작업을 해서라도 차를 내보내야 해!"

그런데 그날 작업이 끝나갈 무렵 전기가 나갔다. 손전등으로 비추며 작업했다. 최고선임이 중간선임에게 심부름을 시켰다. 몇 밀리 볼트와 너트를 가지고 오라고 했다. 그런데 올 때마다 잘못된 것을 가지고 왔다. 볼트, 너트, 부속품이 있는 판금부실이 어두웠다. 작업장에서 비추는 희미한 불빛만 들어오고 있었다.

이번에는 자동차 작은 부속품을 가지고 오라고 했다. 중간 선임은 가지고 오는 것마다 다른 부품을 가지고 왔다. 나는 갑자기 "피식" 웃음이 났다. 작업을 하는 최고선임은 나를 보고 말했다.

"웃어? 이 새끼 봐라. 네가 갔다 와!"

나는 볼트, 너트, 부속품을 정확히 가져다주었다. 최고선임은 나를 훑어보았다.

그는 말했다.

"이 새끼봐라!"

그는 또 다른 심부름을 내게 시켰다. 나는 그가 시키는 대로 척척 가져다주었다. 그는 이어 말했다.

"어쭈!"

호주머니에 볼트와 너트를 넣다 뺐다 하면서 알아맞히는 연습한지 3개월인데, 이 정도는 누워서 떡 먹기였다. 이때 반복의 힘을 알게 되었다. 중요한 것을 깨달았다.

"머리로 생각하지 말고 감각을 익히지. 처음에는 힘들다. 그러나 반복하면 아무런 생각 없이 하게 된다. 그냥 행동으로 하게 된다."라는 것이었다.

반복은 내게 학습 지침이 되었다. 반복은 내게 큰 선물을
안겨주었다. 내 이름이 바뀌었다. 선임들은 내게 더 이상
'개새끼'라고 부르지 않았다. '시다바리'로 불러주었다. 날아
갈 듯 기분이 좋았다. 나는 작업장에서 크게 소리쳤다. 누가
듣거나 말거나 상관없었다. 공장에 있는 사람들이 들으라고
크게 외쳤다.

"나는 이제 개새끼가 아니고, 시다바리다."

공장 안에서 얼마나 소리쳤는지 모른다.

'개새끼'에서 '시다바리'로, 꿈에 그리던 엄청난 신분 상승
이 이루어졌다.

나는 조금씩 알아가기 시작했다.

"간절히 원하면 이루어진다!"

젊은이여! 야망을 가져라!

판금 반장이 오후에 들어왔다. 표정이 안 좋았다. 나는 생각했다.

'오늘도 자동차 운전면허에 또 떨어졌나 보다.'

필기에서 10번 이상 떨어졌다고 들었다. 판금 반장은 학력이 높았다. 나는 이어 생각했다.

'왜, 떨어졌지?'

당시 자동차정비공장에서 반장은 어느 정도 고학력을 원했다. 판금 반장은 중학교를 졸업했다. 많이 배웠다. 그래서인지 아는 게 많았다. 최소한 판금부, 도장부, 엔진부, 하체부, 전기부에서 반장이 되려면 중학교 졸업의 고학력이 돼야 했다. 고학력자인데 필기시험에서 떨어졌으니 이해가 안 됐다.

정비공들은 영어에 약했다. 도장을 마치고 차가 나오면 판금부에서 현대 마크를 붙여야 할 때가 있었다.

'H' 'Y' 'U' 'N' 'D' 'A' 'I'

스펠링이 하나씩 떨어져 있었다.

H, Y, U, N, D, A, I 순으로 붙여야 하는데, U를 뒤집으면 N과 비슷하게 보였다. U를 N으로 알고 붙였다. 정비공들은 말을 많이 안 한다. 그들은 짧게 말하고 짧게 대답했다.

판금 반장이 내게 말했다.

"부속실에 가서 그랜저, 프레임 가지고 와!"

부속실 카운터는 2층이고 부품은 2층, 3층에 있었다. 범퍼, 도어, 펜더, 패널, 하우스, 프레임같이 무게가 나가는 부품은 3층에 있었다.

오늘따라 제일 무거운 것을 시켰다. 나는 아무리 무거워도 괜찮았다. 반장, 선임들의 부속실 심부름은 내 마음을 들뜨게 했다. 발걸음이 가벼웠다. 부속실에는 동갑내기 여직원이 있었다. 예뻤다. 정말 예뻤다. 단발머리였다.

여직원 앞에는 시꺼먼 작업복을 입은 인간들이 희희낙락했다. 작업을 걸고 있었다. 나는 홍조 띤 예쁜 얼굴을 조심스럽게 바라보는 것만으로 만족했다. 정비공장 생활하면서 그녀에게 한마디도 못 해봤다. 왜냐하면 난 시다바리였다.

나는 무거운 쇳덩어리를 어깨에 메고 계단 아래로 내려왔다. 아래로 내려올 때마다 어깨에 통증이 몰려왔다. 숨이 막혔다. 입에서 단내가 났다. 이마엔 땀방울이 맺혔다. 판금부 작업장까지 메고 가야 했다. 초등학교 때 읽은 『내 인생 내 지게』

의 주인공이 떠올랐다.

'매혈', 피를 팔아 받은 돈으로 연명하는 주인공이 떠올랐다. 주인공은 남대문에서 일했다. "야! 지게!"라고 부르면 달려가야 했다. 주인공 모습이 지금 나와 같았다.

판금부 작업장에 가져다 놓았다. 어디선가 목소리가 들렸다. "야! 이리 와!"

선임들의 호출은 계속되었다. 나는 황급히 달려갔다. 그들은 내게 큰 소리로 쉬지 않고 말했다.

"당겨!"

"계속 당겨"

"더, 더, 더 당겨!"

"야! 제대로 못 당겨?"

나는 체인블록에 있는 체인을 당겼다. 어깨 날갯죽지는 다 나갔다. 통증이 왔다. 어깨를 풀어보려고 두드려도 감각이 없었다. 휴식 시간은 없었다. 계속 선임들이 불렀다. 나는 쉬지 않고 체인을 잡아당겼다. 손바닥에 굳은살이 박이고 물집은 계속 터져갔다. 이젠 터질 물집도 없었다. 기약 없는 고단한 삶……

나는 해가 떨어지기를 기다렸다. 손목시계가 없어서 시간을 모르고 살았다. 내게 하루는 너무 길었다. 빨리 어둠이 깔리고 하루가 지나면 좋겠다.

점심을 빨리 먹고, 작업 현장으로 갔다. 용접 연습을 하기 위해서였다.

한여름이었다. 정비공들은 식사 후, 그늘진 곳을 찾아 바닥에 종이박스를 깔고 눈을 붙였다. 아무도 내게 기술을 가르쳐 주지 않았다. 선임들은 맨날 연장, 담배, 막걸리 심부름만 시켰다. 나보다 1년 일찍 들어온 동갑내기가 있었다. 그는 아직도 시다였다.

원래 기름밥 계통은 시다 생활을 최소한 3년은 해야 한다. 그래야 기술을 접할 수 있다고 들었다.

3년 후면 내 나이 28살이다. 하늘을 보니 파랗다. 구름이 떠돈다. 나는 깊이 생각했다.

'언제까지 시다로 있을까?'

답답한 마음뿐이었다. 해결책도 없었다. 나는 판금부 소속이었다. 판금을 선택한 이유는 매우 단순했다. 판금이 배우기는 힘들어도 돈을 많이 번다고 들었다. 미국에서도 돈을 많이 번다고 들었다.

엔진부, 하체부, 전기부, 판금부, 도장부. 가장 월급을 많이 받는 부서는 판금부와 도장부였다.

대부분 정비공들은 이렇게 말했나.

"판금부와 도장부가 자동차정비공장을 먹여 살려."

판금부, 도장부에서 받는 공임이 가장 많다고 했다. 철판을 때리고, 펴고, 자르고, 붙이고……. 판금부는 그런 부서였다.

미국에서도 판금부와 도장부 정비공이 연봉이 제일 높다고 들었다.

판금에는 두 가지 실력을 갖추어야 했다. 판금기술과 용접기술이었다. 망치와 용접은 시다를 시작하면 3년 정도 지나야 잡을 수 있다. 3년을 기다려야 했다. 너무나 긴 시간이었다. 판금의 필수품인 망치도 아직 없었다.

나는 생각했다.

'용접 연습이라도 하자. 누가 내게 하지 못하게 하면 때려치우면 되는 것 아니야! 뭐 걱정이야! 여기만 정비공장인가?'

정비공장 점심시간 60분이었다. 빨리 먹으면 30분은 용접 연습을 할 수 있었다. 중고등학교 다닐 때를 생각해 보았다.

'그때도 내게 주어진 시간은 하루에 30분도 안 되었어.'

장사하고 배달하느라고 책을 볼 시간이 없었다.

점심시간에 철판을 두드리고 펴는 연습을 할 수는 없었다. 선임들은 식후 잠을 잤다.

철판 두드리다가 내가 두들겨 맞는다. 나라시(평탄화 작업)는 할 수 없었다. 결국 용접 연습만 하기로 했다.

선임들은 망치 잡을 기회도 주지 않았다. 용접을 어떻게 하는지 설명도 하지 않았다.

나 나름대로 방법을 찾아갔다. 왼쪽으로 밸브를 돌리면 여는 것. 오른쪽으로 돌리면 잠그는 것. 왼쪽은 풀고 오른쪽은 잠근다.

'왼풀오잠'

용접하다가 소리가 났다.

'딱.'

소리가 나자 나는 급히 아세틸렌을 잠갔다. 산소용접을 하다보면 '딱' 소리가 난다. 그 소리를 들으면 빨리 '아세틸렌'을 잠가야 했다. 빨리 잠그지 않으면 굉장히 위험하다.

선임들은 내게 '산소 불때'를 잡을 기회도 주지 않았다.

그들은 거들먹거리며 말했다.

"나 때는 말이야, 산소 불때 잡으려면 최소 3년은 걸렸어!"

나는 생각했다.

'너희들은 시다를 3년 했지만, 나는 3년 안으로 최고 판금 기술자가 될 거다.'

판금부에서 시다로 20일 정도 지났다. 산소 용접할 때 나는 '딱' 소리를 알 수 있었다. 점심시간에 용접 연습한다고 선임들이 눈치를 주었다. 반장도 눈치를 주었다.

나는 이어 생각했다.

'점심시간은 내 고유한 시간이야. 개도 밥 먹을 때는 안 건

160

드린다고 했어.'

누가 와서 무슨 말을 하더라도 대답할 준비가 되어 있었다. 이제는 나는 누구의 눈치를 보고 싶지도 않았다. 시다로 들어와서 온갖 잡일은 다 했다. 점심시간을 내 마음대로 사용하지 못하게 하면 나갈 생각이었다.

용접 연습이라고 하지만, 철사만 녹이는 완전 생초보였다. 점심때마다 판금 반장과 선임들이 안 보이는 곳에서 몰래 용접 연습을 했다. 10일 정도 지나 사무실에서 방송이 들렸다. 공장장의 화난 목소리였다.

"권익철! 당장 사무실로 튀어와!"

갑자기 가슴이 쿵쾅거렸다. 공장장은 성격이 불같았다. 잠시 후 또 방송이 들렸다. 공장장의 격앙된 목소리였다.

"야! 권익철! 빨리 안 튀어와!"

내 쿵쾅거리던 심장은 멈춰버렸다. 하던 일을 바로 멈추고, 사무실로 튀어갔다. 공장장은 50대 후반이었지만 다부진 체격에 음성이 컸다. 공장장의 목소리는 사무실 안을 쩌렁 쩌렁 울릴 만큼 컸다. 공장장은 화를 내며 물었다.

"너 뭐 하고 있었어?"

"저 용접하고 있었는데요."

"야 새끼야, 누가 너보고 용접하라고 했어."

"……."

"철사가 남아도는 줄 알아?"

"……."

"산소가 남아도는 알아?"

"……."

"네가 돈 낼 거야?"

"……."

나는 아무 말도 할 수가 없었다. 온몸이 얼어붙은 것 같았다. 잔뜩 주눅 들어 있었다. 이 새끼, 저 새끼, 개새끼는 하도 들어서 면역이 되었다. 그러나 이번은 달랐다. 처음으로 '자존심'이라는 것을 알았다. 그는 두꺼운 책을 들고 책상으로 내려치는 것이었다.

공장장은 눈을 부릅뜨고 말했다.

"너 한 번만 더 용접 연습하다 걸리면 가만히 안 두겠어. 알았어?"

"……."

나는 공장장 얼굴을 보면서 대답을 할 수 없었다. 나는 사무실 바닥만 내려다보았다. 바로 내 앞에는 부속실 여직원이 있었다. 내가 몰래 옆모습 훔쳐봤던 아가씨였다. 나는 여직원과 눈이 마주쳤다. 그녀는 나와 눈이 마주치자 얼굴을 책상 쪽으로 돌렸다. 지금 이 순간은 나 자신이 너무나 부끄럽고, 창피했고, 한심했다. 나는 생각했다.

'내가 지금 뭐 하는 기야. 자동차정비공상 사장이 될 사람인데, 이 정도는 버텨야지.'

내가 지금 누구를 좋아할 처지도 아니었다. 감정도 사치였다. 나는 이어 생각했다.

'지금 내게 필요한 것은 오직 하나! 자동차정비기술을 배우는 거야. 이제 점심 먹고 휴식시간에도 용접 연습을 하는 거야. 내가 지금 청춘 사업할 때야? 권익철! 정신 차려!'

용접을 하지 못하면 평생 시다로 남아야 했다. 판금부에서는 용접을 해야 철판을 자르고 붙일 수 있었다. 그래야 선임이 된다. 용접만이 살 길이다. 판금부에 A급 실력으로 인정받는 사람이 5명 정도 되었다. 내 또래로 보이는 사람이 있었다. 그는 최고 선임들하고 대화를 했다. 시다, 초보, 중간은 A급 실력을 가진 최고 선임과는 대화하기를 어려워했다. 최고 선임들은 시다, 초보와는 말을 섞지 않았다. 그의 이름은 '강용식'이었다. 시다인 나는 강용식하고 말할 군번이 아니었다.

그는 내게 다가왔다. 그는 말했다.

"너 내 시다 해."

"저는 이미 판금 반장님이 ○○○시다 하라고 정해 주셨습니다."

"괜찮아, 내가 말하면 돼."

"……."

나는 아무 말도 하지 못했다.

판금 반장이 내게 정해준 사수가 있었다. 사수는 내게 심부름만 시켰다. 그는 거만했다. 잘난 체하며 사람들을 무시했다. 특히 나를 병신 취급하고 있었다. 그는 자주 이렇게 말했다.

"야, 너 나한테 망치로 맞아볼래?"

"……."

처음에는 장난인 줄 알았다. 아니었다. 내 머리에 망치를 내리치는 것이었다. 그는 내게 물었다.

"평평한 곳으로 치는 게 아플까? 아니면 뾰족한 데로 치는 게 아플까?"

"……."

그는 또다시 내 머리에 망치를 내리쳤다. 내 인내심의 한계를 시험해보고 싶었지만, 나 자신도 예측할 수 없었다. 그에게 벗어나고 싶었다. 용식이가 내게 와서 스스로 사수가 되어 준다니 고마웠다.

그는 엄청난 힘을 지녔다. 며칠이 지나자 사수가 바뀌었다. 용식이가 반장한테 말하니 바로 되었다. 새로운 사수는 내게 욕을 하지 않고 일을 시켰다. 기름밥 계통은 나이가 아무리 어려도 사수면 무조건 존칭어를 사용해야 했다. 어느 날이었다. 포터가 크게 사고가 나서 정비공장에 들어왔다. 탑도 교체해야 했지만 기장 우선 프레임을 교정해야 했다. 탑을 들어서 다른 장소로 옮겼다. 프레임만 남았다. 프레임을 잡는 것은 고난도 기술을 가진 A급 기술자만 할 수 있었다.

판금 반장이 사수에게 일을 시켰다.

나이는 내 또래인데, 정말 대단했다. 그는 웃음 띤 얼굴로 내게 말했다.

"줄자 좀 잡아줄래?"

"예."

그는 일직선의 길이를 재었다. 조금 후에는 대각선으로 길이를 재었다. 그는 잠시 생각하더니 한쪽을 '담바꾸'로 밀었다. 다른 쪽은 체인블록으로 당겼다. 아래도 당기고, 위로도 당겼다. 최고 선임들도 내 사수에게는 말을 함부로 하지 않았다. 반장만 그에게 "잘 돼 가나?" 정도로 확인할 뿐이었다.

판금 반장이 그에게 일을 시키면, "이렇게 작업을 하는 것이 더 나아요!"하고 말하는 사수……. 사수하고 일을 하면 다른 선임들이 나를 호출하지 않았다.

나는 생각했다.

'사수는 도대체 언제부터 일을 했는가?'

어떻게 일을 이렇게 빨리 정확히 배웠는지 궁금했다. 그러나 나는 물어볼 군번이 아니었다. 사수가 시키는 대로 보조하고, 연장 정리하고, 심부름만 하면 되었다.

어느 날, 그는 내게 다가왔다. 그는 웃으며 물었다.

"이름이 뭐야?"

"권익철입니다."

"나도 25살이야. 우리 편하게 말 놔."

"······."

나는 잠시 머뭇거렸다. 나는 말했다.

"아닙니다. 저는 이대로 말하는 것이 좋습니다."

"괜찮아, 내 이름은 용식이야. 부탁 있는데, 부탁 좀 들어 줄 수 있어? 고입 검정고시 준비하는데, 혹시 영어 잘해? 일 마치고 우리 집에 가서 영어 가르쳐 주면, 내가 자동차 정비기술을 가르쳐 줄게."

"저에게 며칠간 시간을 주십시오."

나는 한참 고민을 했다. 그동안 사수하고 한 달을 함께 하면서 그를 지켜보았다. 이곳 100명이 넘는 자동차정비공장에서 가장 인성이 된 직원이었다. 나도 영어를 가르쳐 주고 싶었다. 그러나 내 영어실력은 형편없었다. 생각나는 것이 딱 두 문장이었다.

"I am a boy."

"You are a girl."

군대 생활, 새벽 인력시장, 자동차정비 시다를 하면서 영어공부에 시간을 할애하지 못했다. 나는 생각했다.

'내게는 일주일 시간이 있다. 일주일 동안 죽으라고 외우

면 충분하지 않겠어.'

가르쳐 줄 내용을 미리 암기하고 연습하는 것이었다. 나는 이어 생각했다.

'자동차 볼트, 너트, 부속품도 반복으로 손끝으로 다 알아 맞혔잖아!'

나는 힘주어 말했다.

"점심시간에 용접 연습하고 싶은데, 공장장이 하지 말라고 해. 점심 휴식시간에 용접 연습을 하고 싶어."

"알았어! 걱정 마!"

내가 말하자마자, 그는 바로 말했다.

그날로 용식이는 자동차정비공장내에서 내 유일한 친구가 되었다. 그에게 영어를 가르쳐준다는 조건으로 반장, 공장장 눈치를 보지 않고 용접 연습을 하게 되었다.

이제 숨어서 용접 연습을 하지 않아도 되었다.

용식 덕분에 용접 연습도 실컷 하고, 판금 망치로 나라시 하는 방법을 배웠다.

다음 주부터 가르친다. 나는 생각했다.

'고입 검정고시, 그래도 영어를 어느 정도 할 텐데……'

걱정이 밀려오기 시작했다.

'무슨 책으로 하지?'

광화문 교보문고로 갔다. 녹색 비닐 카바로 된 '성문기초 영문법'으로 정했다.

나는 지금까지 한 번도 누구에게 가르쳐 본 적이 없었다. 나는 생각했다.

'어디서부터 시작할까?'

성문기초영어법을 폈다. 품사가 가장 먼저 나왔다. 나는 곰곰이 생각했다.

'품사는 너무 쉬운 것 같아. 문장의 종류부터 할까?' 그래도 고입 검정시험 준비인데..... 그래! 문장의 5형식으로 하자!'

수업 내용을 문장의 5형식으로 정했다. 일주일 내내 '문장의 5형식'을 종이에 써보고 외웠다.

시간은 일주일 남았어도 긴장되었다. 무엇보다 내 인생 첫 번째 수업이었다. 첫 수업은 평생 기억에 남을 것이다. 좀 폼나게 하고 싶었다.

'Boys! be ambitious! (젊은이여! 야망을 가져라!)'를 종이에 수없이 쓰고 읽었다.

나는 생각했다.

'만약 스펠링이 틀리면 어떻게 하지?'

창피하다는 생각보다는 인레 내 사수로 돌아길 수도 있다는 생각이 더 걱정이었다. 망치로 머리를 내리치는 똘아이……. 그 인간한테서 완전히 벗어날 수 있는 유일한 방법은 용식이에게 영어를 제대로 가르치는 것밖에는 없었다. 나는 쓰고 쓰고 일주일 내내 공책에 썼다.

오늘은 용식이 집에서 영어 공부를 함께 하는 날이다. 용식이는 미소를 띠면서 말했다.

"익철아, 오늘 일 마치고 우리 집으로 가는 것 알지?"

"당연히 알지."

나는 온종일 먼지와 기름에 찌든 얼굴과 손을 씻었다. 용식이 집은 사당동 '달동네'였다. 언덕에 올라가면서 조그만 구멍가게에 들렀다. 그는 라면을 5개를 샀다.

그는 웃으며 말했다.

"오늘 저녁은 아버지, 어머니, 나, 익철이하고 먹어. 익철이는 배고플 것 같아서 특별히 라면 한 개 더 샀어." 나는 속으로 말했다.

'용식아 정말 고마워! 나는 라면 한 개는 먹어봤지, 지금까지 두 개는 못 먹어봤어.' 라면 한 개 더 먹고 싶어도 참아야 하는 것이 내 현실이었다.

그의 집은 판잣집이었다. 방들이 다닥다닥 붙어있었다. 일명 '닭장'이었다. 마당 중앙에는 우물이 있었다. 그는 자기 방이라고 안내했다. '쪽방'은 아니었다. 방안에 책상도 있었다. 60W의 희미한 백열전등이 방안을 비추고 있었다.

부엌이 보였다. 역시 희미한 불빛이었다. 나무로 된 마루
가 보였다. 족히 30명은 모여서 식사해도 되겠다는 생각이
들었다. 화장실이 보였다. 불빛이 안 보여서 플래시를 가지
고 가야 했다. 공동화장실이었다.

문을 열고 들어갔다. 그는 문을 열어주면서 말했다.
"내 방이야."
그는 자동차 정비 관련 책을 보여주면서 자신의 꿈을 이야
기했다.
"나는 많이 못 배웠지만, 자동차정비공장 사장이 되는 것
이 내 꿈이야."
나와 꿈이 똑같았다. 나는 생각했다.
'나도 자동차정비공장 사장이 되는 것이 꿈이야.'
나는 30분 동안 아무 말 없이 그의 꿈을 듣고 있었다. 나
는 말했다.

"자, 우리 수업 시작할까?"
"응."

그는 벽에 기대어 있는 밥상을 가지고 왔다. 나는 종이
를 꺼냈다. 종이를 가져다 가장 먼저 쓴 글이 "Boys! be
ambitious!(보이즈! 비 앰비셔스!)"였나. 내가 먼저 읽었다. 그
도 따라 읽었다. 그런데 발음이 보이즈에서 '즈'를 발음 안

했다. 그는 계속해서 앰비셔스도 '앰비샤츠'로 말했다. 나는 생각했다.

'어, 이상하다. 내가 잘못 들었나?.'

그는 계속 '앰비샤츠'로 했다. 아무리 봐도 '고입 검정고시' 준비가 아니라 '중졸 검정고시' 준비인 것 같았다. 나는 아무 말 없이 계속 수업을 했다. '와이샤츠[4]……' 나는 이어 생각했다.

'혹시 내가 잘못 알고 있는 거 아냐?'
헷갈렸다.

1형식은 I go.   [주어+동사]
2형식은 I am a boy.   [주어+동사+보어]
3형식은 I can speak English. [주어+동사+목적어]

일주일 내내 달달 외운 문장이었다. 그런데 4형식과 5형식이 생각 안 났다. 아무것도 생각 안 났다. 내 머리에 입력된 게 없었다. 용량 초과였다. 나는 계속 생각했다. '내 머리가 판금 망치에 맞아서 빠가된 거 아니야?'

....

4　와이셔츠

용식이는 4형식과 5형식을 오늘 다 알려달라고 했다. 4형식, 5형식을 적어놓은 종이가 호주머니에 있었다. 나는 또 생각했다.

'꺼내서 말해줄까? 적어놓은 것 보고 가르쳐주면 누가 못 가르쳐! 닭대가리, 새대가리 되기 싫어!'

종이를 꺼내서 적은 글을 보면서 4형식, 5형식을 말하기 싫었다. 아무리 생각해도 기억할 수 없었다. 나는 생각했다. '세상에! 내 머리가 밧데리 방전되었어!' 그 순간 구세주가 나타났다. 다행히 밖에서 용식이 어머니 목소리가 들렸다.

"용식아, 라면 다 불어 터진다. 빨리 와서 먹어!"

용식이는 말했다.

"수업은 그만하고 빨리 가서 라면을 먹자."

"응"

나도 모르게 바로 말했다. 용식이 아버지, 어머니가 저녁 식사를 차려놓고 기다리고 있었다. 나무 마루에 위에 조그만 밥상이 보였다. 김치와 라면이었다. 용식이 어머니가 나를 위해 차린 특별한 저녁 식사였다. 용식이 아버지, 어머니, 용식이, 나 이렇게 4명이 저녁식사를 했다.

용식이 어머니께서 라면을 큰 국자로 한 번 더 떠주었다. 용식이 어머니께서 말씀하셨다.

"우리 용식이가 공부를 많이 못했는데, 이렇게 영어를 가르쳐 줘서 고맙습니다."

"……."

용식이는 본인이 중졸이라고 했는데, 어머니 말씀을 듣고 보니 초등학교 졸업인 것 같았다. 초졸이어서 군대에 안 가고 자동차정비만 하면 10년을 넘게 한 것이었다. 나는 생각했다.

'만약 초등학교 졸업하고 자동차정비를 시작하면, 자동차 정비 경력이 엄청나다. 그래서 자동차 정비기술이 A급이었구나!'

용식이 학력은 내게 중요하지 않았다. 우리는 이미 친구였다. 오늘(1989년), 사당동 달동네 용식이 집 나무 마루에서, 내 새로운 역사가 만들어졌다.

나는 라면을 먹으면서도 시선은 우물에서 쪼그려 앉아 머리를 감고 있는 내 또래 아가씨 두 명에게 향했다. 나는 물었다.

"용식아, 집에 방이 왜 이리 많아?"

"우리 집에서 월세 받고 있어."

"아까 우물가에서 머리 감고 있는 아가씨 두 명은 누구야?"

"공장에서 일하는 아가씨들이야."

"용식아, 언제든지 나를 불러, 무조건 영어 가르쳐 줄게."

나는 우물가의 두 아가씨를 생각하며, 하루에 한 페이지씩 공부했다. 배움의 기회를 가지지 못한 자동차 정비공장 공돌이들과 구로공단 공순이들을 생각하며 영어공부를 했다. 용식이에게 영어를 가르쳐 주는 것이 용식이 주변 친구들에게 소문이 났다. 자동차 정비공장, 공장 생산직에서 일하는 사람들의 학력은 대부분 초졸, 중졸이었다. 수업은 받는 인원은 2명, 5명, 10명, 20명, 30명……. 인원이 자꾸 늘어났다. 나는 일 년도 안 돼서 '성문 기초영문법'을 통으로 암기했다. 또다시 일 년도 안 돼서 '성문종합영어'를 통으로 암기했다. 나는 생각했다.

'아무리 돌대가리라도 반복하면 된다.'

수업을 받는 자동차 정비공, 공장 생산직원은 내게 '선생님'이라고 불렀다. 선생님은 생전 처음 들어보는 말이었다. 기분이 정말 좋았다.

한여름 구로공단, 국악 모임에 참석했다. 구로공단 여공 20명 정도, 자동차 정비공장에 다니는 정비공 20명 정도와 함께 시간을 가졌다. 여공들은 '장구', 정비공들은 '꽹과리'를 배웠다. 장소가 협소한 탓에 여공들이 먼저 30분 연습하면 다음에 정비공들이 30분 연습했다.

여공들이 장구 치는 모습은 지금도 고이 간직하고 있다. 여공들은 장구를 어깨에 비스듬히 둘러메고, 고개를 좌우로 흔들면서, 사뿐히 한 걸음 한 걸음 걸으며, 장구채를 들고 두드렸다. 시선을 뗄 수 없었다. 작은 공간에서도 움직임은 일사불란했디.

청바지에 여름 티셔츠를 입은 20명 되는 여공들이 내 앞으로 장구를 치면서 조금씩 조금씩 다가왔다. 장구 소리는 점점 커지고 속도는 점점 빨라졌다. 내 심장 소리도 점점 빨라졌다. 그때의 장구 소리는 아직도 내 심장을 두드린다.

국악 모임에 몇 번 만나 이야기를 나누다 보니 모두 친해졌다. 여공들은 솜사탕 같은 목소리로 내게 말했다.

"익철씨……."

"예……."

나는 무척이나 쑥스러운 표정을 지었다. 내 귀에 내 이름이 들렸다.

'얼마 만에 들어 보는 이름인가?'

눈물이 핑 돌았다. 말 한마디에 고된 노동의 피로는 사라졌다. 온기가 몸과 마음으로 전해왔다. 여공의 장구와 정비공의 꽹과리 연습이 끝났다. 휴식 시간이다. 빙 둘러앉았다. 맞은편에 구로공단에서 볼펜을 만드는 공장에 다니는 여공들이 있었다.

유독 한 여공이 나와 눈이 마주쳤다. 그녀는 '잘생긴 나'를 바라보고 있었다. 20대, 짧은 추억에 잠시 젖어보았다.

"아! 내 리즈시절이여!"

"Boys! be ambitious!"

"Girls! be ambitious!"

세상을 몸으로 느껴라

1989년 25살. 나는 자동차 공장 시다였다. 시다에게 월급 준다는 공장은 어디에도 없었다. 나는 공장장에게 물었다.

"일 배우는 사람에게 월급을 주나요?"

"일 배우는 사람에게 월급 주는 데가 어디에 있어? 기술 배울 생각해야지? 벌써 돈을 밝히고 있어?"

그는 화난 목소리로 대답했다. 나는 생각했다.

'일 배우는 사람은 흙 파먹고 사는 줄 아나 보네!'

조금은 기대를 했다.

'열심히 일하면 몇 푼이라도 주지 않을까?'

월급날 돌아오는 것은 아무 것도 없었다. 일이 너무 힘들었다. 다른 일자리를 찾고 싶었다. 육체적으로 그렇지만 무엇보다 마음에 상처를 입었다. 신임들은 화난 표성으로 내게 말했다.

"야! 무슨 말이 그렇게 많아?"

"······."

"시키면 시키는 대로 일이나 해!"

"······."

"뭘 그리 꼴아봐!"

"······."

선임들은 시다로 일하는 나를 사람 취급하지 않았다. 마음이 상했지만 아무 말도 할 수 없었다. 이곳 정비공장에 와서 20일 동안 정말 열심히 일했다. 1시간 일찍 출근하여 화장실 청소와 연장 정리를 했다. 선임들이 시키는 일들을 다 했다. 모든 것을 참았다. 선임들 눈에 나면 쫓겨날 수도 있으니까. 나가면 갈 데가 없었다. 받아주는 데는 없었다. 나는 몇 푼이라도 받을 줄 알았다. 이전에 공장장하고 한 대화가 생각났다.

"기술 익히기 전까지 월급을 안 받아도 좋습니다. 열심히 일하겠습니다."

"월급을 안 받고 일하겠다고, 알았어! 이력서 가지고 와봐!"

나는 이어 생각했다.

'지금 내가 이곳에서 일하는 것도 월급을 안 받겠다고 하니, 공장장이 일하라고 했지.'

내가 너무 큰 기대를 하고 있었다는 생각이 들었다. 나는 계속 생각했다.

'그래, 처음부터 다시 시작해보는 거야.'

역삼역에 내렸다. 눈부신 태양이 나를 맞아주고 있었다.

"태양은 내일도 떠오른다."

8시에 도착해서 가장 먼저 간 곳은 화장실이었다. 화장실에는 청소함이 있었다.

락스와 퐁퐁을 섞어서 변기를 닦았다. 누가 나를 알아주든 안 알아주든 상관없었다. 20일 동안 막연한 기대를 한 내가 부끄럽고 한심스러웠다. 100명이 넘는 직원이 사용하는 화장실은 컸다. 청소하는 도중에 사무실 직원, 정비공들이 들어왔다. 그들은 내게 시선도 주지 않았다. 나는 생각했다.

'새벽인력시장에서는 점심을 내 돈으로 사 먹었는데, 정비공장 식당에서 공짜로 먹는 것에 만족하자.'

스스로를 위로했다. 점심 식사를 마치고 판금부 작업장으로 갔다. 못 쓰는 문짝을 가지고 혼자서 용접연습을 했다. 용식이는 뒤에서 내게 다가왔다. 그는 미소를 띠면서 말했다.

"판금부에서 나라시(평탄화 작업)보다 용접을 먼저 배워야 해!"

"판금부에서는 나라시가 제일 중요한 거 아니야?"

"나라시는 어느 정도 시간이 지나면 누구나 할 수 있어."

"누구나 할 수 있다고?"

"차가 대파되었을 때는 산소로 철판을 자르고 붙이는 기술이 필요해."

"자르고 붙이는 기술?"

178

"용접을 할 줄 알아야 최고 기술자가 빨리 될 수 있어."

"알았어!"

그는 이어 말했다.

"한 손에는 철사, 한 손에는 산소 불때를 잡아봐."

"응."

"손에 힘을 다 풀어! 어깨에 힘 빼고!"

"……."

"철판 앞으로 가까이 와."

"……."

나는 철판 앞으로 다가섰다. 나는 생각했다.

'절대 고수가 내게 용접기술을 가르쳐 주나 보다.'

용식이는 말할 때마다 늘 웃었다. 그는 계속 말했다.

"용접할 때는 철사와 철판이 같은 온도가 될 때 함께 녹아 들어가야 해!"

"같은 온도가 된다는 것을 어떻게 알아?"

"눈으로는 알 수가 없어."

"그럼 어떻게 알아?"

"느낌이야."

"느낌?"

"몸으로 느껴야 해!"

"몸?"

그는 자리에서 일어났다. 나는 점심시간이 마칠 때까지 연습했다. 다음날도 점심을 한 후 바로 판금부 작업장으로 왔다. 용식이는 산소용접 연습을 하는 내게 다가왔다. 그는 미소를 띠면서 말했다.

"용접은 함께 녹아야 해."

"함께 녹아야 한다고?"

"철사가 녹으면서 철판 안으로 스며들어 가야 해."

"스며들다니? 무슨 말이야?"

"철사가 녹아서 철판 안으로 들어가야 한다는 말이야."

"그게 눈으로 보여?"

"당연히 눈으로 안 보이지. 몸으로 느껴야 해!"

"몸?"

그가 하는 말은 이렇다.

"용접은 같은 온도로 상대에게 스며들어 가야 한다. 몸으로 느껴야 한다."

월급을 언제 받을지 알 수가 없었다. 또다시 월급날이 되었다. 오후 늦게 사무실에서 방송을 하기 시작했다.

"직원들은 모두 사무실로 오시기 바랍니다."

하루 일과를 마치고 정비공들은 세면장으로 향했다. 나는 마찬가지로 판금부 작업장에 널린 연장을 정리하고 있었다. 판금 반장이 내게 다가와서 말했다.

"사무실에 가봐!"

"……."

나는 의아하게 생각했다. 사무실에서 나를 찾을 이유가 없었다. 사무실로 갔다. 경리 여직원 앞에 정비공들이 월급봉투를 받으려고 줄을 섰다. 나는 생각했다.

'월급도 받지 않는데 사무실에 있을 필요 없지.'

빨리 판금부 작업장에 가서 연장정리도 해야 했고, 쓰레기도 분류해야 했다. 세면장 청소와 탈의실 청소도 남았다.

나는 경리 여직원에게 물었다.

"사무실에서 저 찾는다고요?"

"권익철씨예요?"

"예."

"월급 받아 가세요."

"……"

내 귀를 의심했다. 나는 이어 물었다.

"저보고 월급 받아 가라고요?"

"예."

누런 봉투에 내 이름이 분명하게 적혀있었다.

'권익철'

그녀는 내게 봉투를 건네며 이렇게 말했다.

"월급이 10만 원으로 결정되었어요."

"10만 원이요?"

나는 떨리는 손으로 봉투를 받았다. 사무실에는 공장장도 없었고, 판금 반장도 없었다.

정비공들과 사무실 직원 모두 퇴근했다. 나는 의아하게 생각했다.

'내게 왜 월급을 주지?'

월급봉투를 받았지만 찝찝한 기분이었다. 뜯지 않았다. 정비공장에 온 지 50일 되었다. 그동안 공장장, 판금 반장과 눈이 많이 마주쳤다. 그들은 내게 월급에 대한 이야기는 전혀 없었다. 다음날 월급봉투를 가지고 출근했다. 나는 사무실에 들어와 월급봉투를 경리 여직원에게 건네면서 말했다.

"난 월급 안 받고 일하는 걸로 알고 있는데요."

"회사에서 권익철씨에게 월급 10만 원 지급하라고 했어요."

나는 그녀에게 건넸던 손을 바로 접었다. 나는 목소리를 가다듬었다.

"월급이 10만 원이라고 했는데, 9만 원도 안되는데요."

"일률적으로 빠지는 것이 있어요."

그녀는 웃으면서 대답했다.

그날 세면장과 탈의실은 내 생애 최고로 깨끗하게 청소했다.

빨간 날, 주일로 바뀌다

대부분 자동차정비공장에서는 여름·겨울 작업복을 각각 2벌씩 준다. 이곳 자동차정비공장도 그랬다. 선임들이 입던 옷이었다. 기름때에 찌들고 무릎이 낡아 찢어져 있었다. 그래도 공장에서 내게 여름 작업복을 준 것은 나를 판금부 부원으로 인정한다는 뜻이다. 정말 고마웠다. 내보내지 않은 것만 해도 다행이었다.

자동차정비공장에서는 봄, 가을, 겨울에는 겨울 작업복을 입고, 여름만 여름 작업복을 입는다. 정비공들은 작업복으로 계절을 안다. 내가 이곳에서 느낄 수 있는 건 여름과 겨울, 두 계절뿐이다.

내가 살았던 동네는 홍익대학교 극동방송국 맞은편이었다. 한밤중에 자주 잠에서 깼다.

"쉬"

또 갈겨대는 소리다. 20대의 두 남자 목소리가 들려왔다.

"내가 너보다 힘이 더 좋다니깐!"

"아니야, 내가 너보다 힘이 더 좋아!"

밖에서 보이는 담벼락이 내 방의 벽이었다. 오줌으로 담벼락을 맞추면 난 잠에서 깼다. 가로등 불빛이 창문으로 새어 들어와 잠을 뒤척였다.

책에서 보면, 곰은 오줌을 이용해 자신의 영역을 표시한다. 자신의 힘과 영역을 확인시키려고 나무에다 방뇨한다. 나무의 더 높은 곳에 방뇨한다. 그러면 다른 동물이 냄새를 맡고 자신보다 더 키가 크고 힘센 놈이 있는 줄 알고 다른 구역으로 이동한다고 한다. 이건 '곰 새끼'들도 아니고 맨날 자기 오줌 줄기를 담벼락에다, 더 높은 곳에 갈겨대는 것을 자랑했다.

담벼락에 갈겨대는 오줌줄기 소리와 진동하는 오줌냄새는 내 잠을 완전히 달아나게 했다.

"으윽, 으윽"

'이번에는 오바이트네!'

"으윽, 좌아,"

'맥주를 마셨구나!'

"윽! 뚝!"

'소주를 마셨네! 안주 좀 챙겨 먹지!'

나는 입에서 쏟아져 나오는 '물소리'와 '건더기' 떨어지는 소리를 들으면 어느 정도 느낌이 왔다. 지나가는 인간들, 술 먹은 인간들이 담벼락에 방뇨와 구토를 했다. 아침에 출입구에 나올 때는 늘 조심했다. 인간들이 술 먹고 내뱉은 건더기를 밟을 수 있기 때문이었다. 청소부 아저씨들이 폐기물을 모으면 담벼락에 쌓아두었다. 담벼락에 기댄 폐기물과 바닥에 깔린 오물이 보였다.

내 방은 바깥세상과 벽 한 개를 사이에 두고 있었다.

"쉬이"
"으윽, 좌아"

오늘은 갈겨대는 오줌 소리가 길었다. 맥주 마시고 구토하는 인간들이 많았다. 오늘따라 유난히 많은 인간들이 담벼락에다 방뇨하고 구토를 했다. 새벽마다 듣는 소리지만 오늘이 '빨간 날'이라는 것을 알려주었다.

내가 가장 기다리는 '빨간 날'이었다. 빨간 날, 새벽에 듣는 방뇨 소리와 구토 소리는 내게 멋진 '피아노 선율'이었다. 벽을 사이에 두고 내 방이 있는 것이 꼭 나쁜 것은 아니었다.

이번에는 젊은 연인들의 속삭이는 소리도 들렸다. 달콤한 연인들의 대화는 나를 대학으로 '연극 무대'로 안내했다.

공휴일은 달력 숫자가 빨간색이었다. 자동차 정비공장 다니는 정비공들은 일요일 또는 쉬는 날을 '빨간 날'이라고 불렀다. 그런데 용식이는 '주일'이라 불렀다. 나는 지금껏 용식이가 술을 마시는 모습을 본 적이 없었다.

용식이는 식사하기 전에 꼭 기도했다. 각 부서의 반장들, 선임들이 놀렸다.

"하나님 믿으면 밥이 나오냐? 쌀이 나오냐?"

"하나님 믿어서 잘 되면 누가 안 믿냐?"

그들은 늘 비아냥거렸다. 용식이는 그런 말을 듣고도 가만히 있었다. 그는 늘 미소를 띠고 식사했다. 불쾌한 표정을 지은 것을 한 번도 본 적이 없었다.

퇴근길, 나는 용식이 하고 함께 역삼역으로 걸어갔다. 용식이와 지하철에서 이야기를 나눴다. 그는 물었다.

"내가 왜 술 안 먹는지 알아?"

"그걸 내가 어떻게 알아."

"교회 안 다녀?"

"응, 나 안 다녀. 나는 쉬는 날 온종일 잠자는 게 좋아."

"주일에 우리 교회에 한번 안 와 볼래?"

"나, 그냥 집에서 잠이나 잘래."

그는 사당역에서 내렸다. 그는 내 얼굴을 보면서 미소를 띠면서 말했다.

"교회에 공장에서 일하는 예쁜 여자애들 많이 다녀!"
"……."

고민이었다. 머리가 깨질 것 같았다. 나는 곰곰이 생각했다.

'다음 주, 빨간 날에 뭐 입고 나가지? 구멍 난 작업복 입고 나갈 수는 없고…….'

한 달에 자동차정비공장에서 받는 돈은 정말 적었다. 홍대역에서 역삼역까지는 지하철을 타고 가야 했다. 밥은 먹어야 했다. 책은 사야 했다. 내 수중에 돈이 거의 없었다.

일요일 오후, 나는 청계천으로 나갔다. 청계천 7가에서 8가까지 중고물품을 파는 곳이 있었다.
중고 책, 중고 의류, 중고 신발, 중고 구두, 중고 가전제품……. 전부 중고 천지였다.
중고시장 안으로 들어가면 작은 가게들이 즐비하게 붙어 있었다. 오른쪽에는 시계, 전자제품을 팔고 있었다. 왼쪽에는 TV를 팔았다. 안쪽으로 들어가니 냉장고를 파는 가게였다.
가장 먼저 시계 파는 곳들을 둘러보았다. 초침이 있는 손목시계는 비쌌다. 내 능력으로는 부담스러운 가격이었다.

전자시계를 샀다. 2,000원이었다. 근사했다. '대만제'였다.
내게 시간이 맞고 안 맞고는 중요하지 않았다. 손목에 시계
가 있는 것만으로 행복했다. 나는 웃으며 물었다.

"아저씨, 이 시계 시간 잘 맞아요?"
"시간 안 맞으면 다른 것으로 바꿔 줄게. 언제든지 와!"

나는 걸으면서 시계를 풀고 차기를 반복했다. 이번에는 구
두를 사야겠다. 물론 중고였다. 남이 신고 버린 중고라도 상
관없었다. 검은색은 구두를 골랐다. 이왕이면 끈을 매는 것
을 샀다. 천천히 구두끈을 매면서 나도 폼을 잡고 싶었다.
나는 웃으며 말했다.

"아저씨, 저기 끈 있는 검은색 구두 주세요."

구두 파는 아저씨는 비닐봉지에 넣어주려고 했다. 나는 말
했다.

"아저씨, 봉지에 넣지 말고 그냥 주세요."

아저씨는 웃으면시 내게 주면서 말했다.

"구둣주걱도 가지고 가! 서비스야!"

나는 구두를 가슴에 대어보았다. 구두를 가슴에 대고 중고 시장을 걸었다. 나는 생각했다.

'이 구두를 신은 사람이 누구였을까?'

구두 냄새가 은근히 올라왔다.

'이게 구두 냄새구나!'

대로변에 '구두 뒷굽'이란 빨간색의 작은 간판이 보였다. 구두 뒷굽이 금방 닳을까 봐 '구두 징'을 팔고 있었다. 구두를 오래 신고 싶었다. 반달 모양의 '구두 징'을 대기로 했다. 나는 웃으며 물었다.

"아저씨, 구두 뒷굽 붙여주세요. 얼마예요?"
"300원이야."
"아저씨, 저기 있는 쇠로 된 뒷굽은 얼마예요?"
"500원이야."

나는 말했다.
"아저씨, 500원짜리 쇠로 된 거로 해 주세요."

쇠로 된 구두 징을 '순간접착제'로 붙이고 못을 4개 박았다. 아저씨의 손은 엉망이었다. 장갑을 끼지 않고 접착제를 붙이고 못을 구두에 대고 망치로 때렸다. 나는 물었다.

"아저씨는 왜 장갑을 안 끼고 일하세요?"
"그냥 이게 편해."
"그래도 손이 더러워지는데 장갑 끼고 하는 게 안 좋아요?"
"장갑을 끼면 손에 감각이 무뎌져!"

걸을 때마다 "찰칵, 찰칵" 소리가 났다.
그래도 기분 좋다. 그 소리를 시계 초침이라고 생각하며 걸었다.
정비공장에서는 시계를 볼 수 없어서, 시간이 가는 줄 몰랐다. 늘 불안했다. 마치 내 앞길이 전혀 안 보이는 것처럼, 시간도 알 수 없어서 불안했다. 걸어가면서 나는 소리, "찰칵, 찰칵"은 내게 살아있는 시계였다.

이번에는 이리저리 뛰어보았다.
"찰칵, 찰칵"
계속 뛰다 보니 배가 고팠다. 국수 파는 집이 보였다. 사람들이 많이 모여 있었디. 줄을 서서 기나렸다. 나는 생각했다.
'이곳은 음식 맛이 좋아서 사람들이 많이 오는구나.'

한참 지나니 한 자리가 비었다. 긴 나무 의자에 앉았다. 나는 웃으며 말했다.

"아줌마, 저 국수 주세요."

아줌마는 내게 국수를 바로 주었다. 미리 만들어 놓은 국수가 보였다. 손님이 오니 그릇에 국수를 넣고 뜨거운 물만 붓는 것이었다. 이전에 먹어보았던 국숫집보다 양이 엄청 많았다. 국물은 맹탕이다. 나는 생각했다.

'그래도 멸치 한두 마리는 있을 줄 알았는데…….'

반찬을 찾아보았으나 안 보였다. 김치 한두 조각은 있을 줄 알았다. 스스로를 위로했다.

'뭐 할 수 없지. 언제 내가 맛으로 먹었냐? 배만 부르면 되지.'

간장이 눈에 띄었다. 국수 국물에 간장을 탔다. 바로 옆에서 어떤 아저씨가 내가 먹는 모습을 지켜보고 있었다. 나이가 좀 들어 보이는 아저씨였다. 그는 고개를 왼쪽으로 돌렸다. 그는 천천히 말했다.

"국수를 먹는데도 방법이 있어."
"……"

"국수를 가져다 간장에 묻혀봐! 조금 묻혀, 그리고 맛을 보면서 먹어."

"……."

"맛이 싱겁다 생각하면 조금 더 묻혀, 그리고 맛을 보면서 먹어."

"……."

"짜다고 생각하면 국물을 좀 마시면 돼!"

"……."

나는 그의 말대로 해 보았다. 나는 신기한 듯 말했다.

"우아, 정말 맛이 달라요."

나는 두 눈이 휘둥그레졌다. 정말 맛이 달랐다. 간장으로만 국수를 먹었는데도 몇 가지 맛이 나오는지 모르겠다. 맛있다. 배도 부르니 행복하다. 이제부터는 뛰면 안 된다. 배가 꺼지기 때문이다. 최대한 천천히 걸으면서 이곳저곳을 둘러보았다. 위에 걸치는 겉옷을 둘러보았다. 모두 중고였다.

나는 팔꿈치에 둥글게 비닐을 댄, 고동색 옷을 골랐다. 옷을 입으면 팔꿈치가 가장 빨리 닳아버렸다. 팔꿈치를 덧댄 옷은 무엇보다 오래 입을 수 있기에는 더할 나위 없이 좋았다. 시계, 구두, 상의, 하의, 겉옷 다 중고로 샀나.

그런데 뭔가 속이 허전했다.

'맞다! 빤스, 난닝구 안 샀다.'

시장을 몇 번 돌았으나 파는 데가 안 보였다.

'왜 안 보이지?'

나는 내게 겉옷을 팔았던 아저씨에게 물었다.

"아저씨, 여기 중고 빤스, 난닝구 파는 데는 없어요?"

"잘 찾아보면 있을 거야."

"아저씨, 아무리 찾아도 없어요. 안 파는 거 아니에요?"

"세상에 없는 물건은 없단다. 잘 찾아보면 있을 거야."

나는 몇 차례 돌아다니면서 생각했다.

'왜 중고 빤스, 난닝구는 안 팔지? 남들이 입던 것이라도 빨아서 입으면 되는데……'

결국 못 찾고 집으로 향했다. 집에 와서 오늘 산 옷을 입고 구두를 신어보았다. 거울을 보았다. 나는 감탄했다.

"멋있다! 아무리 봐도 잘생겼어!"

그런데 머리가 좀 길었다. 거울에 비친 내 머리를 보면서 잘랐다. 처음에는 좀 이상했다. 쥐가 파먹은 것 같은 느낌이 들었다. 좀 지나자 내가 직접 잘랐다는 것을 알아차리는 정비공들이 아무도 없었다. 이제는 수준급이었다.

머리는 '빨랫비누'로 감았다. 얼굴 씻는 비누는 비싸서 사지 못했다. 빨랫비누로 얼굴을 씻었다. 냄새가 좀 그래도 오래 쓸 수 있어서 좋았다. 빨랫비누로 빨래도 하고 목욕도 하고 세수도 했다. 이제는 빨랫비누가 세숫비누보다 향기가 더 좋았다.

기다리던 빨간 날이 왔다. 사당역으로 갔다. 용식이가 그려 준 약도를 보면서 찾아갔다. 1시간 정도 일찍 갔다고 생각했는데, 용식이는 이미 교회에 나와 있었다. 교회 밖에서 미소를 띠며 나를 반갑게 반겨주었다. 그는 웃으며 말했다.

"익철아, 잘 왔어."
"응."

그때 어디선가 초등학생들이 용식이에게 먼저 다가갔다. 그들은 웃으며 인사를 했다.

"선생님, 안녕하세요?"
"그래, 왔니?"

그는 정이 듬뿍 담긴 목소리로 말했다. 이번에는 20대 초반 아가씨들이 용식이에게 먼저 다가갔다. 그녀들은 웃으며 인사를 건넸다.

"강 선생님, 안녕하세요?
"선생님도 안녕하세요?"

그는 밝은 표정으로 웃으며 말했다. 용식이는 주일학교 선생님이었다. 내 앞에 있는 용식이를 유심히 살펴보았다. 청색 양복에 흰 와이셔츠, 청색 넥타이에 검은색 구두를 신고 있었다. 기름진 작업복을 입고 흙먼지를 뒤집어쓴 용식이가 아니었다. 달라도 너무 달랐다. 완전히 다른 사람이었다.

용식이는 내게 물었다.
"익철아, 교회 오니까 어떤 생각이 들어?"

나는 힘 있고 큰 소리로 말했다
"나, 오늘부터 용식이 존경하기로 했어!"

용식이 덕분에 '빨간 날'이 아닌 '주일'이 기다려졌다.

긍정의 에너지

기다리던 월급날. 대부분 정비공들은 30~40만원을 받았다. 나도 줄을 섰다. 뒤를 돌아보았다. 아직도 내 뒤에는 아무도 없었다.

자동차정비 기술을 배우려고 들어와도 한 달을 버티기 힘들다. 일주일은커녕, 단 하루 버티기도 힘들어서 나갔다. 주유소에 휘발유를 넣어주는 사람이 있다. 소위 '총잡이'가 나보다 월급이 많았다.

주유소에서 일하면 10만 원은 받을 수 있었다. 내게도 총잡이 스카웃 제의가 들어왔다. 주유소 사장이 내게 말했다.

"월급 10만 원은 줄 수 있어."

"……."

나는 한동안 갈등했다. 곰곰이 생각했다.

'한번 총잡이는 영원히 총잡이가 될 수 있어.'

자동차정비공장 사장의 모습을 그려보았다. 내가 한 달을 일하고 손에 쥐는 금액은 8~9만 원이었다. 최저임금에도 미치지 못하는 월급이었지만, 내게는 생명과 같았다. 월급 봉투를 말아 쥐었다. 집에 도착하자 월급봉투를 옷장 안에 넣고, 필요할 때마다 꺼내 썼다. 가장 먼저 구입할 것이 '지하철 정기권'이었다.

월급을 받은지 며칠이 지났다. 공장에서 야근이 있었다. 야근이라고 해도 난 특별하게 할 줄 아는 게 없어 늘 심부름만 하는 존재였다. 선임들이 일을 마치면 나는 연장 정리하는 것이 내 역할이었다. 집에 밤 10시가 넘어 집에 도착했다.

내가 사는 집은 밖에서 보면 출입문이 있었다. 열고 들어오면 짧은 통로가 있었다. 통로를 지나면 바로 방이었다. 출근하면서 꼭 하는 일이 있었다. 밖에서 출입문에 자물쇠로 잠그고 나왔다. 퇴근하고 집에 도착했다. 출입문 앞에 서니 보여야 할 자물쇠가 안 보였다. 자물쇠가 '커터'로 잘려 흙바닥에 있었다.

나는 혹시나 하는 마음으로 황급히 방 안으로 들어왔다. 바닥에 이불과 팬티, 러닝셔츠가 나뒹굴고 그 위에 신발 자국이 나 있었다. 나는 갑자기 안 좋은 생각이 들었다.

'혹시……'

급하게 월급봉투를 찾기 시작했다. 안 보였다. 아무리 찾아도 안 보였다. 벽만 바라보고 한참 동안 멍하니 서 있었다.

　문을 열어놓아서 밖의 찬바람은 방 안으로 들어오고 있었다. 밖에 문을 닫고 방안으로 들어왔다. 춥다. 겨울바람이 더 춥게 느껴졌다. 그날따라 배도 많이 고팠다. 밥통에는 밥이 없었다.

　그날은 아무 생각이 없었다. 생각하고 싶지도 않았다. 우선 쉬고 싶었다. 씻지도 않은 채, 등산용 침낭 안으로 들어가 잠을 청했다.

　아침에 일어나는 시간은 6시이지만, 추위로 새벽에 눈이 떠졌다. 가장 먼저 생각난 것이 있었다.

'전기료, 수도료'

'방 빼!'

　전기료, 걱정하지 않았다. 전기료가 부담스러워 전기장판을 사지 않았다. 잠을 잘 때는 등산용 '침낭'에서 자면 되었다. 전기가 끊겨도 상관없었다.

　수도료, 걱정하지 않았다. 홍대 지하철역에서 씻으면 된다. 아니면 공장에서 씻으면 된다. 수도가 끊겨도 상관없었다.

　'방 빼!'도 걱정하지 않았다. 정문 옆에 수위 아저씨가 지내는 '수위실'에서 전기장판과 석유 난로를 보았다. 이전에 수위실에 들어가 보니 내 방보다 따뜻했다. 공장 사무실에 가서 '야간 경비'를 설 테니 잠을 재워달라고 하면 된다.

방안을 둘러보았다. 훔쳐 갈 것도 없다. 옷가지 몇 벌, 속옷, 양말 몇 켤레, 숟가락, 젓가락, 밥그릇, 국그릇, 냄비. 내가 가진 전 재산이었다. 한심했다.

그나마 도둑이 책은 훔쳐 가지 않았다. 내 꿈과 희망이 있는 책은 손을 대지 않았다. 나는 생각했다.

'고맙다, 정말 고맙다!'

불씨가 꺼지지 않았다. 내 호주머니에는 '지하철 정기권'이 있었다. 지하철표가 있어 공장에 나갈 수 있었다.

25살, 12월 마지막 날을 얼마 남겨두지 않았다. 정비공장에 들어온 지 6개월이 되어가고 있었다. 그날은 공장에서 일할 때 집 생각이 안 났다. 누가 훔쳐 갈 물건이 없다는 게 얼마나 마음 편한지 몰랐다.

도둑을 맞은 뒤에는 야근을 자청했다. 나는 판금 반장에게 말했다.

"저, 야근할 때 남아있으면 안 될까요?"

야근을 하면 야근 수당을 받기 때문이었다. 또한 저녁 한 끼는 때울 수 있었다.

한동안 야근을 했다. 너무 피곤하고 지쳐서 집에 오면 바로 곯아떨어졌다. 밥을 지어놓고도 잊어버렸다.

어느 날, 전기밥솥을 여니 파란색의 안개가 피었다. '곰팡이'였다. 냄새를 맡아보았다.

"우웩"

토할 것 같았다. 파란색의 곰팡이를 걷어냈다. 곰팡이가 핀 밥에 물을 넣고 끓였다.

냄새를 맡아보았다. 곰팡내가 났다. 참기름을 부었다. 계속해서 곰팡내가 났다. 이번에는 후춧가루를 쏟아부었다. 곰팡내가 나지 않았다. 죽 색깔이 파란색이었다. 간장을 부었다. 검은색 죽으로 바뀌었다. 그 죽을 먹어도 죽지 않는 게 신기했다.

그 당시에는 일만 하고 제대로 먹지를 못했다. 일하면서도 늘 어지러웠다. 체력에 한계가 왔다. 새벽 3시까지 잠을 이룰 수가 없었다.

'영양실조'와 '몸살'이 한꺼번에 찾아왔다.

쓰러지려는 몸을 간신히 이끌고 차들이 다니는 '대로'로 갔다. 인도에 서서 지나가는 택시를 한참 동안 바라보았다. 집에서 가장 가까운 병원은 신촌에 있는 세브란스 병원이었다. 세브란스 병원은 택시로 10분 거리였다. 지나가는 택시를 부를 수가 없었다. 내 호주머니에는 택시비가 없었다. 나는 생각했다.

'택시비도 없는데 무슨 병원이야?'

나는 지치고 허기진 몸을 이끌고 다시 방으로 들어왔다. 몸은 부들부들 떨리고 이마에 땀방울은 송송히 맺었다. 다시 침낭으로 들어갔다. 침낭에는 내 체온이 남아 있었다. 나는 이어 생각했다.

'아직은 버틸 수가 있어. 조금만 더 버티면 월급날이야.'

눈보다 밝은 귀!

내 사수 용식이가 내게 만들어준 것이 있었다. 판금 망치, 망치는 내게 밥줄이었다. 정비공장에 온 지 3개월 지났을 때였다. 판금 반장과 선임들이 달갑지 않은 표정으로 내게 말했다.

"권익철, 일을 너무 빨리 배우고 있어."

선임들은 내게 가르쳐 준 것이 없었다. 나 역시 선임에게 배우는 것이 없었다. 판금 반장과 선임들은 부속품을 가지고 오라고 내게 심부름시켰다. 자동차마다 연식이 있었다. 차량 부속품도 연식에 따라 형태와 모양이 달랐다. 처음 들어보는 부속품이면 이름을 외워야 했다. 나는 부속품 이름과 연장 이름을 볼펜으로 손바닥에도 적었고, 팔등에도 적었다. 판금 반장은 내게 말했다.

"권익철! 그랜저 L/H 휀다를 가지고 와!"

"예"

나는 부속실에 가서 그랜저 L/H 휀다를 가지고 왔다. 그는 화를 내며 말했다.

"내가 그랜저 R/H 휀다를 가지고 오라고 했지, 누가 L/H 휀다를 가지고 오랬어."

"제게 말할 때 분명히 L/H라고 하셨어요."

"언제?"

"안 잊어버리려고 볼펜으로 팔등에 적었어요."

나는 그에게 'L/H'라고 적힌 팔등을 보여주었다. 그는 말했다.

"내가 권익철이 너를 왜 싫어하는지 알아?"

"알고 있습니다."

그는 내 얼굴을 잠시 보고 말했다.

"가봐!"

"예."

판금부에는 시다가 3명이 있었다. 나보다 6개월 먼저 온 선임이 한 명, 1년 먼저 온 선임이 한 명 있었다. 판금 반장은 그들에게는 연장 정리와 청소를 안 시켰다. 내게만 시켰다. 6개월 선임, 1년 선임은 자신이 하고 싶은 작업을 하더라도 별말을 하지 않았다. 나는 어떤 작업도 하지 못하게 했다. 그는 그들이 하는 일을 늘 칭찬했고, 내가 하는 일은 늘 지적했다.

그는 중학교를 나왔다. 정비해야 할 차량 앞 유리창에는 작업일지가 꽂혀있었다. 작업일지에는 차량 이름과 부속품 이름이 영어로 적혀있었다. 그는 제대로 읽지 못했다. 그는 말했다.

"권익철! 일루 와봐!"

그에게 다가갔다.

"너, 이거 가지고 와!"

"……."

손가락으로 가리키는데 어떤 부속품인지 정확하지 않았다. 나는 그에게 물었다.

"어떤 부속품을 말하는데요?"

"뭐라고?"

내 말을 들은 그는 기분이 나쁜 표정을 지었다. 나중에 알았다. 그는 영어가 짧다는 것을 알았다.

그가 나를 싫어하는 이유는 또 있었다. 점심시간에 용접 연습을 하는 것에 대해 굉장히 싫어했다. 가능한 한 오랫동안 시다로 부릴 생각이었는데, 용접을 하면 시다로 부릴 수 없었기 때문이었다.

정비공장에 온 첫날이었다. 작업복을 입고 나오자, 판금 반장은 위압적인 목소리로 말했다.

"따라외!"

"예."

그는 나이가 제일 많은 사람에게 갔다. 나는 그의 뒤를 따랐다. 그는 말했다.

"너, 사수다!"

"······."

그는 이 말하고 다른 곳으로 갔다. 제일 나이 많은 사람이 말했다.

"야! 일루 와봐! 앞으로 딴 놈이 불러도 가지 마! 알았어!"

"예."

나는 이곳 정비공장에서 첫 출근부터 걷어차였다. 내가 앉아 있어도 걷어 차고, 서 있어도 걷어찼다. 사수는 며칠 후 나를 불렀다.

"야! 일루 와! 바로 서!"

"······."

사수는 망치를 가지고 머리를 내리쳤다. 그는 웃으며 물었다.

"아파? 안 아파?"

"······."

완전히 미친놈이었다. 나는 생각했다.

'이 인간이 내게 어떻게 하는가?'

두고 보기로 했다. 그는 이어 물었다.

"야! 새끼야, 묻고 있잖아? 왜 대답 안 해?"

"······."

"대답 안 하는 것 보니, 안 아픈가 보네?"

"······."

그는 또 망치로 내리쳤다.

"딱!"

그는 계속 물었다.

"아파? 안 아파?"

"······."

판금 반장이 보고 있었다. 판금 반장은 와서 말릴 줄 알았다. 그런데 그냥 보고만 있었다. 나는 생각했다.

'여기는 똘아이들만 모인 곳이구나!'

판금 반장이 내게 말할 때는 늘 짜증 내면서 화난 목소리로 말했다. 그러나 차를 수리하러 온 차주하고는 미소 띤 얼굴로 말했다. 판금 반장은 차주가 오면 어떻게 하면 돈을 받아낼까? 연구만 하는 인간이었다.

차주가 판금 반장에게 말했다.

"제 차, 수리가 좀 빨리 되었으면 합니다."

"저희들은 접수되는 순서대로 합니다."

"그래도 어떻게 안 될까요?"

"방법이 있긴 있지요."

그는 돈을 받아 챙겼다. 또 다른 차주가 말했다.

"제 차, 수리······. 질 좀 부탁드리겠습니다."

"저희들은 누구 차라고 해서 잘 고치는 법은 없습니다."

"그래도 제 차 좀 신경 써 주세요."

"글쎄요."

그는 또 돈을 받아 챙겼다. 그는 늘 자신의 호주머니에 돈을 챙겨 넣었다. 그는 이런 자리를 놓고 싶지 않았다.

공장에 처음 방문한 고객이 내게 말했다

"제가 차를 접수하려고 하는데 어디서 접수를 하면 될까요?

"사무실에 접수하시면 됩니다."

나는 사무실로 안내를 했다. 잠시 후 판금 반장은 내게 말했다.

"너, 앞으로 차주하고 말하지 마!"

"처음 오신 고객인데 차량 접수를 어디서 하는지 몰라서, 사무실로 안내해 드린 겁니다."

"이거, 어디서 말대꾸야."

"말대꾸하는 거 아닌데요."

"손님하고는 절대로 말하지 마!"

"……."

"알았어?"

"……."

"왜 대답 안 해?"

"'예'라고 대답해도 말대꾸라고 할 거 아닙니까?"

"이 새끼 봐라."

"……."

나는 더 이상 아무 말도 하지 않았다.

100명이 넘는 인원이 일하는 정비공장 안에서 공장장과 판금 반장, 판금부 최고 선임의 말은 절대 권력이었다.

그러나 난 별로 겁나지 않았다. 맞는 것은 별로 신경 쓰지 않았다. 때리는 것은 쉽다. 맞는 것이 어렵다. 맞아 본 사람은 고통을 알아도, 때리는 사람은 고통을 모른다. 100대를 맞아본 사람은 1대를 제대로 때릴 줄 안다. 그러나 100대를 때려 본 사람은 1대 맞는 것조차도 겁을 낸다.

나는 공장장, 판금 반장, 판금부 사수는 별로 마음에 담지 않았다. 그들은 늘 소리를 쳤다. 자신의 위엄을 화내고 호통치는 것으로 표현했다. 늘 자신의 기술자랑만 했다.

내가 정비공장에 온 지 한 달쯤 되었을 때였다. 용식이가 판금 반장에게 말했다.

"반장님, 익철이와 일하고 싶습니다."

며칠 지나자 내 사수는 바뀌었다. 용식이는 판금 반장보다 나이는 어려도 기술 면에서는 뛰어났다.

나는 용식이와 함께 일하면 즐거웠다. 그는 내게 욕도 하지 않았고 화도 내지 않았다. 그는 늘 웃으면서 즐겁고 신나게 일했다.

첫 번째 사수는 용식이와 일하는 나를 보고 말했다.

"일루 안 와! 내가 너 사수야!"

"……."

용식이는 입장이 난처했다. 나는 그에게 말했다.

"이거 내 문제야. 내가 해결할게."

첫 번째 사수에게 갔다. 그는 화를 내며 큰 소리로 말했다.

"넌 여기 있는 동안 나하고 일해야 해!"

"용식이와 일하더라도 필요하면 부르세요. 제가 뛰어오겠습니다."

나는 웃으면서 말했다. 그는 기분 나쁜 말투로 말했다.

"알았어. 가 봐!"

"예."

내가 정비공장에 들어온 지 3개월쯤 되었을 때였다.

조회가 끝나자, 용식이는 말했다.

"익철아, 망치 만들어 줄게."

"망치?"

"판금부에서 제일 중요한 것은 용접과 나라시[5]야."

"그건 나도 알아."

"용접하기 위해서도 망치가 필요해."

"벌써 망치 사용하면 선임들이 별로 안 좋아할 텐데."

지나가는 선임들이 용식이에게 한마디씩 했다.

"벌써 망치 만들어 줘?"

"너무 빨리 망치 잡게 하는 것 아니야?"

....

5   평탄화 작업

"우리 때 망치 잡으려면 최소한 3년은 걸렸어."

선임들은 용식이가 내게 줄 '판금 망치'를 만들어 주는 것을 좋아하지 않았다.

용식이는 절단기로 쇳덩어리를 달궜다. 달군 쇳덩어리를 해머로 내려쳤다. 점점 망치모양이 되어갔다. 마지막에는 망치의 둥근 부분에 불을 가해서 '물'과 '그리스'[6]로 오랫동안 담금질을 했다.

나는 걱정스러운 표정으로 물었다.

"용식아! 망치 만드는 거, 선임들이 안 좋아하는데, 괜찮겠어?"

"괜찮아!"

"용식이가 한 소리를 들을까 봐 그래."

"신경 쓸 거 없어!"

용식이는 웃으면서 대답했다. 그는 내게 망치를 만들어 주려고 나무를 준비해 왔다. 나무를 끼울 연결대를 만들었다. 나무를 깎고 연결대에 끼웠다. '그라인더'로 나무를 매끄럽게 다듬었다. 판금 망치가 완성되었다.

그는 미소를 지으며 말했다.

"익철이 망치야. 마음에 드나 모르겠어."

"마음에 들고 안 들고 할 게 어딨어? 고맙다."

"나도 일을 시작할 때 사수가 망치를 만들어 줬어."

"정말 고맙다."

내게도 '판금 망치'가 생겼다. 판금 망치는 내 밥줄이었다. 선임들은 일하면서 공구통을 들고 다녔다. 나는 시다라서 아직까지 개인 공구통이 없었다. 내 망치는 판금부서 깊숙이 숨겨놔야 했다. 하루에 한 번씩 판금 망치를 꺼내 보았다. 망치를 들고 일하는 모습을 내 눈앞에 그려보았다. 나는 생각했다.

'언젠가는 사용할 날이 있을 거야.'

아무도 내게 망치를 사용하는 '나라시^(평탄화 작업)' 방법을 가르쳐 주지 않았다.

내 망치가 생긴 지 며칠이 지났다. 용식이는 말했다.

"익철아, 나라시 방법 배울 생각 있어?"

"나야 좋지."

"들어간 곳을 아대방⁷으로 밀면서, 나온 곳을 망치로 때리면 돼."

"……."

7 샌딩 블록: 부품 표면의 면정리를 고르고 편하게 할 목적으로 나온 제품

그는 이어 말했다.

"빨리 판금 하는 방법이 있어."

"어떤 방법?"

"들어간 부분을 때려서 나오게 한 다음, 아대방을 대고 망치로 때리는 거야."

"들어간 부분을 잘못 때리면 일거리가 많아지잖아."

"맞아, 철판을 계속 때리면, 철판은 늘어나게 되어 있어."

"......."

"그때 산소로 불침을 놓는 거야."

"......."

"그리고 빨리 물로 식히면 돼."

"......."

나는 용식이가 하는 말을 듣고만 있었다.

그는 계속 말했다.

"내가 시범을 보여줄 테니 잘 봐!"

"......."

"문짝 안에서 들어간 곳에 아대방을 대고 있지?

"......."

"아대방을 대고 밖에서 나온 곳을 때린다. 잘 봐!"

"어어, 나온 부분이 들어간다."

그는 말했다.

"내가 들어간 곳을 아대방으로 쳐낼게."

"……."

"뒤에 아대방을 대고, 나온 부분을 망치로 두드려!"

"……."

"철판이 늘어났어."

"……."

"늘어난 부분을 만져봐! 꿀럭, 꿀럭하지?"

"정말 늘어났네."

그는 이어 말했다.

"산소에 불 켜 볼래?"

"응."

"철판이 늘어난 부분에 불침을 놔!"

"이렇게 말이야?"

"그리고 망치로 그 부분을 두드리는 거야."

"……."

"빨리 물로 식혀야 해!"

"알았어."

그는 계속 말했다.

"불침도 큰 불침, 중간 불침, 작은 불침이 있어."

"……."

"많이 늘어난 부분은 큰 불침을 놓으면 되고, 중간 정도 늘

어난 부분은 중간 불침을 놓으면 되고, 작게 늘어난 부분에는 작게 불침을 놓으면 돼."

"……."

"늘어난 부분이 많으면 큰 불침을 놓는 방법도 있지만, 작은 불침을 여러 번 놓을 수도 있어."

"……."

그는 내 얼굴을 보며 말했다.

"꼭 기억해야 할 게 있어. 늘어난 철판의 불침은 바깥에서 안으로 들어와야 해."

"왜, 그런데?"

"만약에 안에서부터 밖으로 불침을 놓으면서 작업하면 일이 더 늘어나."

"무조건 밖에서 안으로 들어와야 하네."

"그래, 늘어난 철판은 밖에서 안으로 몰고 들어와야 해. 그리고 불침을 놓는 거야!"

"기억할게."

주위에 판금 반장과 선임들이 지나가면 우리를 보고 있었다. 용식이는 웃으며 말했다.

"익철아, 신경 쓸 거 없어!"

"알았어."

그는 이어 말했다.

"익철아, 자리 바꿔봐!"

"왜?"

"직접 해 봐!"

"……."

선임들은 용식이와 내 행동과 대화를 행동을 모두 지켜보고 들었다. 자리를 바꾸는 순간, 내 정비공장 생활에 먹구름이 낀다는 것을 알고 있었다. 나는 용식이가 만들어준 판금 망치를 잡았다. 나는 판금 반장과 선임들이 다 들으라고, 큰 소리로 말했다.

"용식아, 내가 해 볼게."

"……."

"이렇게 뒤에서 들어간 부분에 아대방을 대고, 밖에서 튀어나온 부분을 망치로 때리면 되지?"

"그래, 맞아!"

"빨리 작업을 하려면 뒤에서 아대방으로 때려서 들어간 부분을 나오게 하면 되지?"

"그래, 맞았어!"

나는 용식이가 조금 전에 했던 말을 반복했다. 나는 용식이가 시범을 보였던 행동을 떠올리면서 망치질을 했다. 용식이는 점점 신이 났다.

나는 지금껏 공장 안에서 연장 심부름만 하면서 선임들이 일하는 방법을 계속해서 지켜보았다. 선임들이 내게 나라시를 안 가르쳐 주었지만, 계속하여 눈으로만 익혀왔다.

나는 말했다.

"용식아, 걱정하지 마!"

"……"

"대부분 정비를 배우려면 시다를 3년 해야 하고, 3년이 넘어야 산소 불때와 망치를 잡는다는 것은 나도 잘 알아. 나는 1개월 만에 산소 불때를 잡았고, 3개월 만에 망치를 잡았어."

"그래, 굉장히 빨라."

"공장장, 판금 반장, 선임이 뭐라고 해도 나는 버틸 수 있어."

"그럼, 됐어."

다음날부터 판금 반장과 선임들뿐만이 아니라 엔진부, 하체부, 전기부, 도장부에서도 나를 갈구기 시작했다. 그들은 내게 말했다.

"일 시작한 지 한 달 만에 산소 불때를 잡았다고, 한 따까리 해야겠네."

"이제 들어온 지 3개월 만에 망치를 잡았다고, 아주 싸가지가 없네."

내게 쏟아지는 것은 칭찬과 격려가 아닌 비아냥이었다.

선임들은 더 많은 심부름을 내게 시키기 시작했다. 각 부서의 선임들이 용식이를 찾아왔다.

내가 보는 앞에서 용식이에게 물었다.

"너, 시다에게 일 가르쳐 주고 있다면서?"

"가르쳐주면 안 되나요?"

"그래도 기본적으로 3년은 밑바닥을 기어야 해!"

"그거야 옛날이야기 아닙니까?"

용식이는 자신 있게 대답했다. 용식이도 같은 선임이었지만 그들보다 상당히 나이가 어렸다. 각 부서의 선임들은 돌아갔다. 용식이는 내게 위로를 했다.

"익철아, 전혀 신경 쓸 거 없어."

"저런 사람들은 내 안중에 없어. 마음에 담아두지 않으니, 내 걱정은 안 해도 돼."

나는 웃으면서 말했다.

용식이가 망치를 만들어준 지 며칠 뒤부터 내 '판금 망치'가 보이지 않았다. 공장 안을 돌아다녀도 보이지 않았다. 나는 걱정스러운 목소리로 말했다.

"용식아, 용식이가 만들어준 망치 잃어버렸어."

"잘 찾아봐! 있을 거야."

연장 심부름할 때마다 선임의 공구통을 유심히 살펴보았다. 내 망치는 안 보였다. 판금부에서 망치를 잃어버렸다는 것은 전쟁터에서 군인이 총을 잃어버렸다는 것과 같았다. 찾아야 했다. 공장 안을 몇 차례 돌아다녀도 내 망치가 보이지 않았다.

나는 우울한 목소리로 말했다.

"용식아, 도저히 못 찾겠다. 이 넓은 공장 안을 어떻게 뒤져?"

"잘 찾아봐! 있을 거야."

그는 늘 긍정적으로 반응했다. 이 넓은 공장 안에서 얼마나 망치를 찾으러 돌아다녔는지 모른다. 지쳤다. 움직일 힘도 없었다.

이번에는 내 망치 소리를 생각했다. 내 망치소리에 집중하기 시작했다. 갑자기 공장 안에서 정비하는 소리가 크게 들렸다. 망치 소리에 좀 더 집중했다. 도장부에서 '샌더'에서 나오는 소리, 엔진부에서 엔진 올리는 소리, 하체부에서 타이어 교환하는 소리가 들렸다. 망치 소리에만 더욱 집중했다. 도장부, 엔진부, 하체부에서 나는 소리는 사라졌다. 망치 소리만 들렸다. 더 집중했다. 나는 생각했다.

'저건 함마 소리야. 저건 큰망치 소리야. 이건 판금 망치 소리야.'

더욱 집중했다. 오직 판금 망치에만 집중했다.

‘이건 판금부 최고 선임 망치 소리야. 저건 판금부 선임 망치 소리야.’

망치에만 집중했다. 희미하게 울려왔다. 엔진부에서 내 망치 소리가 들렸다 나는 혹시나 하는 마음으로 엔진부로 황급히 뛰어갔다. 엔진부에서 내 판금 망치를 사용하고 있었다.

엔진부에서 일하는 정비공이 태연하게 말했다.

"너, 왜 여기 있어?"

"제 망치 찾으러 왔어요."

"이거?"

"예."

"너 망치 여기는 있는지 어떻게 알았어?"

"……."

나는 대답을 안 했다. 말하고 싶지도 않았다. 그는 미안한 기색이라곤 조금도 보이지 않았다. 자신의 물건이 아니면 손을 대지 말아야 하고, 사용하려면 미리 내게 말을 했어야 했다. 그는 시다를 사람으로 취급하지 않았다. 나는 엔진부에서 내 '판금 망치'를 가지고 왔다.

나는 용식이에게 달려갔다. 나는 큰소리로 자랑스럽게 말했다.

"용식아, 내 망치 찾았어."

"어떻게?"

"내가 지금껏 망치 찾으러 공장 안으로 돌아다니기만 했어."

"그래서 어떻게 찾았는데?"

"망치 소리를 듣고 찾아냈어."

"……."

용식이는 호기심을 가지고 물었다.

"망치 소리가 들렸어?"

"어, 내 망치 소리가 들렸어."

그는 다시 물었다.

"정말로 들렸어?"

"망치 소리도 해머 소리, 큰망치 소리, 판금 망치 소리가 있던데?"

"우아~"

'판금부 최고 선임 망치 소리, 판금부 선임 망치 소리도 들렸어.'

"우아~"

"판금 망치마다 소리가 다 달라."

"대단해!"

"내 망치 소리는 둔탁하지 않아. 넓게 퍼지는 소리가 아니라, 짧게 끊어져서 들렸어."

"정말 대단해!"

"내 망치 소리는 느낌이 달라!"

"어떻게?"

"몸에서 편안한 느낌이 났어!"

"나보다 나은데?"

"……."

나는 빙그레 미소로 대답했다. 내 말을 들은 그는 상당히 놀라는 표정이었다. 그는 진지하게 말했다.

"망치 소리를 듣고 찾아낼 수 있다는 사람은 흔하지 않아."

꿈과 희망의 두 바퀴

　정비공장에 온 지 6개월 정도 지났을 때, 집에 도둑이 들었다. 그래도 내 꿈과 희망이 있는 책은 남겨두었다. 고마웠다. 정말 고마웠다. 다행히 미리 구입한 '지하철 정기권'은 있어 다음 달 월급날까지는 공장에 나갈 수 있었다.

　공장에서 야근을 많이 했다. 공장에서는 늘 연장 정리와 부속품을 가지고 오는 일이었다. 대부분 힘쓰는 일이었다. 먹는 것이 부실했다. 전에는 호떡 한 개와 물로 배울 채우고 출근했지만, 이제는 그냥 나왔다. 무조건 점심때까지 기다려야 했다.

　고마운 것은 공장에서 먹을 것을 주었다. '휘발유'였다.

　차량이 대파되면 수리 비용이 차량 가격보다 더 많이 니올 때가 있었다. 이럴 때는 공장에서 대부분 폐차를 시켰다. 선임들은 내게 '휘발유 빨기'를 시켰다. 그들은 내게 호스를 가져다주었다. 그들은 연료통에 호스를 꽂았다. 그들은 말했다.

"야! 빨아!"

나는 힘껏 빨았다.

"으윽!"

또 휘발유를 먹었다. 그들은 이어 말했다.

"휘발유를 많이 먹어야 몸이 있는 기생충이 다 죽어!"

처음에는 입과 작업복에 휘발유가 묻어있었다. 어느 정도 익숙해지니 휘발유가 묻지 않았다. 계속하여 반복하다 보니 휘발가 호스를 타고 올라오는 것이 보였다. 나는 호스를 입에서 빼서 바로 물통에 꽂았다.

그들은 계속 말했다.

"이제는 공장 안에서 제일 잘하는데⋯⋯."

나는 속으로 말했다.

'그게 바로 반복이라는 거다! 자식들아!'

정비공장에 오면 내게 주어지는 유일한 시간은 30분이었다. 산소용접을 30분 정도는 할 수 있었다. 정비공들과 사무실 직원들은 나를 용접만 하는 용접공으로 생각했다. 그들은 이렇게 말했다.

"용접공하면 권익철이가 떠올라."

점심을 일찍 먹고 오면 판금부 작업장에서 용접 연습을 했다. 공장장은 지나가면서 말했다.

"또 용접이냐? 산소가 남아도냐?"

판금 반장은 지나가면서 말했다.

"엔간히 용접 연습해라. 잠 좀 자자."

선임들은 지나가면서 말했다.

"시끄러워서 쉴 수가 없잖아?"

나는 비아냥대는 소리를 들을 때마다 일어났다.

"죄송합니다. 최대한 조용히 연습하겠습니다."

그래도 고마운 것은 "용접 하지 마!"라는 말은 하지 않았다.

이제 정비공장에 있는 사람들은 내가 점심 먹은 뒤에는 무엇을 하는지 다 알게 되었다.

어느 날 머플러 교환과 용접을 하는 차가 들어왔다. 머플러 교환은 누구나 할 수 있어도, 머플러 용접은 어느 정도 실력이 있어야 했다.

판금 반장은 나를 좋아하지 않았나. 그는 평소에 내게 말을 하지 않았다.

어느 날, 그는 내게 말했다.

"권익철! 하체부에 가서 머플러 갈아!"

나는 생각했다.

'판금 반장이 머플러 수리를 왜 내게 시키지?'

그는 보통 나보다 6개월, 1년 일찍 들어온 선임에게 머플러 교환과 용접을 시켰다. 그가 좋아하는 6개월, 1년 선임을 골라 계속 시킬 수 있었다. 5~7년, 아니 10년 선임도 시킬 수 있었다.

그런데 나를 시킨 것이다. 나는 머플러를 한 번도 갈아본 적이 없었다. 그는 내게 한 번도 일을 시켜본 적도 없었다. 나는 바로 대답했다.

"예, 하체부에 가서 머플러 갈고 오겠습니다."

하체부는 정문 입구 쪽에 있었다. 나는 하체부로 걸어갔다. 리프트에 '로얄 살롱'이 떠올라 있었다. 어디에서부터 시작해야 할지 전혀 몰랐다. 이번 일을 잘 마무리하고 싶었다. 공장 사람들에게 인정받고 싶었다. 리프트에 떠 있는 차체를 밑에서 보았다. 어디서부터 시작할지 엄두가 나지 않았다. 계속 보고 있는다고 해결되는 문제가 아니었다. 물어봐도 대답해줄 선임도 없었다.

나는 부속실에 갔다. 나는 말했다.

"로얄 살롱, 머플러 주세요."

부속실 직원은 내게 머플러와 함께 '개스킷'과 '고무 패킹'을 주었다.

나는 생각했다.

'아, 머플러를 교환할 때 개스킷과 고무 패킹을 교환해야 하는구나!'

새 머플러를 보았다. 개스킷 쪽에 구멍이 있었다. 나는 이어 생각했다. '아, 여기에 볼트로 끼우는구나!'

교환할 머플러를 떼어냈다. 나는 계속 생각했다.

'그런데 어디서부터 붙이지?'

고무 패킹이 보였다. 나는 또 생각했다.

'이걸로 먼저 걸라는구나!'

결국 깔끔하게 교체를 하였다. 첫 작품이었다. 일을 마치고, 판금 반장에게 갔다. 나는 말했다.

"반장님, 머플러 교환했습니다."

판금 반장은 확인하러 하체부로 향했다. 나는 그의 뒤를 따랐다. 그는 리프트에 떠 있는 차 밑에서 쭉 돌아봤다. 나는 조마조마했다. 나는 생각했다.

'혹시 일이 잘못되었다고 하면 어떡하지?'

그는 자세히 머플러를 살폈다. 그는 내 얼굴을 보지 않고 말했다.

"됐어!"

며칠이 지났다. 판금 반장은 내게 말했다.

"가서 머플러 빵구 난 데 용접해."

"예."

나는 생각했다.

'왜? 내게 일을 시키지?'

나는 하체부에 가서 리프트에 올려진 차의 하체를 보았다. 윗부분 구멍 난 곳을 메워야 했다. 윗부분은 눈에 보이지 않는 부분이었다. 산소 불을 켰다. 배출구 쪽에 산소 불을 넣어보았다. 불빛이 위로 새어 나왔다. 느낌이 왔다. 철사를 꺾어서 감각대로 용접하기 시작했다. 배출구 쪽에 산소 불을 넣어보았다. 용접을 계속했다. 새어 나오는 불빛이 없었다. 일을 마무리했다.

일을 마치고, 판금 반장에게 갔다. 나는 말했다.

"반장님, 머플러 빵구난 데 때웠습니다."

판금 반장은 리프트에 떠 있는 차 밑에 도착했다. 그는 내가 한 방법대로 산소 불을 켜서 배출구 쪽으로 넣어보았다.

위에 불빛이 전혀 새어 나오지 않았다. 그는 내 얼굴을 보지 않고 말했다.

"됐어!"

그는 뒷짐을 지고 판금부로 내려갔다. 며칠 뒤에 판금 반장은 내게 말했다.

"가서 머플러 용접해!"

"예."

나보다 6개월, 1년 앞서 공장에 들어온 선임이 있었다. 나는 생각했다.

'왜? 내게 일을 시키지?'

하체부로 갔다. 리프트에 차가 올려져 있었다.

이번에는 머플러를 산소로 절단해서 두 개의 머플러를 붙여야 했다. 내게 크게 어렵지가 않았다. 늘 점심시간에 연습하던 터라 별 생각 없이 용접을 했다. 일을 마치고, 판금 반장에게 갔다. 나는 말했다.

"반장님, 머플러 용접했습니다."

판금 반장은 앞장섰다. 따라갔다. 그는 하체부에 와서 리프트에 떠 있는 차 밑으로 갔다.

한참 동안 용접한 부분을 쳐다보았다. 그는 말했다.

"됐어!"

"······."

그의 말은 끝까지 들어봐야 했다. 어디가 끝인지 알 수가 없었다. 그는 내 얼굴을 보며 말했다.

"다음부터는 나 부르지 마!"

그는 짧게 말했다.

이후 머플러 교환이라면 내가 하게 되었다. 내게도 역할이 주어졌다. 정비공장에 머플러 교환할 차가 들어오면 사람들은 나를 찾았다. 이제는 내가 직접 차를 리프트에 올렸다.

작업을 시작하기 전에 차 주인이 웃으며 내게 다가왔다. 차주가 말했다.

"머플러 잘 좀 교환해 주세요."

"예, 알겠습니다."

나도 웃으면서 대답했다.

6개월 동안 공장 안에서 말을 하지 않았다. 선임들이 말하면 늘 듣고 있어야만 했다.

이번에는 달랐다. 차주하고 처음으로 대화를 했다. 기분이 정말 좋았다. 차주들은 나를 '머플러' 전문가로 알고 있었다. 교환할 부분을 산소로 잘라냈다. 그리고 새 머플러로 용접하여 붙였다. 일을 마치고 리프트에서 차를 내렸다.

차량 내부와 외부의 먼지를 털려면 '에어건'이 필요했다.
나는 하체부 선임에게 물었다.

"저, 에어건 있으면 좀 빌릴 수 있을까요?"

"없어, 네가 사서 써."

타이어에 공기를 주입하려면 '에어게이지'가 필요했다. 나
는 이어 물었다.

"저, 에어게이지 있으면 좀 빌릴 수 있을까요?"

"없어, 네가 사서 써."

하체부, 엔진부에서 빌려주지 않았다. 왜냐면 나는 시다이
기 때문이었다. 그렇지만 몸으로 할 수 있는 일은 얼마든지
있었다. 운전석, 조수석, 뒷좌석에 있는 바닥 시트를 꺼내서
먼지를 털어주었다. 그리고 트렁크에서 먼지떨이를 꺼내서
차의 먼지를 털어주었다. 이제 내가 할 일은 다 끝났다. 나
는 차주에게 웃으면서 말했다.

"머플러 교환, 다 끝났습니다. 살펴 가세요."

나는 인사를 하고 걸음을 판금부 작업장으로 돌렸다.

차주는 급하게 말했다.

"잠깐만요."

"……."

"오늘 수고하셨는데, 앞으로도 잘 좀 부탁드리겠습니다."

말을 바치면서 내 손에 오천 원을 주는 것이었다. 나는 사양하며 말했다.

"이런 거 받으면 안 됩니다."

"제 성의입니다. 앞으로도 잘 부탁드리겠습니다."

나는 일하면서 처음으로 돈을 받았다. 작업장에서 일하는 용식에게 가서 물었다.

"용식아, 머플러 교환하면서 차주에게 호박잎을 받았는데 어떡하지?"

"어떡하긴 뭐 어떻게?"

"……."

"차주가 왜 돈을 줬겠어?"

"……."

"그만큼 받을 자격이 있다는 거야."

"그럼 이 돈은 누구에게 줘야 하는 거야."

"차주가 일하는 사람에게 직접 주면 일하는 사람이 갖는 거야."

"정말?"

"팁이라는 거, 몰라?"

"알았어!"

내 하루 일당이 3천 원이 안 되었다. 5천이면 내 하루 일당이 넘어갔다. 월급을 집에서 도둑을 맞고 내 수중에는 돈이 한 푼도 없었다. 5천 원은 내게 큰돈이었다.

나는 5천 원을 가지고 집에 오기 전에 사당역, 사당시장에 들렀다. 사당시장 리어카에서 오뎅 500원을 사니 상인은 검정 비닐봉투에 담아주었다. 바로 옆에 속옷 파는 리어카가 보였다.

여름과 가을에는 러닝셔츠를 입지 않았다. 용접으로 구멍이 있는 러닝셔츠는 티셔츠에 비쳐서 안 입었다. 겨울이 되니 러닝셔츠는 입어야 했다. 그러나 구멍 난 러닝셔츠는 입으나 마나였다. 추운 겨울바람이 들어왔다. 노란색 러닝셔츠 3개를 1,000원 주고 샀다. 팬티와 양말도 사고 싶었지만, 월급 타면 사기로 했다.

홍대역에 내려서 서교시장으로 오면서 정육점에 들렀다. 나는 웃으며 말했다.

"아저씨, 돼지비계 300원치만 주세요."

"늘 300원치만 사는구나, 오늘은 내가 50원치 더 줬다."

"감사합니다."

퇴근하면서 양손에 무엇인가 들어본 지가 참 오래되었다. 양손에 있는 비닐을 돌려보았다.

"빙그르르"

내 꿈과 희망은 아직 돌아가고 있었다.

차주는 알고 있다

정비공장에서 일과를 마쳤다. 용식이는 의기양양하게 내게 말했다.

"내 차 보여줄게."

"차 샀어?"

"글쎄?"

"우아, 이름이 뭐야?"

"Mark V(마크 파이브)야."

"정말로 용식이 차야?"

"내 차야."

그는 빙그레 웃었다.

나는 물었다.

"굉장히 비쌀 텐데?"

"15만 원이야."

"15만 원?"

"그래, 15만 원."

"말도 안 돼."

"내가 시간 날 때마다 수리했어."

"용식아, 지금 포니2 중고차가 180만 원이야. 그랜저 카폰[8]가격하고 같아. 그런데 MARK V 가 15만 원이라구? 말도 안 돼!"

중고차 시장에서도 15만 원짜리 차는 없었다. 포니2 중고차도 180만 원이었다.

용식이 정비기술은 대단했다. 15만 원 주고 사서, 수리했다고 했다. 그의 집은 사당역이었다. 역삼역까지 차로 30분 걸린다. 15만 원짜리 차가 굴러가는 것이 신기했다.

나는 이어 물었다.

"수리하는 데 얼마나 걸렸어?"

"3개월 정도 걸렸어. 퇴근하고 시간 있을 때마다 조금씩 손을 보았어."

"오늘 출근하는데 이 차 타고 왔어?"

"어, 이 차 운전하고 왔어."

나는 차의 외부와 실내를 꼼꼼히 살폈다. 검은색으로 전체

----

8   핸드폰이 활성화되기 전인 당시에는 그랜저 승용차에 부착하는 카폰(car-phone)이라는 게 있었고 굉장히 고가여서 부의 상징처럼 여겨졌다.

도색까지 했다. 15만 원 승용차지만 갖출 건 다 갖추었다.
그는 정감 있는 목소리로 말했다.

"내가 집까지 태워줄게."
"정말!"
"그래, 어디서 내리면 돼?"
"홍익대학교 옆에 극동방송국이 있어, 정문에 내려주면 돼."
"알았어!"

나는 조수석에 앉았다. 실내가 생각 외로 넓었다. 조금 불
안했다. 15만 원짜리 차라 가다가 시동이 꺼지지 않을까 걱
정되었다. 그는 시동을 걸었다.
나는 신기한 표정으로 말했다.

"어어, 시동이 걸린다."
"시동 안 걸리면 굴러가냐?"
"어어, 굴러간다."
"홍대까지는 충분히 굴러가니 걱정하지 마!"
"시동 꺼지지 않지?"
"시동 안 꺼져. 걱정하지 마."
그는 웃으면서 대답했다.
나는 부러운 표정으로 말했다.
"용식아, 15만 원 차를 중고차 시장에 내놓아도 100만 원

은 받겠다."

"그건 잘 모르겠어."

"정비공장에 다니는 것보다는 중고차를 고쳐서 파는 게 더 안 나아?"

"나는 직장 다니는 게 좋아."

"왜?"

"주일은 교회에 갈 수 있잖아."

"중고차 고치면 교회에 못 가?"

"그건 아니지만, 이전에 중고차 시장에서 일한 적이 있는데 시간 내기가 쉽지 않았어."

"무슨 시간?"

"나는 주일학교 선생님이잖아. 공과공부[9], 교회 주일학교의 성경 공부도 준비해야 하는데, 시간 내기가 힘들어."

"……."

나는 더 이상 물어보지 않았다.

어느 날 출근길이었다. 부속실에서 일하는 직원이 웃으며 나를 불렀다.

"권익철 씨!"

....

9 교회 주일학교의 성경 공부

나는 옆에 지나가는 차를 보았다. 브리사[10], 1974년에 생산된 기아자동차 최초의 차종이었다. 딱 보니 폐차장으로 가야 할 차였다. 그는 말했다.

"함께 갑시다!"

"예."

조수석 문을 여니 너무 쉽게 열렸다. 그는 말했다.

"문짝이 잘 열려. 손잡이를 꼭 잡고 있어야 해!"

"……."

"달리다 보면 문이 가끔 열리더라고"

"……."

공장에 도착할 때까지 손잡이를 꼭 잡고 있었다.

어느 날 출근길이었다. 사무실 전무님이 웃으며 나를 불렀다.

"권익철 씨!"

나는 옆에 지나가는 차를 보았다. 타이탄 트럭이었다. 딱 보니 폐차장으로 가야 할 차였다. 그는 말했다.

"함께 갑시다!"

"예."

조수석 문을 열려고 해도 안 열렸다. 그는 말했다.

"문짝이 안 열려. 그냥 적재함에 올라타!"

....

10　1974년에 생산된 기아자동차 최초의 차종

"……."

공장에 도착할 때까지 적재함 위에서 난간을 잡고 서 있었다.

어느 날 도장부 정비공이 웃으며 말했다.

"권 형, 이번에 젊은 청춘들이 모여서 산에 올라가는데 안 갈래?"

"젊은 청춘?"

"공단 아가씨들도 온대."

"당연히 가야지!"

나는 기쁨이 넘쳤다.

어느 날 엔진부 선임이 내게 왔다. 엔진부 선임이 웃으며 말했다.

"권 형, 이거 용접해 줄 수 있어?"

"예. 바로 해 드리겠습니다."

나는 용접을 해 주었다. 그는 웃으면서 말했다.

"고마워."

시간과 시간이 쌓여갔다. 무언가 바뀌고 있었다. 현장의 선임들은 나를 '개새끼'로 부르지 않았다. '시다바리'로 부르지도 않았다. 6개월 지났다. 현장에서 일하는 정비공 선임들과 사무실 직원들도 내게 이름을 부르기 시작했다. 10개월이 지났다. 나를 대하는 말과 태도와 표정이 달라졌다. 나는 늘 현장에서 용식이와 함께 일했다. 나는 용식이에게 말했다.

"용식아, 요즘 선임들하고 사무실 직원들이 내게 대하는 태도가 좀 달라지지 않았어?"

"어떻게?"

"이전에는 이 새끼, 저 새끼, 시다바리로 불렸는데, 지금은 이름도 불러주고 그래."

"그동안 잘 버텼어."

"그게 무슨 말이야."

"정비공장에 들어온 지 얼마나 되지?"

"10개월 넘었어."

"처음에 정비 배우려고 들어오면 하루, 이틀 아니 한 달도 못 채우고 나가. 좀 있으면 일 년이 다 돼가네. 축하한다!"

"정말 시간 잘 간다."

"이제 선임들이 이전처럼 욕하고 막말하지는 않을 거야."

"선임들이 이제 내게 편하게 대해 줘"

"그동안 잘 버텼어."

"……."

자동차정비공장에 들어와서 느낀 점이 많았다. 정비공장에서 일하는 정비공들도 인간이었다. 나는 그들을 알려고 하지 않았다. 궁금한 것을 물어보지 않았다. 물어볼 위치도 아니었고, 물어보아도 대답해 줄 사람들도 아니었다. 나는 그들에게 잘 보이려고 하지 않았다. 그들이 하는 말을 들어

주기만 했다. 나이가 어린 선임이 반말을 하며 일을 시켜도 아무 말 하지 않고 했다. 나는 일을 배워야 했다.

정비공장에 1시간 일찍 출근해서 제일 먼저 화장실 청소를 했다. 선임들의 심부름뿐만 아니라 연장 정리, 화장실 청소, 세면장 청소, 탈의실 청소, 쓰레기장 정리를 했다. 하는 것이라곤 대부분 청소밖에 없었다. 누구에게 잘 보이려고 청소하지 않았다. 공장이 고마워서 청소했다. 내가 할 수 있는 일은 청소밖에 없었다. 공장은 내게 월급도 주고 꿈과 희망을 주었기 때문에 열심히 청소했다.

내가 일하는 정비공장 규모는 큰 만큼, 수리할 차들이 많았다. 다른 부서 정비공들과 판금부 선임들은 머플러 교환이나 용접은 내가 하는 것으로 생각했다. 나는 수리를 마치고 차를 리프트에서 내렸다. 나는 하체부 선임에게 물었다.

"차 안에 먼지를 털려고 하는데, 에어건 사용해도 돼요?"

"그래, 선반 위에 있으니 사용해도 돼."

나는 에어건을 사용하여 차 안의 먼지를 털어주었다.

나는 이어 물었다.

"타이어 바람을 넣으려는데, 에어게이지 사용해도 돼요?"

"그래, 선반 위에 있으니 사용해도 돼."

나는 에어게이지를 사용하여 타이어 바람을 넣어주었다.

이전에는 에어건, 에어게이지를 사용할 수 없었다. 각 부서의 선임들은 내게 직접 돈 주고 사서 쓰라고 했다. 이제는 달라졌다. 그들은 내게 어느 정도 연장을 사용하는 것을 허용했다.

나는 머플러 수리가 끝나면 늘 하는 일이 있었다. 에어건으로 차 안에 있는 먼지를 빼냈다. 운전석, 조수석, 뒷좌석에 있는 바닥시트를 꺼내서 먼지를 털어주었다. 그리고 트렁크에서 먼지떨이를 꺼내서 차의 먼지를 털어주었다. 담배재떨이에 있는 담배꽁초를 버렸다. 먹다 남은 캔이나 페트병은 차주에게 물어보고 버렸다. 캔이나 작은 페트병이 브레이크 밑에 있으면 위험하기 때문이었다. 차의 실내를 깨끗한 물걸레로 닦아주었다. 칠이 벗겨져 있으면 도장부에 가서 페인트 뚜껑에다가 페인트를 덜어와 칠을 해 주었다.

조그만 흠집이 있는 것은 도장부에 가서 컴파운드[11]를 가지고 지워주었다. 트렁크 안도 정리했다. 타이어에 공기도 주입하였다. 내가 몸으로 때울 수 있는 것은 다 해 주었다.

차주는 내가 하는 행동을 다 보고 있었다. 차주는 내게 말했다.

"다른 분들은 이렇게까지 하지 않는데 열심히 하네요."

"공장이 잘 돌아가야 저도 삽니다."

---

11 차량의 흠집 등을 지워주는 연마제

이제 내가 할 일은 다 끝났다. 나는 웃으며 말했다.

"손님, 다 되었습니다. 조심해서 들어가세요."

손님에게 정중히 인사를 했다. 내가 이렇게 하는 이유가
있다. 공장이 살아야 내가 살기 때문이었다. 공장이 잘돼야
월급을 받을 수 있기 때문이었다. 월급을 받아야 내가 생활
할 수 있기 때문이었다. 지금 내 위치에서 최선을 다하는 것
이 내 꿈으로 한발 한발 다가서는 유일한 길이었다.

나는 하루에 최소한 한 대 이상은 머플러 수리를 했다. 어
느 날 하체부를 지나고 있을 때 7년 선임이 머플러를 용접
하고 있었다. 판금 반장의 똘마니였다.

똘마니는 무슨 말을 할 때마다, 이렇게 말했다.

"판금 반장이 이렇게 하라고 시켰어."

"판금 반장이 하라고 하면 되는 거지, 무슨 말이 그리 많
아."

그는 늘 말할 때마다 판금 반장을 집어넣었다. 나는 생각
했다.

'머플러 수리하는 일이 있으면, 내가 알아서 하라고 했는
데 선임이 하네. 아무나 하면 어때.'

일주일 동안 판금 반장이 추종자가 하체부에서 머플러를
수리했다. 나는 용식이에게 물었다.

"용식아, 이전에 판금 반장이 머플러 관련된 일은 내가 하라고 했는데, 내게 일을 시키지 않고 7년 선임을 시켰지?"

"이런, 아직 그것도 눈치 못 챘어?"

"나는 잘 모르겠는데……."

그는 웃으며 말했다.

"내가 말로 설명하는 것보다는 가서 보고 와!"

"알았어!"

나는 하체부로 갔다. 7년 선임이 용접을 마치고 먼지떨이로 차 외부에 먼지를 털어주고 있었다. 그는 웃으면서 차주와 이야기를 나누고 있었다. 차주는 이야기를 마치자 운전석에 앉아서 시동을 걸고 정문 밖으로 멀리 사라졌다.

일주일이 지났다. 부속품을 가지러 가기 위해 하체부를 지나갔다. 15년 선임이 머플러 교환과 용접을 하고 있었다. 나는 생각했다.

'선임들이 머플러 교환과 용접을 하고 있어. 판금 반장이 왜 내게 일을 안 시키지?'

나는 용식이에게 물었다.

"용식아, 이전에 판금 반장이 머플러 관련된 일은 내가 하라고 했는데, 내게 일을 시키지 않고 15년 선임을 시켰지?"

"이런, 아직 그것도 눈치 못 챘어?"

"모르겠는데……."

그는 웃으며 말했다.

"내가 말로 설명하는 것보다는 가서 보고 와!"

"알았어!"

가서 뭘 보고 오라는지 몰랐다.

나는 하체부로 갔다. 15년 선임이 용접을 마치고 먼지떨이로 차 외부에 먼지를 털어주고 있었다. 그는 웃으면서 차주와 이야기를 나누고 있었다. 차주는 이야기를 마치자 운전석에 앉아서 시동을 걸고 정문 밖으로 멀리 사라졌다.

7년 선임과 15년 선임이 머플러를 용접한 후에 하는 모습은 똑같았다. 나는 판금부 현장으로 왔다. 나는 말했다.

"용식아, 선임들이 머플러 작업을 마친 후에 손님들에게 친절하게 잘하고 있어."

"아직도 모르겠어?"

"도저히 모르겠어."

그는 웃으며 말했다.

"며칠 지나면 다시 일을 시킬 거야."

"그걸 어떻게 알아?"

"다 아는 수가 있어."

"……."

며칠 지나니 판금 반장은 내게 말했다.

"머플러 수리할 차가 들어오면 일해!"

"……."

용식이 말이 맞았다. 나는 용식이를 급히 찾았다.

"용식아! 맞아! 판금 반장이 나를 찾았어! 나보고 머플러 수리를 하라고 했어!"

"……."

"그런데 판금 반장이 내게 다시 맡긴다는 것을 어떻게 알았어?"

용식이는 빙그레 웃으며 말했다.

"지금 머플러 수리를 누가 시킨다고 생각해?"

"누구긴 누구야, 판금 반장이지."

"아니야."

"공장장?"

"공장장도 아니야."

"……."

"차주야."

"손님이라고?"

"그래."

나는 손님이 어떻게 나를 아는지 궁금했다. 나는 그에게
물었다.

"차주가 나를 어떻게 알아?"

"차주가 원하는 정비공을 지정할 수가 있어."

"……."

"머플러 수리도 소개로 공장에 찾아오는 경우가 많아."

"……."

"손님들은 진심으로 하는지? 팁을 받으려고 하는지? 다
알아!"

"……."

또 다른 도전의 즐거움

1990년 7월 여름이었다(26살). 지하철 문래역에서 내렸다. 홍대역에서 문래역까지 지하철로 15분 걸렸다. 지하도에서 올라오니 땅의 열기가 후끈 올라오고 있었다. 문래청소년 수련원을 지나 바로 왼쪽 골목길로 들어갔다. 조그만 구멍가게가 보였다. 나는 가게에서 빵과 우유를 샀다.

사람들이 쉬어갈 수 있도록 널따란 평판이 있었다. 나는 평판에 앉아 빵과 우유를 먹으며 주위를 둘러보았다. 출근길이라 많은 사람들이 지나다니고 있었다. 대부분 오래된 건물과 담벼락이 보였다. 나는 생각했다.
'이래서 TV 드라마에서 50년대, 60년대 세트장으로 활용하는구나.'

골목길은 대형 덤프트럭이 지나간 흔적들이 흙바닥에 고스란히 남아있었다. 쇠가 달궈지는 냄새가 났다. 땅의 열기가 계속하여 달아올라 오고 있었다. '그라인더' 돌아가는 소리도 들렸다. 좌우에는 자동차정비공장들이 다닥다닥 붙어 있었다.

바로 자동차정비공장이 눈에 띄었다. '천지 공업사' 정문이 활짝 열려있었다. 정비공장 작업장은 온통 흙바닥이었다. 사고 차량들이 보였다. 똥차, 쓰레기차, 양계장 차, 지게차, 덤프트럭……. 대형차들이 대부분이었다. 개 짖는 소리가 들렸다. 나는 소리쳤다.
"우와, 개장사 차다."

닭울음 소리가 들렸다. 나는 이어 소리쳤다.
"우와, 양계장 차다."

지금까지 1년 동안 강남 역삼동에서 승용차만 봤다. 그런데 여기는 거의 트럭과 대형차들만 보였다. 천지공업사 사무실은 목조건물로 되어있었다. 차를 올려서 하체를 볼 수 있는 리프트는 두 대밖에 보이지 않았다. 작업환경은 엉망이었다. 비가 오면 비를 맞으면서 작업을 해야 할 것 같았다. 작업 현장 안으로 들어가니 비를 피할 수 있는 공간은 협소했다. 화장실에 가 보았다. 화장실은 악취가 풍겼다. 위는 완전히 뚫려 하늘이 훤하게 보였다. 나는 생각했다.

'플라스틱 덮개라도 씌우면 좋으련만……. 여기는 작업환경이 너무 안 좋아!'

강남에서 제일 크고 현대식인 자동차정비공장에서 일하다 이곳에 오니 작업환경 차이가 크게 났다. 그러나 지금 내가 작업환경을 따질 형편이 아니었다.

마음에 드는 것도 있었다. 이전에 다녔던 공장은 역삼역에 있었다. 홍대역에서 역삼역까지 지하철로 45분이 걸렸다. 지금은 홍대역에서 문래역까지 15분 걸렸다. 출퇴근 시간 1시간을 줄여서 집에서 쉴 수 있었다. 소형차 정비기술뿐만이 아니라, 대형차 정비기술을 배울 수 있었다. 소형차도 다양한 회사의 차량을 정비해보고 기술을 배울 수 있다는 장점이 있었다.

갑자기 불꽃에 눈이 부셨다. 정비공이 전기용접을 하고 있었다. 전기용접을 하는 정비공 나이가 60살이 훨씬 넘어 보였다. 흰 머리카락이 바람에 쓸려 얼굴에 어지럽게 놓여 있었다. 그는 용접용 헬멧을 쓰고 전기용접을 하고 있었다. 지게차의 두꺼운 쇳덩어리를 붙이고 있었다.

나는 좀 더 가까이 그에게 다가갔다. 그는 사무실 직원과 이야기를 하고 있었다.

"아버버……."

그는 사무실 직원과 손짓으로 이야기를 하고 있었다. 나는 그가 전기용접을 하는 것을 계속 지켜보았다. 두꺼운 쇳덩어리를 용접한 자국을 주의 깊게 들여다보았다. 솜씨가 예술이었다. 깔끔했다. 나는 속으로 고개를 끄덕였다.

'정말 대단하다. 이래서 용식이가 문래 단지에서 전기용접을 배우라고 하는 거구나!'

나는 그를 계속 지켜보았다. 그는 이번에는 산소를 사용하여 두꺼운 철판을 자르고 있었다.

큰 소리가 들렸다.

'딱!'

그는 급히 아세틸렌을 잠갔다. 산소용접을 하거나 절단기를 사용하다 보면 '딱' 소리가 난다. 그 소리를 들으면 빨리 '아세틸렌'을 잠가야 했다. 빨리 잠그지 않으면 굉장히 위험하다.

정비공장 입구 옆에 바로 사무실이 있었다. 연탄난로 통이 사무실 밖으로 나와 있있다. 출입문이 나무로 된 미닫이문이었다. 문을 열자 연탄 냄새가 가득 찼다. 나는 기침을 했다.

"콜록! 콜록!"

연탄난로에 큰 주전자가 올려져 있었다. 주전자에는 물이 끓고 있었다. 사무실에는 여직원 한 명만 있었다. 여직원은 나를 쳐다보며 말했다.

"어떻게 오셨어요?"

"저, 일자리 알아보고 있는 중입니다."

"잠깐만요."

"……."

여직원은 밖으로 나갔다. 여직원은 잠시 후 50대 남자와 함께 들어왔다. 여직원은 말했다.

"공장장님이세요."

공장장은 사고로 눈을 다친 것 같았다. 한쪽 눈은 나를 보고 있었지만, 다른 쪽 눈은 옆으로 샜다. 그는 내게 물었다.

"어떻게 왔는데?"

"일자리 알아보고 있습니다."

"무슨 일을 하려고?"

"판금 하려고요."

"그래?"

그는 이어 물었다.

"판금은 얼마나 했는데?"

"산소용접은 할 수 있습니다."

"월급은 얼마나 생각하는데?"

"일하는 것 보고 주세요."

나는 용식이가 알려준 대로 대답했다. 며칠 전에 용식이가 내게 말했다.

"문래 단지에 가면 정비공장이 많아. 가능하면 규모가 큰 공장으로 가고, 수리할 차들이 많은 공장으로 가! 현대, 대우, 기아 모든 차종을 수리하는 공장으로 가야 해!"

"알았어!"

"그리고 공장에 가면 물어볼 거야. 몇 년 정비했냐고 물어볼 거야."

"그러면 1년 했다고 하면 되잖아."

"그렇게 대답하지 말고, '산소용접은 할 수 있습니다.'라고 대답해. 알았지?"

"알았어!"

"월급은 얼마나 생각하고 있어? 물어볼 거야. 그러면 일하는 것 보고 주세요.'라고 대답해. 알았지!"

"알았어!"

공장장은 미소를 띠면서 말했다.

"알았어! 내일 이력서를 기지고 와봐!"

"예, 잘 알겠습니다."

일 년 전에 일자리를 구할 때가 생각났다. 그때 나는 공장 장에게 이렇게 말했다.

"기술 익히지 전까지 월급을 안 받아도 좋습니다. 열심히 일하겠습니다."

지금은 달라졌다.

"일하는 것 보고 주세요."라고 말했다.

나 자신이 흐뭇하고 대견했다.

나는 생각했다.

'권익철, 그동안 많이 컸어.'

입가에 웃음을 띠었다.

일하는 정비공의 작업복을 살펴보았다. 여기는 위, 아래가 분리된 작업복을 입고 있었다. 정비공들이 입은 작업복의 색상이 다 달랐다. 공장장은 작업지가 붙어있는 클립보드를 들고 작업장으로 나갔다. 나는 여직원에게 물었다.

"여기는 대형차만 수리하나요?"

"아니요, 소형차도 수리해요."

"비율이 어느 정도 되지요?"

"대형차가 70%, 소형차가 30% 정도 될 거예요."

"여기는 현대차만 수리하나요? 아니면 기아차, 대우차도 수리하나요?"

"여기는 현대, 기아, 대우 다 수리해요."

나는 잠시 머뭇거리며 이어 물었다.

"여기는 작업복 주나요?"

"아니요. 본인이 사서 입어야 해요."

"작업복을 어떤 것 입나요?"

"본인이 맘에 드는 것 사서 입으면 됩니다."

"점심은 그냥 주나요?"

"점심값 30%는 공장에서 지원해요."

나는 계속 물었다.

"점심값이 얼마예요?"

"보통 점심값이 600원인데, 공장 사람들은 단체로 식사하니깐 500원이에요. 공장에서 30%, 150원 지원해요. 본인이 350원 내면 됩니다."

"그럼 밥 먹을 때마다 350원 내나요?"

"아뇨, 월급 때 까고 줘요."

나는 생각했다.

'이거 번지수 잘못 잡은 것 아니야? 작업복도 사서 입어야 하고, 점심값도 내 돈 내고 먹어야 하잖이.'

사무실 문도 나무로 된 여닫이문이었다. 여닫이문은 아래는 나무로 되었지만 위는 유리창으로 되었다. 유리창은 금이 가 있었다. 투명테이프로 금이 간 유리창이 떨어지지 않도록 붙여놓았다.

나는 걱정이 되었다.
"월급이나 제대로 받을지 모르겠다."

나는 힘없이 사무실을 나서는 순간, 내가 궁금했던 것이 갑자기 생각났다. 나는 다시 여직원에게 다가갔다. 나는 그녀에게 물었다.
"나이 든 분이 전기용접을 하시는데, 전기용접을 굉장히 잘하는 것 같았어요."
"아, 아저씨요? 그분은 문래 단지에서 전기용접을 제일 잘해요."
나는 눈이 번쩍 뜨였다.

나는 말했다.
"조금 전에 보니 손짓으로 말하는 것 같았어요."
"예, 맞아요. 그분은 말을 못 해요. 그리고 듣지도 못해요."
"예? 어떻게 말을 못 하고 듣지도 못하시는 분이 전기용접을 할 수 있어요?"
"……"

"산소용접을 하거나 절단기를 사용하다 보면 '딱' 소리가 나요. 그 소리를 들으면 빨리 '아세틸렌'을 잠가야 해요. 빨리 잠그지 않으면 굉장히 위험해요."

"……."

그녀는 빙그레 웃었다.

나는 점점 궁금해졌다.

'소리를 못 듣는데 어떻게 알고 잠글 수 있어? 손에 느낌이 와서 잠그는 걸까?'

'소리를 듣지를 못하는데 어떻게 알 수가 있을까? 소리는 귀로 듣는 것이지, 소리를 몸으로 느낄 수 있나?'

'그러면 소리를 듣는 것이 아니라 보는 것일까?'

나는 의구심이 생겼다. 지금껏 산소용접을 하면서 소리를 듣고 판단했지, 느낌으로는 알 수 없었다. 나는 결심했다.

"천지 공업사, 여기서 한번 제대로 전기용접과 대형차정비를 배워보자."

재산목록 1호

여름 7월. 청계천으로 갔다. 중고품 가게들은 청계천 7가에서 8가에 있었다. 입구에 들어서자 땅바닥에 자리를 펼쳐놓고, 온갖 기계 공구를 팔고 있는 나이든 아저씨가 보였다. 주위에 많은 사람들이 모여 있었다. 대부분 나처럼 형편이 안 좋아서 중고 공구를 찾는 사람들이었다. 내 또래 되는 20대 중반쯤 되는 남자가 공구를 파는 아저씨에게 와서 물었다.

"아버지, 지금 손님이 와서 찾는 것이 있어요. 무슨 물건인지 모르겠어요?"

"그건 이 기계를 말하는 거란다."

"예."

"손님에게는 늘 친절하게 대해라."

"예, 아버지."

20대 남자는 바로 옆에 공구 가게로 들어갔다. 나는 아저씨에게 물었다.

"아들이에요?"

"아들이야."

"아저씨는 공구에 대해 잘 아시겠네요."

"당연히 잘 알지. 내가 기계를 30년 넘게 다루어서 웬만한 공구는 잘 알아."

나는 이어 물었다.

"혹시 자동차 수리 공구에 대해서도 잘 아세요?"

"내가 기계를 좀 알지."

"제가 대형차 자동차정비공장에서 일하게 되었는데, 필요한 공구가 무엇인지 아세요?"

"가만히 있어보자……."

아저씨는 내게 여러 종류의 공구를 내 앞에 내놓았다. 내 앞에 연장이란 연장은 다 내놓은 것 같았다.

니퍼, 펜치, 플라이어, 롱노우즈, 바이스 플라이어, 전선 스트리퍼, 스패너, 몽키, 드릴비트, 탭, 에어건, 십자드라이버, 일자드라이버, 핸들, 주먹드라이버, 고무망치, 육각렌치, 야스리[12], 줄자, 수평자…….

------

12 쇠를 갈거나 깎는 줄

그는 웃으며 말했다.

"더 필요한 것도 있겠지만 필요할 때마다 사면 된단다."

"예, 이건 다 제가 소형차에서 사용한 거예요. 어떻게 이렇게 잘 아세요?"

"지금 보여준 공구는 기계 작업할 때 기본으로 들어가는 거란다."

"……."

지금 내게 가장 필요한 것은 공구였다. 나는 필요한 공구를 찾는 데 시간이 오래 걸렸다. 공구를 사용하려고 해도 다른 선임들이 사용하면 나는 기다려야 했다. 많은 시간을 기다렸다. 공구만 바로 찾을 수 있으면 시간을 단축할 수 있었다. 일도 서투른데 작업시간까지 늦어지면 다시 시다바리로 돌아갈 것 같았다. 나는 말했다.

"아저씨, 깔깔이하고 에어 핸드임팩트도 주세요."

"알았다."

볼트, 너트를 풀고 조일 때, 선임들은 '스패너'로 일하는 것을 보았다. 한두 개 풀고 조일 때는 스패너를 사용해도 되지만 많은 경우는 '핸들' 또는 '깔깔이'를 사용해야 일을 빨리 마무리할 수 있었다. 깔깔이보다 '에어 핸드임팩트'를 사용하면 빠른 속도로 볼트, 너트를 풀고 조일 수 있었다. 나는 이어 말했다.

"아저씨, 복스알[13]세트 주세요."

"가만있자, 그래 여기 있다."

"복스알이 왜 이리 색깔이 시꺼매요."

"독일제야."

"독일제요?"

"국산, 대만제, 일제보다는 독일제를 써야 해!"

"왜 독일제를 써야 해요?"

"싸구려 사용하다 쪼개지는 경우가 있어."

"쪼개진다고요?"

"쪼개져서 날아가 눈에 부딪히면 어떡하려고?"

"……."

"사람이 일하는 것이 아니라, 공구가 일하는 거야."

"얼마예요?"

"3만 원"

"우아, 너무 비싸요. 일제 새것도 2만 원인데요."

"일제 새것은 우리 아들 가게에서 사면 된단다."

나는 생각했다.

....

13 소켓socket: 임팩트 드라이버와 연결해 공구를 살아 끼울 수 있게 해
    주는 연결부품

'물건 파는 방법도 여러 가지네! 오늘 확실하게 한 수 배웠다.'

 공구를 가지고 다니려면 공구통이 필요했다. 나는 물었다.
"아저씨, 공구통은 안 팔아요? 왜 안 보이지요?"
"공구통은 밥줄인데, 내가 아무리 중고를 판다고 해도 공구통은 중고를 안 판단다."
"그럼, 어디서 사요?"
"아들 가게에서 가려무나."
"예."

 나는 바로 옆에 아들이 운영하는 공구 가게에 갔다. 가게 안에는 손님들이 많았다. 손님은 자신의 처지를 생각하며 말했다.
"새 공구를 사기에는 부담스러워요."
"그러면 중고 공구를 사면 됩니다."
"어디서요?"
"바로 옆에 노상에서 중고 공구를 파는 분이 있어요. 저희 아버지입니다. 여기서 왔다고 하면 좀 싸게 해 줄 거예요."

 나는 생각했다.
'아버지와 아들……. 물건 파는 방법도 가지가지 한다.'

 나는 아저씨 아들에게 말했다.

"옆에 아저씨가 아들 가게에 가라고 해서 왔어요."

"아버지가요?"

"예, 공구통 사러 왔어요."

"파란색이 있고, 빨간색이 있는데 어느 거 사시겠어요?"

"빨간색요."

"큰 게 있고, 작은 게 있는데 어느 것 사시겠어요."

"큰 거요."

나는 공구통을 사서 다시 아저씨에게 왔다. 나는 공구를
정성껏 담았다. 나는 웃으며 말했다.

"오늘 확실하게 장사하는 법을 배웠어요."

"……."

"공구통이 제 재산목록 1호입니다."

"재산목록 1호?"

"앞으로 이놈이 제 밥벌이를 제대로 해 줄지 모르겠어요?"

"내가 보기에는 10배, 100배……. 아니 그 이상을 벌어 줄
거야."

"그걸 어떻게 알아요?"

"나는 자네처럼 젊었을 때 내 공구를 사지 않았어!"

"……."

아저씨는 물었다.

"공구에서 중요한 게 무엇인지 아니?"

"글쎄요?"

"줄자란다."

"줄자요?"

"어느 정도 실력이 되면 느낌에 맡기지. 하지만 줄자만큼 정확하게 길이를 알아낼 수 없단다."

"……."

그는 진지하게 말했다.

"또 하나가 더 있어."

"뭔데요?"

"수평자란다. 수평자로 수평을 맞춰야 해!"

"……."

"앞에 보이는 것이 수평이라고 생각하지만 실제로는 수평이지 않아."

"수평으로 보이면 수평이잖아요?"

"자신이 있는 자리가 수평이지가 않기 때문이지."

"……."

나는 공구값을 아저씨에게 주었다. 아저씨는 한 번 더 강조했다.

"공구통에 줄자하고 수평자는 항상 있어야 해!"

"예, 잘 알겠습니다."

나는 웃으면서 인사를 했다. 나는 공구통을 들고 오면서 생각했다.

'이제는 내가 판금부 사람들 중에 일을 제일 빨리할 거야. 빨리하면서 정확하게 하는 거야!'

내일부터 천지공업사에서 본격적으로 일한다. 내 분신 '공구통'과 함께한다. 공구통은 내 밥줄이다. 용식이가 만들어준 판금 망치를 위로 들었다. 나는 망치를 보며 힘차게 말했다.

"나는 너와 함께한다."
판금 망치를 공구통에 넣었다. 마음이 편안해졌다.

로마에 가면 로마인의 성격에 맞춰라

나는 오전 8시에 도착했다. 정문은 아직 열어놓지 않았다. 나는 작업복으로 갈아입고 문래단지를 한 바퀴 돌아보았다. 좌우가 전부 자동차 정비공장이었다. 정비공장이라기보다는 폐차장이었다. 파손 수준이 경미한 접촉사고가 아니라 폐차장으로 바로 가야 할 차들이었다.

견인차들도 보였다. 소형 견인차와 대형 견인차는 규모부터가 달랐다. 가장 큰 대형차는 소방차였다. 소방차 한 대가 공장 전체를 차지할 정도로 컸다. 소방차 뒷부분이 찌그러져 있었다. 나는 다짐했다.

'1년 동안 열심히 대형차 정비를 배우고, 폐차 수준의 소형차 정비기술을 익히자. 어떤 모멸감, 수모도 견뎌내자. 딱 1년만 버티는 거야.'

강남 역삼동에 있었을 때는 아침 조회를 할 때, 부서별로 한 줄로 섰다. 시다는 제일 뒤에 섰다. 나는 1년 동안 맨 뒤에 섰다. 1년이 지나도록 내 뒤에는 아무도 없었다. 어쩌다가 와도 며칠 못 버티고 나갔다. 내가 늘 뒤에 있었기 때문에 현장에서 일하는 정비공들은 나를 '쫄다구'라고 불렀다.

정비공들은 내게 말했다.
"언제까지 제일 뒤에 서 있을 거야?"

선임일수록 앞에 섰다. 각 부서 반장들은 맨 앞에 있었다. 맨 뒤에 있으니 공장장이 하는 말이 잘 들리지 않았다. 공장장은 늘 인상을 쓰며 말했다.
"오늘, 공장 안에 있는 차, 무조건 없애도록 해!"

그런데 이곳은 달랐다. 누가 앞이든 뒤든 간섭하지 않았다. 서고 싶은 자리에 섰다. 줄도 구분하지 않았다.

공장장은 웃으며 말했다.
"오늘만 날이 아니야. 천천히 해도 좋으니, 다치지 않게 조심해서 일해!"

공장 안에 가장 많이 들어와 있는 차는 '쓰레기 수거차'였다. 정비공들은 쓰레기 수거차를 '쓰레기차'라고 불렀다. 당시 쓰레기차들은 '난지도 매립장'으로 향하고 있었다. 쓰레기 수거차 뒤에서 흘러내리는 오물에서 악취가 풍겼다.

공장장은 판금 반장에게 말했다.
"지금 제일 먼저 공장 안에 있는 쓰레기차 먼저 정리해야겠어!"
"예, 알겠습니다."

판금 반장은 내게 말했다.
"지금 여기 있는 쓰레기차, 머플러 교환이야!"
"예."

10분 뒤에 오토바이가 머플러를 뒤에 싣고 정비공장에 도착했다. 나는 머플러를 본 순간 기쁨에 넘쳤다. 나는 생각했다.

'내가 할 수 있는 일을 시작하니 다행이다.'

그런데 쓰레기차 머플러 교환은 처음이었다. 누구에게 물어볼 수도 없었다. 누구에게 물어보면 "내 실력은 시다바리 수준밖에 안 된다."라는 것을 알리는 것 꼴이었다.
대형차는 누워서 머플러를 교환해야 했다. 누워서 하려면 흙바닥에 작업복이 안 닿도록 밑에 무언가를 깔고 작업을 해야 했다. 그런데 판금부 안을 돌아봤다. 전혀 안 보였다.

딱 한 개가 있었다. 하체부에서 사용하고 있었다.

나는 못 쓰는 종이박스를 구했다. 누운 상태에서 위에 머플러를 보았다. 이미 용접으로 붙인 상태에서 부식되어 있었다. 머플러 교환을 하더라도 용접을 해야 했다. 누운 상태에서 산소 불때를 잡았다. 쓰레기차 머플러는 승용차 머플러하고 크기가 달랐다. 한 손으로 들고 용접할 수도 없었다.

두 다리 위에 머플러를 올렸다. 웅크린 자세로 용접을 하기 시작했다. 누운 상태에서 용접을 하니, 서 있는 상태에서 용접하고는 완전히 달랐다.

서서 용접할 때는 뜨거운 쇳물이 바닥에 떨어지면 튀기면서 신발에 떨어졌다. 누워서 용접을 하니 떨어지는 쇳물이 내 얼굴 옆으로 스쳐갔다. 바닥에 떨어지면서 내 얼굴과 작업복으로 향했다. 머리 위에 떨어진 불똥은 머리카락을 태웠다. 두부 굽는 냄새가 났다. 종이박스에 떨어지면서 불이 붙기도 했다. 종이박스에 붙은 불을 끄고, 다시 용접을 시작했다.

내가 잘하는 것은 머플러 교환과 용접이었다. 다행히 대형차 정비공장에 와서 가장 처음으로 내게 주어진 임무를 무사히 깔끔하게 마쳤다. 공장에 있는 쓰레기차가 나가자 공장장은 즐거워했다.

나는 공장 안에 있는 쓰레기차들의 머플러 수리를 다 마쳤다.

내 주특기였다. 머플러 용접은 내게 일도 아니었다.

공장장은 환하게 웃으며 말했다.

"우아, 쓰레기차들이 다 나가니 공장이 훤해졌네. 아주 좋아."

"……."

나는 공장장이 하는 말을 듣고만 있었다.

지난 1년 동안 공장장과 판금 반장, 각 부서의 선임들은 자신이 말할 때 아무 말도 하지 말라고 했다. 상대방의 말에 응대했다가 무슨 소리를 들을지 몰랐다. 그래서 아무 말도 하지 않았었다. 이전에 다녔던 정비공장 선임들은 내게 이런 말을 했다.

"너는 내가 시키는 대로 일만 하면 돼!"

"……."

"너는 내가 말하는 중간에 끼어들지 마!"

"……."

"내가 말하면 무조건 예라는 대답만 하면 돼!"

"예."

"이 새끼야, 내가 말하는데 중간에 끼어들지 말랬잖아!"

"……."

선임들은 화를 내며 발로 나를 걷어찼다. 그렇게 이전 공장에서는 침묵을 강요당했다.

이전에 배운 대로 오전 내내 나는 아무 말도 하지 않았다.

12시가 되니, 정비공들이 밖으로 나가기 시작했다. 판금 반장은 말했다.

"밥 먹으러 가자!"

"……."

나는 아무 말도 하지 않았다. 정문 밖으로 나가는 정비공의 뒤를 따랐다. 식당은 5분 거리에 있었다. 식당에 들어서니 모두 작업복을 입은 사람이었다. 식당에 앉았다. 테이블 위에는 반찬과 밥공기가 놓여 있었다. 중앙에는 큰 그릇에 밥이 있었다. 정비공들의 식사량은 엄청났다. 자신의 밥공기를 다 비우고 큰 그릇에 있는 밥을 퍼서 먹기 시작했다. 나도 공깃밥을 다 비웠다. 큰 그릇에 있는 밥을 떠서 먹었다.

이전에는 점심을 먹고 와서 30분 동안 산소용접 연습하였다. 오전에 산소용접만 했다. 여기 있으면 산소용접을 신물 나도록 할 것 같았다. 이번에는 점심을 먹고 와서 30분 동안 전기용접을 연습할 생각이었다. 점심을 마친 정비공들은 그늘진 곳을 찾았다. 나무 판때기, 종이 박스, 신문지를 바닥에 깔아 잠을 청했다.

나는 사무실에 갔다. 공장장이 있었다. 나는 말했다.

"공장장님. 부탁드릴 것이 있습니다. 점심시간을 이용해서 전기용접 연습을 하고 싶습니다.

"……."

"제가 마음에 안 들면 말씀하세요. 지금 바로 나가겠습니다."

"······."

그는 내 말을 끝까지 듣고 있었다. 그는 호탕하게 소리를 내어 웃으며 말했다.

"하하하! 써! 연습해도 돼!"

"정말이세요?"

"용접봉 생각하지 말고, 모자라면 사무실에 있는 것도 써!"

"정말 감사합니다."

정말 기뻤다. 나는 계속 말했다.

"정말 감사합니다."

나는 사무실에 나오면서 하늘을 보았다. 작열하는 태양은 내 더위를 시켜주고 있었다.

나는 내게 다짐했다.

"점심 먹고 30분은 전기용접 연습이다."

점심을 마치니 판금 반장이 내게 왔다. 이번에는 분뇨차였다. 일명 '똥차'다. 판금 반장은 말했다.

"발판 교체해!"

"예."

나는 짧게 대답했다. 운전석으로 올라가는 발판을 교환하는 작업이었다. 산소로 용접된 부분을 떼어낸다. 그리고 그라인더로 표면을 깨끗하게 갈아내고 새 발판으로 산소용접

하는 것이다. 처음 해보는 작업이었지만, 어렵지 않았다. 똥차 발판도 깔끔하게 교체하였다. 일을 마치자, 판금 반장이 내게 다가왔다. 판금 반장은 말했다.

"저기 있는 차, 문짝 교환해!"

"예."

이번엔 덤프트럭이었다. 옆에는 교환해야 할 문짝이 세워져 있었다. 문짝을 떼어내고 새 문짝을 달기 시작했다. 크기도 크기였지만 무게도 만만하지 않았다. 왼손으로 문짝을 들었다. 순간 허리에 통증이 왔다. 끊어질 것 같았다. 전율이 흘렀다. 전율은 다리까지 타고 내렸다. 이마에 땀이 흐르기 시작했다. 등에도 땀이 흐르고 있었다. 나는 문짝을 들고만 있었다. 고등학교 1학년 때 소금 장사하면서 얻은 '허리 디스크'였다. 다리가 힘없이 접히고 있었다. 나는 생각했다.

'차 위에서 문짝을 떨어뜨리면…….'

문짝값을 물어주어야 한다. 나는 가쁜 숨을 내쉬었다. 나는 이어 생각했다.

'문짝값보다도 공장에서 내가 '허리 디스크'가 있다는 사실을 알면…….'

나는 이 공장을 떠나야 한다. 아니 평생 육체노동으로 밥을 못 먹고 산다. 나는 계속 생각했다.

'내가 할 수 있는 것은 몸으로 때워서 일하는 건데……. 그

래 참자. 버티자 조금만 더 버티자. 참고 버텨야만 밥 먹을 수 있어!'

하늘을 보았다. 한여름이라 태양은 눈부셨다. 나는 아무런 생각도 안 났다.

'위에 먼저 볼트를 넣어야 하나? 아니면 중단부터 볼트를 넣어야 하나?'

하늘을 쳐다보았다. 태양은 언제나 나와 함께하고 있었다. 태양은 언제나 나를 지켜보고 있었다. 이 거대한 세상 속에서 살아가는 나는 약한 존재였다.

갑자기 골리앗과 싸우는 다윗이 떠올랐다.

'다윗'

"문짝을 다는 데는 위에서부터 시작한다."

이때 내 암기 방법이 생겨났다. 문짝을 '다'는데는 '위'에서부터 시작했다. 가장 위에서부터 볼트를 넣고 돌렸다. 소형차는 작업할 때 발이 땅바닥에 있었지만, 대형차는 차 위에 올라와서 작업했다. 결국 대형차 문짝을 달았다. 작업을 마칠 때마다 확인하는 사람이 있었다. 공장장도 판금 반장도 아니다. 판금부 사람, 3명이었다. 5년, 7년, 10년 선임이었다.

오후 5시 30분. 나는 연장 정리에 들어갔다. 판금부 사람들은 작업을 계속하고 있었다. 나는 아무 말 없이, 아무 생각 없이 그냥 연장 정리만 했다. 나 혼자서 연장 정리를 해도 화도, 짜증도 나지 않았다.

판금부 사람들은 모두 옷을 입고 퇴근했다. 판금부 사람들과 오늘도 아무런 대화가 없었다. 점심시간에도 아무런 대화가 없었다. 판금부 사람들은 퇴근하면서 내게 눈길도 주지 않고 아무런 말도 없이 나갔다.

공장 구석진 곳에 수돗가가 있었다. 한 사람이 씻으면 뒤에서 기다려야 했다. 나는 여기서도 제일 막내였다. 정비공들이 다 퇴근해야 내가 씻을 수 있었다. 내게 차갑게 대하는 이유를 나는 알고 있었다. 그들 입장에서 보면 내게 차갑게 대한 것이 아니었다. 그들 나름의 성격이었고, 방식이었다.

자동차정비는 중노동이었다. 대형차 수리는 소형차 수리보다 노동 강도가 높았다. 소형차 정비는 '판금망치'를 가지고 수리를 했다면, 이곳 대형차 정비는 해머를 들고 수리하는 곳이었다. 오늘 대형차 수리의 체력 소모는 엄청났다. 내가 오래 버틸 것이라고 기대하는 사람이 없을 것이다. 뜨내기에게 쉽게 정 주지 않는다. 그들만이 습득한 세상살이일 뿐이었다. 나는 알고 있었다.

'어느 정도 시간이 지나면 그들이 자연스럽게 다가온다.'

나는 퇴근하면서 집에 도착할 때까지 반복하며 중얼거렸다.

"나는 문래단지에서 1년은 버틴다. 내가 원하는 정비기술을 익히지 전까지는 안 나간다."

빠르고 정확하게!

홍대 정문에서 나오면 바로 오른쪽에 '홍대화방'이 있었다. '갱지' 500매 한 묶음을 샀다. 반을 접었다. 출근해서 퇴근까지 한 일을 모두 적었다. 오전에 그랜저 문짝을 교환했다. 상단에는 문짝을 그렸다. 그림을 그리고 옆에는 순서를 적었다. 하단에는 글을 적었다. 어떻게 하면 빠르고 정확하게 해체하고 조립을 하는지 순서를 적었다. 나는 내게 말했다.

"나는 빠르고 정확하게 일한다."

상단에는 그림을 그렸고, 작업하는 순서에 번호를 매겼다. 하단에는 글로 적었고, 어떻게 하면 좀 더 빠르고 정확하게 일을 할 수 있는지 방법을 적었다. 30번 그렸고, 30번 적었다. 나는 내게 이어 말했다.

"나는 오늘 그랜저 문짝을 30번 조립을 했다."

나는 잠을 자면서도 생각했다. 자다가도 문짝 교체 순서를 댈 수 있었다. 아무 생각 없이도 순서를 그릴 수 있었다. 아침에 눈을 뜨면 오늘 무엇을 할 것인가를 생각했다. 출근길에 거리를 걸으면서도 차들을 보면서 관찰했다. 모든 순간을 자동차정비로 채웠다.

문래역에서 내려 정비공장에 오기 전에 작은 구멍가게가 있었다. 여기서 아침식사를 해결했다. 빵과 우유를 사서 먹었다. 1년 전에는 아침식사로 호떡 한 봉지(10개)에서 한 개를 꺼내서 먹었다. 그때보다 형편이 많이 나아졌다.

정비공장 정문은 아직도 닫혀 있었다. 수위 아저씨는 8시가 되어야 정문을 열었다. 자동차정비공장은 내 삶의 터전이었다. 여기서 일해서 내게 밥이 나오고, 책이 나왔다. 쓰레기차가 들어와도 좋고, 똥차가 들어와도 좋았다. 양계장차가 들어와도 좋고, 덤프트럭이 들어와도 좋았다. 일을 하는 게 좋았다. 시다바리가 아니라, 내가 직접 책임지고 일을 해서 좋았다.

공장장, 판금 반장이 내게 다가왔다. 그들은 부드러운 목소리로 웃으며 말했다.

"익철아, 이것 좀 해 줄래?"

"예, 잘 알겠습니다."

나는 일을 마치고 웃으며 말했다.

"공장장님, 일을 다 끝냈습니다."

"반장님, 일을 다 끝냈습니다."

나는 공장장, 판금 반장이 시키는 일을 몸을 아끼지 않고 일했다. 나는 그들에게 다른 말은 일절 하지 않았다.

정비공장에 들어온 지 한 달이 지났다. 나는 웃으며 말했다.

"공장장님, 일을 다 끝냈습니다. 다른 일, 시키실 건 없습니까?"

"반장님, 일을 다 끝냈습니다. 다른 일, 시키실 건 없습니까?"

청계천 중고시장에서 구입한 중고 공구를 가지고 일했다. 빨간색의 공구통을 들고 다니면서 일했다. 중고 공구를 파는 아저씨 말이 맞았다. 사람이 일하는 것이 아니라 공구가 일하는 것이었다. 판금부 사람들은 일하다 공구를 찾으러 판금부로 들어갔다. 판금부에 공구가 있으면 다행이지만 없으면 찾으러 돌아다녀야 했다. 나는 생각했다.

'일은 빠르고 정확하게 해야 한다. 일은 정확하고 빠르게 하는 것이 아니다.'

작업복을 집에서 다리미로 다렸다. 각을 세웠다. 이제는 매일 한 벌씩 정비복을 갈아입었다. 깨끗한 정비복을 입고 작업을 하고 차주들을 대했다. 판금부에는 5년 선임, 7년 선임, 10년 선임, 판금 반장이 있었다. 내가 제일 신경이 쓰이는 사람이 5년, 7년, 10년 선임들이었다. 그들은 처음에는 내가 하는 작업을 멀리서 바라보거나 보면서 지나갔다. 시간이 지나자 작업하는 도중에만 와서 쳐다보았다. 나중에는 내가 한 작업을 만져보고 확인하고 갔다. 어이가 없었다. 나를 완전히 애로 취급하는 것이었다. 기분이 나빴지만 싫은 내색은 하지 않았다. 지켜만 보고 있었다. 그들은 나를 기술로 이겨보려고 건수를 잡고 있었다. 건수를 잡아서 나를 시다바리로 내려보내려고 하고 있었다. 나는 그들에게 트집 잡히지 않으려고 기를 쓰고 있었다.

첫 월급을 5년 선임하고 같은 액수로 받으니, 그들이 나를 대하는 태도가 더 심해졌다. 그들은 하자가 있는 작업을 찾아내서 나를 깎아내릴 생각이었다. 오후에 덤프트럭이 급히 공장 안으로 들어왔다. 머플러를 교환해야 했다. 사무실에서 부속 가게에 머플러를 주문했다. 30분이 지났는데 도착하지 않았다. 덤프트럭 기사 아저씨는 다급한 목소리로 말했다.

"지금 빨리 수리를 하고 가야 하는데요."

그는 계속 재촉했다. 기사 아저씨들은 웬만하면 빨리 해달라고 하는 사람이 없었다. 나는 사무실로 달려갔다. 나는 공장장에게 말했다.

"공장장님, 덤프트럭 기사분이 굉장히 급한 것 같은데, 머플러 도착했나요?"

"부속 가게에 전화하니 배달하는 사람이 아직 안 왔다면서 기다려달라고 하네."

공장장도 어쩔 수 없다는 표정이었다. 나는 언제까지 기다릴 수는 없었다. 부속 가게는 걸어서 30분 거리에 있었다. 나는 힘주어 말했다.

"공장장님, 제가 뛰어서 갔다 오겠습니다."

나는 부속 가게까지 뛰었다. 이번에는 부속가게에서 대형 머플러를 어깨에 메고 뛰었다. 한여름의 무더위로 작업복은 땀으로 뒤범벅이 되었다. 나는 생각했다.

'공장이 돈을 벌어야 내가 월급을 받을 수 있어.'

월급날이 다가오고 있었다. 나는 생각했다.

'이전 공장에서 10만 원 받는데 여기서 20만 원은 너무 많이 주는 것 같아. 10만 원 밑으로만 안 내려갔으면 좋겠다.'

10만 원 밑으로 내려가면 5년, 7년, 10년 선임들의 시다바리로 들어간다. 생각만 해도 아찔했다. 또 하나 걱정이 있었다. 월급이 깎이면 다음 달 '자기계발' 연구원에 등록을 하지 못한다.

월급날이 되었다. 오후 5시쯤 되었다. 사무실 문이 열리고 여직원은 크게 소리쳤다.

"오늘 월급날이니 사무실로 오세요."

나는 힘없이 줄을 섰다. 누런 월급봉투를 받았다. 봉투 겉에는 25만 원으로 볼펜으로 쓰여 있었다. 힘이 쭉 빠졌다. 나는 생각했다.

'잘못돼도 한참 잘못됐네.'

나는 힘없이 말했다.

"저, 여기요. 제 월급이 한참 잘못됐어요."

여직원은 웃으며 말했다.

"맞는데요. 공장장님이 25만 원 주라고 하던데요."

나는 그녀의 말에 갑자기 눈이 휘둥그레졌다. 나는 조심스럽게 물었다.

"월급이 한번 정해지면 밑으로 내려가지는 않아요?"

"지금까지 그런 적은 없었어요."

그녀는 웃으면서 대답했다. 건너편에 공장장이 보고 있었다. 공장장은 빙그레 미소를 짓고 있었다.

마음가짐은 바른 자세에서

점심 먹고 30분 정도는 전기용접 연습할 수 있는 시간이 있었다. 나는 비가 와도 연습했다. 바닥에 물기가 있고 신발이 젖어있으면 전기가 발바닥을 타고 올라왔다. 양말을 서너 켤레 준비하고 갔다. 전기용접 연습한 지도 3달이 넘어갔다. 처음에는 용접봉이 철판에 달라붙었다. 시간이 지나니 용접봉이 철판에서 달라붙지 않았다. 용접봉이 지나가면서 일정하게 용접이 되었다.

전기용접은 대형차 정비할 때 많이 사용했다. 특히 적재함 용접은 전기용접으로 해야 했다. 전기용접을 하고 나면 기분이 별로 개운하지 않았다. 무엇인가 완전함을 채우지 않았다는 느낌이 들었다. 산소용접을 할 때는 안 그랬다. 철판의 두께를 보면 쇳물이 채워지는 것을 몸으로 느낄 수 있었다.

철판의 두께, 온도, 산소 불때의 각도를 몸으로 느끼면서 산소용접을 했다. 쇳물과 내가 한 몸이 된 것처럼 감각이 전해졌었다.

그런데 전기용접을 할 때는 철판의 두께를 봐도 느낄 수가 없었다. 늘 불안하고 확신이 없었다. 나는 생각했다.

'쇳물이 제대로 채워지고 있나.'

처음 한 달 동안은 실력이 많이 향상되었다고 생각했다. 그 이후에는 아무리 노력해도 실력이 올라오지 않았다. 뭔가 벽이 느껴졌다.

문래단지 최고의 전기용접공이 '천지공업사'에 있었다. 전기용접공은 나와 함께 근무했다. 60대 아저씨였다. 많지도 않은 흰 머리카락이 힘없이 내려와 있었다. 말도 못 하고 듣지도 못하는 '이중고'였다. 하고 싶은 말이 있으면 손, 발, 몸짓으로 표현했다. 말을 할 때는 상대방의 입술을 바라보았다.

정비공장에 있는 정비공들은 전기용접공을 멸시하고 천대했다. 정비공들은 그를 '노인네'라고 불렀다. 정비공들은 말했다.

"저 노인네, 말도 제대로 못 해."

"저 노인네. 우리가 하는 말 못 알아들어."

오후 3시쯤 되면 가끔 김밥 아주머니가 공장에 들렀다. 차주에게 팁을 받은 사람이 종종 김밥을 샀다. 정비공은 소리 쳤다.

"여기 와서 김밥 먹어요."

저 건너편에서 일하는 전기용접공은 들리지 않았다. 거리도 멀었지만 전기용접공은 귀머거리였다. 나는 정비공들에게 물었다.

"아저씨 부를까요?"

"노인네, 부르긴 뭘 불러. 노인네 옆에 가면 똥 냄새, 쓰레기 냄새가 나서 같이 못 먹겠어. 밥맛 떨어지니 부르지 마!"

정비공들은 자신의 몸에 밴 기름 냄새와 매캐한 냄새는 몰랐다. 아저씨는 주로 똥차, 쓰레기차에서 전기용접을 했다. 나는 도장부에 가서 신문지를 가지고 왔다. 신문지 위에 김밥 두 줄을 올려서 아저씨에게 갔다. 그는 똥차에서 전기용접을 하고 있었다. 가을이라 꽃가루가 날렸다. 바람이 불어왔다. 꽃가루와 함께 똥가루도 내 얼굴로 날아왔다.

그는 내가 다가가는 것을 모르고 있었다. 그는 전기용접을 마친 후에 헬멧을 벗었다. 나는 그에게 김밥을 보여주었다. 그는 웃으며 손을 움직이며 무엇인가를 말했다.

"힘들게 뭐하러 여기까지 왔어?"

"같이 먹으려고요."

나는 웃으며 손을 입에다 대고 먹는 시늉을 했다. 나는 얼굴 표정과 손으로 이야기했다. 그는 코에다 손을 대고 무엇인가를 말했다.

"냄새나는데 뭐하러 이곳까지 왔어?"

"같이 먹으려고요."

나는 웃으며 손을 입에다 대고 먹는 시늉을 했다. 나는 얼굴 표정과 손으로 이야기했다. 바닥에 김밥을 내려놓았다. 나와 그는 쪼그려 앉았다. 목장갑을 벗었다. 기름 묻은 손으로 신문지 위에 있는 김밥을 집어먹었다. 그가 일하는 곳에서 김밥 먹으면 시골에 소풍 온 느낌이 들었다.

그가 일하는 곳에는 정비공들이 오지 않았다. 정비공들은 그가 오면 피했다. 그의 몸에서 똥 냄새, 쓰레기 냄새가 난다고 눈도 마주치지 않았다. 나는 생각했다.

'언제까지 냄새 난다고 피할 거야! 나는 냄새 하나도 안 나는데……'

똥차, 쓰레기차, 양계장 차가 머플러 수리로 공장에 들어오면 정비공들은 모두 피했다. 나는 머플러 수리 덕분에 아저씨와 가까워졌다.

나는 사무실에 있는 누런 주전자를 가지고 와서 수돗물을 받았다. 나는 정비공들이 김밥을 먹는 곳으로 갔다. 정비공들은 주전자 뚜껑에 물을 붓고 마셨다. 나는 전기용접공 아저씨가 생각이 나서 뚜껑에 물을 부었다. 얼마 전에 공장장이 이렇게 말했다.

"대단혀! 딸내미 둘을 대학교 보내고 시집도 보냈어."

나는 아저씨가 존경스러웠다. 나는 생각했다.

'나도 결혼할 수 있을까? 결혼해서 가정을 꾸밀 수 있을까?'

'결혼은 무슨 결혼? 정비공장에 다닌다고 하니 여자들이 다 도망가던데……'

어느 날, 전기용접공 아저씨가 전기용접 연습을 하는 내게 왔다.

그는 웃으며 말했다.

"아버버……."

그는 주변 환경을 보고 손짓을 했다. 나는 '손짓'의 의미를 알지 못했다. 잠시 후에 내게 손을 뻗었다. 나는 그에게 용접봉을 주었다. 그는 두 손으로 두 다리를 가리켰다. 나는 '두 다리'의 의미를 알지 못했다. 그는 헬멧을 쓰고 용접을 시작했다. 잠시 후 헬멧을 벗었다. 그리고 다시 썼다. 헬멧을 썼다, 벗기를 반복했다. 나는 '헬멧'의 의미를 알지 못했다. 그는 웃으면서 내게 헬멧과 용접봉을 주었다. 전기용접

을 하고 나면 용접 자국이 생긴다. 용접 자국을 보고 용접이
잘 되었는가를 판단한다. 그가 한 작업을 보았다. 용접 자국
은 나와 별로 다르지 않았다. 나는 생각했다.

'용접 자국이 나보다 예쁘게 안 나왔네.'

며칠 동안 그는 내가 전기용접 연습을 하는 것을 보고만
갔다. 어느 날, 전기용접공은 내게 다가왔다. 그는 웃으며
말했다.
"아버버……."

그는 내게 따라오라고 손짓했다. 나는 그를 따라갔다. 그
가 나를 데리고 간 장소는 쓰레기차 안이었다. 쓰레기차 안
에 올라서는 순간, 신나 냄새가 났다. 쓰레기차 안은 깨끗
하게 물청소가 되어있었다. 오전에 쓰레기차 안을 물청소한
다음에 신나를 뿌렸다. 신나는 휘발성 물질이었다. 쓰레기
악취를 제거하기에 좋다. 오후에 신나가 증발하자 작업을
시작한 것이었다.
쓰레기차 안은 녹이 슬어있었고 부식되었다. 두꺼운 철판
을 바닥과 옆면에 전기용접으로 붙여야 했다. 그는 웃으며
말했다.

"아버버……."

그는 두 손으로 자신의 두 발을 가리키고, 두 손으로 양쪽 가슴을 쳤다. 그는 헬멧을 쓰고 전기용접을 했다. 잠시 후 그는 헬멧을 벗고 나를 바라보았다. 그는 웃으며 말했다.

"아버버……."

그는 내게 헬멧과 용접봉을 주었다.

"아버버……."

나는 말했다.

"아저씨가 신나 냄새가 나는 쓰레기차 안에 저를 데려온 이유를 알겠어요. 이전에 제가 작업을 할 때 주위를 가리키며 무엇이라고 말씀한 것은 주위 환경을 정리한 다음에 작업을 하라는 것이었네요."

그는 내 입술을 보고 있었다. 그는 웃으며 대답했다.

"아버버……."

나는 이어 말했다.

"아저씨가 두 손으로 두 발을 가리키고, 두 손으로 양쪽 가슴을 친 것은 자세를 잘 잡으라고 한 것 맞죠. 가장 중요한 것이 자세니까요. 마음가짐도 자세에서 나오니까요."

그는 내 입술을 보고 있었다. 그는 웃으며 대답했다.

"아버버……."

나는 계속 말했다.

"아저씨는 헬멧을 작업이 끝날 때까지 쓰고 계셨어요. 끝나고 나서 작업을 확인했어요. 저는 작업 중간마다 헬멧을 벗고 확인했어요. 일을 시작하면 자신을 의심하지 말고, 끝까지 작업을 한 다음에 확인해도 늦지 않다는 것을 말씀하시는 거죠?"

그는 내 입술을 보고 있었다. 그는 웃으며 대답했다.

"아버버……."

나는 아저씨가 가르쳐준 방법대로 용접을 하기 시작했다. 나를 믿었다. 나 자신을 굳게 믿었다. 헬멧을 벗지 않고 작업을 했다. 나는 용접을 하면서 속으로 탄성을 질렀다.

'바로 이거야!'

헬멧의 검은색 차광창이 눈을 보호했다. 검은색 차광창을 통해 보았다. 전기용접하면서 쇳물을 서서히 채워져 가고 있었다. 몸으로 느낌이 서서히 오기 시작했다. 용접봉이 철판에 녹으면서 한 몸이 되어가고 있는 것을 느꼈다. 작업을 마치고 헬멧을 벗었다.

그는 내가 용접한 자국을 보고 웃으며 말했다.

"아버버……."

나는 두 손을 공손히 모았다. 그리고 고개를 숙였다.
"잘 배웠습니다. 정말 감사합니다."

그는 내 행동을 보고 있었다. 그는 웃으며 대답했다.
"아버버……."

나는 쓰레기차 안에서 내려왔다. 아저씨가 용접한 자국에서 '단단한 힘'을 느꼈다. 뒤돌아보았다. 녹이 슬고 부식된 쓰레기차가 아니었다. 두꺼운 철판으로 중무장한 장갑차였다.

간절히 원하면 이루어진다

역삼동 삼아자동차 정비공장에서 일할 때였다. 퇴근길이면 역삼역에 와서 지하철을 탔다. 가끔 강남역까지 걸어가곤 했었다. 강남역에는 눈에 띄는 간판이 있었다.

'○○ 연구원'

밑에는 '자기계발'이라고 쓰여 있었다.

나는 생각했다.

'이런 걸 꼭 돈 주고 배워야 해?'

몇 번을 지나면서도 의아하게 생각했다.

'강남에서 가게 월세 주려면 부담스러울 텐데……. 안 망하고 살아있네.'

지금까지 가게가 버틴 게 신기했다.

나는 가게가 어떻게 생겼는지 궁금했다. 문을 열고 들어갔다. 나는 큰 소리로 말했다.

"주인장, 계십니까?"

대답이 없었다. 문을 열고 들어가니 60대 대머리 아저씨가 앉아있었다.

나는 이어 말했다.

"제가 몇 달에 한 번씩 여기를 지나요."

"……."

"여기 강남은 가게 월세가 상당히 비쌀 텐데, 대단하십니다."

"……."

그는 아무 말이 없었다. 나는 물었다.

"간판에 자기계발이라고 있는데, 여기서 자기계발 시켜주나요?"

"……."

"여기서 뭐 배워요?"

"……."

그는 이번에도 그는 아무런 말을 하지 않았다. 나는 이어 물었다.

"여기서 배우는 사람은 어떤 사람이에요?"

"자기계발에 관심이 많은 사람이야."

"몇 명 정도 배우나요?"

"사람이 있을 때는 있고, 없을 때는 없어."

그는 마지못해서 대답하는 것 같았다. 나는 계속 물었다.

"한 달에 수업료가 얼만가요?"

"여기는 3개월 배워야 해!"

"3개월 다니면 다 배울 수가 있나요?"

"60만 원 내면 어느 정도 배울 수 있지."

"60만 원을 한꺼번에 다 내야 해요?"

"3개월에 60만 원이야. 한꺼번에 다 내야 해!"

그에게 가게 월세, 자기계발과 수업내용을 물어보았을 때는 아무런 말이 없다가 수업료에 관한 이야기는 엄청난 속도로 빨리 대답했다.

간판에는 '연구원'이라고 적혀 있었다. 내 눈에는 그냥 '가게'로 보였다. 가게는 손님들도 좀 있어서 시끄러워야 맛이 난다. 그런데 이곳은 가게와 달리 조용했다.

나는 또 물었다.

"여기 왜 이리 조용해요?"

"……."

"방이 있는데 한번 들어가 봐도 돼요?"

"……."

그는 눈을 감은 채 고개만 천천히 한 번 끄덕거렸다.

나는 생각했다.

'아무 소리도 안 나는 것 보니 사람이 없는가 보네. 장사도 안 되는데 안 망한 것 보면 정말 신기해!'

한쪽 방을 살짝 문을 열고 들어가서 보았다. 모두 의자에 앉아서 눈을 감고 있었다. 10명 정도 되어 보였다. 대부분 나이 드신 아저씨들이었다.

나는 이어 생각했다.

'앉아서 눈을 감고 있을 바에야, 집에서 누워서 잠자는 게 낫지'

또 다른 방이 있었다. 방에는 사람이 한 명도 없었다. 그런데 잠시 후에 사람들이 들어오는 것이었다. 50대 아저씨가 내 옆에 앉았다.

나는 그에게 물었다.

"아저씨, 여기서는 뭐 배워요?"

"밖에 나가보면 알아."

나는 밖으로 나가보니 사람들이 큰 소리로 외치고 있었다.

"나는 할 수 있다!"

"태양은 내일도 떠오른다!"

수업을 받는 사람들을 보니, 모두 양복을 입었다. 흰 와이셔츠, 파란 와이셔츠를 입은 사람들이었다. 나는 생각했다. '여기는 돈 있는 사람들만 배우는구나! 나 같은 사람은 여기에 오지도 못하겠다.'

내 나이가 26살이었다. 26살이면 대학교에서 열심히 공부하고 있어야 했다. 그런데 나는 대학교에서 '펜'을 잡고 있는 것이 아니라 정비공장에서 '망치'와 '산소 불때'를 잡고 있었다. 내 머릿속에 '먹물'을 넣고 싶었다.

한 달 수업료 20만 원을 준비해 왔다. 20만 원은 내게 큰돈이었다. 저번 달까지만 해도 한 달 일해도 내 손에는 8~9만 원 쥐어졌다. 그나마 이번 공장에서 월급이 20만 원이니 이곳을 찾아올 수 있었다.

나는 강남역에 내려서 '연구원'으로 향했다. 연구원에 도착해서 사무실 문을 열고 들어갔다. 사무실 안에는 대머리 아저씨가 눈을 감고 있었다. 명상 테이프가 돌아가고 있었다. 사무실 주변을 둘러보았다. 큰 종이가 몇 장 보였다. 그중 한 장이 눈에 띄었다.
'비전'과 '사명'
또 다른 한 장에는 '단전호흡'이라고 크게 쓰여 있었다. 밑에는 사람의 신체를 그려놓았다. 배꼽 근처에 빨간색 화살

표로 단전의 위치를 표시했다.

나는 대머리 아저씨 맞은편 의자에 앉았다.
그는 내가 온 것을 알고 눈을 떴다.

나는 말했다.
"제가 그동안 이곳을 많이 생각했어요."
"······."
"자기계발을 배워보려고요."
"그래? 얼마나?"
"한 달요."
"그래도 3개월은 배워야 좀 알 텐데······."
"제가 아직 앞날이 분명하지 않아서 대답할 수 없어요."
대머리 아저씨는 눈을 감았다.

나는 이어 말했다.
"이번 달 20만 원 내고, 다음 달에 20만 원 내고, 그 다음
달에도 20만 원 내면 안돼요?"
"돈은 가지고 왔고?"
"예."
내 대답에 맞춰 대머리 아저씨는 눈을 번쩍 떴다.

나는 퇴근하면서 바로 연구원으로 갔다. 첫날 수업이 시작

되었다. 저녁 7시 30분. 강의실에는 대기업에 다니는 나이든 분들이 많았다. 수강생들은 대머리 아저씨를 '원장님'이라고 불렀다.

나는 고등학교 때 수업시간에 의자에 앉아있으면 잠이 왔다. 지금은 온종일 공장에서 일하다가 와서, 강의실 의자에 앉으니 눈이 감겼다. 원장이 뭐라고 하는데, 졸려서 머리에 들어오지 않았다.

첫날 수업에서 기억나는 것이 있었다. 원장은 말했다.
"간절히 원하면 이루어진다!"

원장은 수강생들에게 물었다.
"간절히 원하는 것이 무엇입니까?"

나는 대답했다.
"자동차 정비공장 사장이 되고 싶습니다."

한 달치 월급 20만 원을 들여서 배운 첫 수업내용은 아무런 내용이 없었다. 자기계발에 도움이 된다고 했는데 내게 별 도움이 되는 것 같지 않았다. 돈이 아까웠다.

나는 한숨을 내쉬었다. 나는 생각했다.

'돈 돌려 달라고 할까? 돈 돌려 달라고 해도 대머리 아저씨가 돌려줄 것 같지 않아! 공짜 좋아하니 머리 벗겨진 거 아니야?'

나는 곰곰이 생각했다.
'지금 이렇다, 저렇다 생각하지 말자. 지금 판단하지 말자. 나중에 다 배운 다음에 해도 안 늦어. 뭔지 몰라도 시키는 대로 따라서 해 보는 거야.'

"간절히 원하면 이루어진다!"

상대보다 나를 알아야 한다

잠실역 근처의 '잠실카도크'로 옮겼다. 이곳에는 재미있고 편한 사람이 두 분 있었다. 사장과 전무였다. 그분들은 늘 말할 때 웃었다. 호탕하게 웃는 모습은 보기만 해도 기분이 좋아졌다. 늘 상대방에게 칭찬과 격려를 하셨다. 화나고 짜증난 얼굴은 본 적이 없었다. 작업시간을 재촉하는 일도 없었다. 함께 있으면 즐거웠다.

나는 점심 식사를 마치고 가끔 사무실에 들렀다. 사장과 전무는 바둑을 좋아했다. 바둑을 두는 모습이 자주 내 눈에 들어왔다. 사장은 나를 보고 말했다.

"권 박사, 이리 와서 좀 쉬지?"

"예."

내 꿈은 박사, 사장도 포함되어 있었다. 그분들은 내 꿈을 아서서 나를 "권 박사, 권 사장" 하며 정답게 부르셨다. 나는 바둑판 옆으로 다가가서 앉았다. 사장은 흰 돌, 전무는 검은 돌을 잡고 있었다.

사장은 웃음 띤 얼굴로 물었다.
"권 박사, 바둑 좀 둘 줄 알아?"
"조금 둘 줄 압니다."
나는 웃으면서 대답했다.
사장은 태연하게 바둑을 두고 있었다. 여유가 묻어있었다. 반대로 전무는 바둑알을 놓으면서도 걱정스러운 표정을 지었다. 사장은 생각한 다음에 바둑통에서 바둑알을 꺼냈다. 전무는 생각하면서도 바둑통에서 바둑알을 계속 만지작거렸다.
전무는 공격형이었고 사장은 수비형이었다. 전무는 상대를 공격하면서도 내실을 다지지 못했다. 사장은 방어를 하면서도 눈치 못 채게 집을 짓고 있었다.
전무는 귀와 변을 차지하려 하였다. 사장은 귀는 가볍게 상대에게 던져주면서 중앙에 집을 짓고 있었다.
어릴 적 내 마음속에는 2명의 프로기사가 있었다. 한 명은 사까다. 일본의 사까다는 일명 '면도날'이라고 불렸다. 날카로운 공격형 바둑의 명인이었다. 또 한 명은 임해봉이었다. 중국의 임해봉은 일명 '대륙풍'이라고 불렸다. 끈기 있는 수비형으로 철저한 수비형 바둑의 명인이었다.

전무는 공격형, 사장은 수비형이었다. 바둑을 두는 것을 보면 기질을 알 수 있었다. 사장은 평온해 보였다. 전무는 얼굴을 찌푸린 채 바둑판을 보고 있었다. 나는 사무실에 걸려있는 시계를 보았다.

점심시간이 끝났다. 나는 그들을 번갈아 바라보며 말했다.

"사장님, 전무님 잘 배웠습니다."

사무실에서 나왔다. 나는 생각했다.

'전무님은 허점을 보완하지 않고 공격만 하다 보니 사장님한테 지지.'

어느 날 점심 식사를 마치고 사무실에 들어갔다.

전무만 있었다. 전무는 내게 물었다.

"권 사장, 바둑 한번 둘래?"

"사장님은 어디 가셨어요?"

"외출하셨어."

"예, 알겠습니다."

나는 미소를 띠면서 전무 앞에 앉았다. 바둑판을 보고 마주 앉았다. 전무는 자신이 먼저 백을 잡았다. 나는 미소를 지으며 말했다.

"한 수 잘 배우겠습니다."

역시 예상대로였다. 전무는 쉬지 않고 공격을 했다. 완전히 싸움 바둑이었다. 상대는 전무였다. 현장을 총감독하는 사람이었다. 나는 잠시 생각에 잠겼다.

'그래도 이겨야 한다!'

점심시간은 5분도 안 남았다. 어차피 마무리할 수 없는 시간이었다. 나는 전무의 공격을 계속 응대했다. 전무는 집이 거의 없었다. 나는 일부러 공격을 하지 않고 수비만 했다. 이미 집 수에 내가 앞서 있었다. 나는 생각했다.

'전무님은 수읽기에 약하구나!'

내가 한 수를 두면 전무는 깜짝 놀란 표정을 지었다. 나는 이어 생각했다.

'전무님은 표정관리에도 약하구나!'

사무실 시계가 1시를 가리키고 있었다. 그때 사장이 사무실에 들어왔다. 사장은 말했다.

"권 박사, 전무하고 바둑을 두네!"

사장은 바둑판을 보면서 말했다.

"권 박사가 이겼어!"

사장은 수를 읽고 있었다. 10집 미만의 차이는 고수들만 알 수 있었다. 나는 전무를 보며 말했다.

"전무님, 지금 1시입니다. 저는 일하러 나가봐야겠습니다."

"이 판 끝날 때까지 두고 가!"

"앞으로도 언제든지 바둑을 둘 수 있는데요."

"……."

전무는 굳은 표정으로 아무 말도 하지 않았다. 사장은 웃으며 내게 말했다.

"권 박사, 앞으로 나 대신에 전무 상대해 줘!"

시간이 흘렀다. 어느 날, 오전에 전무는 바둑판과 바둑알을 판금부로 가지고 왔다. 전무는 내게 다가오면서 큰 목소리로 말했다.

"권 사장, 나하고 바둑 한판 둬!"

"예? 지금요? 지금 근무시간인데요."

"괜찮아!"

"……."

나는 잠시 주저했다.

'지금 바둑을 두면 앞으로 공장 생활이 어떻게 될 것인가?'

현장에서 작업하는 정비공 서너 명은 나를 싫어했다. 정비공들은 말했다.

"저 자식, 정비 경력은 얼마 되지 않는데 월급을 많이 받고 있어. 얼마 전만 해도 시다바리였는데, 사장님이 '권 박사' '권 사장'이라고 하니 우리들을 아주 우습게 알고 있어."

나는 그들에게 당당히 말했다.

"내 월급은 공장과 고객이 책정해 줬어. 당신들도 열심히 일하면 되는 것 아니야?"

나는 정비 실력으로 월급을 책정 받았다. 그리고 한 차례 월급이 크게 올라갔다.

주위에 사람들이 모여들었다. 나는 주위를 둘러보았다. 비아냥거렸던 정비공들도 보였다. 정비공들 사이에 사장도 보였다. 사장은 웃음 띤 얼굴로 고개를 끄덕거렸다.

나는 큰 소리로 물었다.

"전무님, 지금 근무시간에 바둑 두는 것, 제 월급에서 까는 거 아니지요?"

"월급 안 까니까, 걱정하지 마!"

나는 이어 물었다.

"시간제한 있는 겁니까?"

"점심 먹기 전에 끝내면 돼!"

"2시간으로 알겠습니다."

"……."

전무는 아무 말도 하지 않았다. 작업 현장에 있는 정비공들은 모두 좋아했다. 2시간 동안 일을 하지 않아서 좋아했다. 나를 비아냥댔던 정비공들이 보였다. 그들은 얼굴을 찡그리며 못마땅한 표정을 지었다. 전무는 흑 돌, 백 돌을 가리지 않고, 바로 백 돌을 잡았다.

그는 바둑책을 많이 봤다. 정석대로 두고 있었다. 나는 이렇게 말해주고 싶었다.

"정석은 기본기를 익히기 위해서는 당연히 필요합니다. 그러나 정석을 뛰어넘어야 합니다. 정석에서 머무르면 평생

하수입니다. 정석을 벗어나야만 자유로워져요."

그는 수를 놓고 나서도 바둑알을 바둑판에서 떼지 못할 때가 있었다. 바둑은 마음의 평정 상태에서 돌을 두는 것이다. 바둑알이 내 손에서 떠나면 미련을 버려야 한다. 나는 이렇게 말해주고 싶었다.

"전체 판이 보이면 자신 있게 두세요. 전체 판이 한눈에 들어와야 해요."

그는 생각하면서 고개를 가로젓기도, 갸우뚱거리기도 했다. 나는 이렇게 말해주고 싶었다.

"하수가 두려는 자리는 고수가 두라고 한 자리입니다."

정비공장 안은 모든 작업이 정지됐다. 옆 사람의 숨소리가 들릴 정도로 조용했다. 침묵을 깨는 소리가 들렸다. 사장은 큰 소리로 웃으면서 말했다.

"벌써 점심때가 됐어! 모두 식당으로 바로 가면 되겠네!"

사장은 전무를 보며 말했다.

"마무리되지 않았으니 무승부로 해야겠어."

"……."

전무는 이번에도 아무 말을 하지 않았다. 전무의 얼굴은 좋아 보이지 않았다. 나는 미소를 띠면서 말했다.

"전무님, 잘 배웠습니다. 다음에도 한 수 가르쳐 주십시오."

전무 정비공들은 모두 식당으로 갔다. 나는 바둑판과 바둑알을 가져다 놓기 위해 사무실로 갔다. 사무실에는 사장 혼자 있었다. 사장은 무척 만족한 얼굴로 행복한 웃음을 머금었다.

그는 말했다.

"권 박사, 바둑 잘 두던데……."

"아닙니다. 오늘 전무님에게 많이 배웠습니다."

그는 물었다.

"바둑을 두면 무엇을 알 수 있는가?"

"상대방의 성격을 알 수 있습니다."

"상대방의 성격보다도 나 자신에 대해 더 잘 알 수가 있다네."

"……."

그는 이어 물었다.

"바둑에서 중요한 게 무엇이라고 생각하나?"

"그거야 바둑 실력이 있어야 하는 게 아닌가요."

"바둑 실력이 아니야! 인품이야!"

"인품요?"

"나중에 사람을 쓸 때 꼭 기억하게. 사람 됨됨이를 보고 골라!"

"사람 됨됨이요?"

"사람은 어느 정도 지켜봐야 알 수 있어!"

"예, 사장님. 명심하겠습니다."

기회는 반드시 온다. 준비하라!

역삼역 근처의 '풍성카도크'로 옮겼다. 이곳의 판금 반장은 내게 쉬운 작업만 시켰다. 나는 알고 있었다. 판금 경력 5년이 나와 나이가 같았다. 판금 반장은 나를 그와 같은 급으로 맞추려고 했다. 그와 같은 수준으로 월급을 주려고 했다. 판금 경력이 3년 된 사람, 5년 된 사람은 판금 반장이 처음 일을 배울 때부터 데리고 다녔던 사람들이었다.

판금 반장은 나를 경계하고 있었다. 그는 월급날까지만 버티면 된다고 생각하고 있었다. 자동차정비공장은 한번 월급이 정해지면 쉽게 움직이지 않는다. 정비공들은 월급 수준으로 사람을 대했다. 그는 대파차(크게 파손된 차)는 12년 된 사람에게 일을 시켰다. 그는 내게 대파차를 수리할 수 있는 기회는 주질 않았다.

나는 판금 반장도 하고 싶고, 정비공장에서 최고 월급도 받아보고 싶었다. 또한 정비공장 경영도 배워서 정비공장 직장생활을 마무리하고 싶었다.

판금 반장은 3년, 5년보다 내가 실력이 월등히 뛰어나다는 것을 이미 눈치챘다. 아니 12년 된 사람보다도 뛰어나다는 것을 알고 있었다. 정비공장 내에서 12년 된 사람에게 판금 반장 자리를 물려준다는 말이 들렸다. 만약 내가 12년 된 사람보다 월급을 더 많이 받으면 3년, 5년 된 사람은 그에게 큰 실망감을 가질 것이다. 3년, 5년 된 사람은 그에게 이렇게 말할 것이다.
"최고 기술자라고 생각해서 따라다녔는데 이게 뭡니까?"

3년, 5년 된 사람은 판금 반장에게 판금 기술만 배우려고 했다. 그들은 중요한 것이 무엇인지 모르고 있었다. 그들은 내가 경력이 얼마 되지 않다는 이유로 내게 아무런 말도 하지 않았다. 실력이 경력을 앞설 수 있다는 것을 인정하기 싫어했다. 그들은 시간만 지나면 기술이 익혀진다고 생각했다.

나는 그들에게 말해 주고 싶었다.
"사고가 난 차를 곁에서만 봐서는 안 돼! 안이 훤하게 보여야 해! 단순한 기술은 누구나 익힐 수 있어. 진짜 고수는 안이 보여야 해!"

판금 반장은 내게 계속해서 단순한 작업만 시켰다. 월급날이 가까워지고 있었다. 그가 쉬운 일만 시키면 나는 쉬운 작업만 할 수밖에 없었다. 사무실에서는 결국 5년 된 사람과 같은 월급을 줄 것이다. 나는 입사할 때 공장장에게 이력서를 주면서 말했다.

"월급은 일하는 것 보고 주시면 됩니다."

하루하루가 지나가고 있었다. 월급날은 점점 가까워지고 있었다.

어느 날, 내게 행운이 찾아왔다. 크게 사고가 난 차가 들어왔다. 흰색 '스텔라'였다.

공장장하고 상무가 판금부 현장에 왔다. 그들은 서로 얼굴을 보며 말했다.

"이 차, 현금으로 처리하는데, 빨리할 수 없나?"

"바로 현금 180만 원 들어오는데……."

나는 그들 앞에 다가갔다. 나는 그들을 번갈아 보면서 말했다.

"바로 수리하면 되는데 뭘 걱정하십니까?"

"지금 수리할 사람이 없는데……."

"제가 하면 안 될까요?"

"이 차를 수리한다고?"

그들은 놀란 표정으로 나를 보았다. 그들은 아직까지 내가 크게 파손된 차를 수리하는 것을 본 적이 없다.

공장장은 내게 물었다.

"할 수 있겠어?"

"예, 공장장님. 할 수 있습니다."

나는 자신 있게 말했다. 상무도 내게 물었다.

"정말 할 수 있겠어?"

"예, 상무님. 할 수 있습니다."

나는 더욱 자신 있게 말했다. 나는 그들을 번갈아 보면서 분명하게 말했다.

"판금 반장님에게 말씀하지 마시고, 잘 돌려서 제가 할 수 있게 해 주세요."

"무슨 말인지 알겠네!"

그들은 미소를 지으며 말했다.

잠시 후 판금 반장이 내게 왔다. 판금 반장은 못마땅한 말투로 말했다.

"어이, 이 차 수리해!"

"예, 잘 알겠습니다."

나는 웃으면서 대답했다. 공장장과 상무가 내게 다시 왔다. 그들이 물었다.

"언제까지 끝낼 수 있을 것 같아?"

"3일이면 충분합니다."

"그렇게 빨리……."

"맡겨주셔서 감사합니다."

나는 머리를 숙였다.

다음 날, 나는 바로 작업에 들어갔다. 3년, 5년, 12년, 판금 반장은 내가 하는 작업을 보고 있었다. 나는 그들의 눈빛을 읽을 수 있었다. 그들은 불만스러운 표정이었다. 내가 일하는 데 와서 아무 말도 안 하고 보고만 갔다.

3일째 되는 날, 나는 사무실에 올라갔다. 사무실에 공장장과 상무가 있었다.

나는 그들에게 웃으며 말했다.

"공장장님, 상무님. 작업 다 끝났습니다."

나는 정중히 고개를 숙였다.

"정말이네, 수고했어!"

"공장장님, 상무님. 저를 믿어주셔서 감사합니다."

나는 다시 한 번 정중히 고개를 숙였다.

월급날은 점점 다가오고 있었다. 며칠 지나자 또다시 내게 행운이 찾아왔다. 이전 스텔라보다 훨씬 크게 사고가 난 차가 들어왔다. 검은색의 '그랜저'였다.

공장장하고 상무가 판금부 현장에 왔다. 그들은 서로 얼굴을 보며 말했다.

"이 차, 현금으로 처리하겠다는데 빨리할 수 없나?"

"바로 현금 600만 원 들어오는네……."

나는 그들 앞에 다가갔다. 나는 그들을 번갈아 보면서 말했다.

"바로 수리하면 되는데 뭘 걱정하십니까?"

"그렇지! 여기 있었네!"

그들은 기분 좋게 웃으며 말했다.

공장장은 내게 물었다.

"할 수 있겠어?"

"예, 공장장님. 할 수 있습니다."

나는 자신 있게 말했다. 상무도 내게 물었다.

"정말 할 수 있겠어?"

"예, 상무님. 할 수 있습니다."

나는 더욱 자신 있게 말했다. 나는 그들을 번갈아 보면서 분명하게 말했다.

"판금 반장님에게 말씀하지 마시고, 이번에도 잘 돌려서 제가 할 수 있게 해 주세요."

"무슨 말인지 알겠네!"

그들은 미소를 지으며 말했다

잠시 후 판금 반장이 내게 왔다. 판금 반장은 굳은 표정으로 말했다.

"어이, 이 차 수리해!"

"예, 잘 알겠습니다."

나는 웃으면서 대답했다. 공장장과 상무가 내게 다시 왔다.

그들이 물었다.

"언제까지 끝낼 수 있을 것 같아?"

"3일이면 충분합니다."

"그렇게 빨리……."

"맡겨주셔서 감사합니다."

나는 머리를 숙였다.

다음 날, 나는 바로 작업에 들어갔다. 3년, 5년, 12년, 판금 반장은 내가 하는 작업을 보고 있었다. 나는 그들의 마음을 읽을 수 있었다. 그들은 불만스러운 표정이었다. 내가 일하는 데 와서 아무 말도 안 하고 보고만 갔다.

3일째 되는 날, 나는 사무실에 올라갔다. 사무실에 공장장과 상무가 있었다.

나는 그들에게 웃으며 말했다.

"공장장님, 상무님. 작업 다 끝났습니다."

나는 정중히 고개를 숙였다.

"정말이네, 수고했어!"

"공장장님, 상무님. 저를 믿어주셔서 감사합니다."

나는 다시 한 번 정중히 고개를 숙였다.

나는 생각했다.

'스텔라, 그랜저가 들어왔기에 기회가 있었어. 정말 운이

좋았어!'

  며칠 지나자, 경리 여직원이 판금부 현장에 왔다. 그녀는
나를 보고 말했다.

"권익철 씨, 사장님이 찾으세요."

"……."

  순간 나는 커다란 기쁨을 느꼈다. 반대로, 판금부 안은 무
거운 침묵이 흘렀다.

백투더퓨처 1·2·3

어느 날 점심을 마치고 휴게실로 들어갔다. 늘 돌아가는 비디오 테이프가 있었다. 〈백투더퓨처〉였다. 시간여행 자동차 드로리안을 타고 시간여행을 하는 내용이었다. 현재에서 과거로, 현재에서 미래로 시간여행을 하였다. 현재가 바뀌면 미래가 바뀌었다. 과거가 바뀌면 현재와 미래가 바뀌었다.

▶〈백투더퓨처〉1편
브라운 박사가 마티에게 말했다.
"목적지 시간에 맞추자"

나는 생각했다.
'브라운 박사는 마티에게 왜 목적지 시간을 맞추자고 하지? 그냥 시간 맞추자면 되는데 말이야. 목적지가 뭐 그리

중요해.'

지난 시간을 돌아보면 목적 없는 삶은 존재하지 않았다.

▶〈백투더퓨처〉 1편

흑인 종업원이 마티에게 말했다.

"내가 평생 이런 가게에서 일할 것 같아? 난 뭔가 될 거야. 야간학교에 다니고 있어. 언젠가 뭔가가 될 거야."

"그래요, 시장이 될 거예요."

사장은 흑인 종업원에게 말했다.

"흑인이 시장이 된다고? 세상 종말의 날이겠지"

"두고 봐요, 사장님, 전 시장이 될 겁니다."

나는 생각했다.

'나도 언젠가는 뭔가가 되겠지? 공부…… . 영어는 외국 사람이 차 수리하러 올 수 있으니 꾸준히 공부해야 하고…… . 한자 공부도 해 볼까? 며칠 전(1992.08.24)에 한중수교가 이루어졌는데, 혹시 또 누가 알아? 내가 중국에 갈 일 있을지…… .'

▶〈백투더퓨처〉 2편

1955년, 과거 시간에서 비프는 주인공 마티 아버지에게 천적 같은 존재다. 비프가 젊은 마티 어머니를 희롱하였다.

비프는 젊은 시절 아버지의 오른손을 비틀고 있었다. 마티가 멀리서 젊었을 때의 아버지를 바라보며 말했다.

"절호의 기회예요."

화가 난 젊은 시절 아버지가 왼주먹으로 비프의 오른쪽 얼굴을 날렸다. 비프는 한 바퀴 돌더니 승용차에 기대면서 땅바닥으로 쓰러졌다. 젊은 시절 아버지와 어머니는 서로 사랑스럽게 바라보았다. 그들은 함께 다정히 댄스 파티장으로 걸어갔다.

나는 생각했다.

'현재에서 과거를 볼 때 내게 절호의 기회는 많았던 것 같아. 미래에서 현재 나를 보고 있을 때 지금이 절호의 기회일까? 지금 기회가 오고 있을까? 지금 기회가 지나가고 있는데 모르고 있는 것 아니야?'

▶〈백투더퓨처〉 2편

1885년, 브라운 박사는 여교사인 클라라와 사랑에 빠진다. 클라라가 브라운 박사에게 말했다.

"뱀이 말을 놀라게 한 게 너무 기쁠 정도예요. 안 그랬다면 우린 만나지도 못했잖아요. 운명인가 봐요."

나는 생각했다.

'사소한 만남도 인연이 되는구나! 만남은 우연이 아니라 인연이구나! 내게도 운명이 존재할까?'

점심 먹고 휴게실에 들어오면 거의 〈백튜더퓨처〉 시리즈만 돌아가고 있었다. 나는 사무실에 가서 여직원에게 물었다.

"다른 테이프 안 빌려와요?"

"한 달에 4개 빌려와요."

"맨날 〈백튜더퓨처〉만 돌아가고 있어요."

"다른 분들은 아무런 말씀이 없으시던데요."

몇 달 동안 계속 〈백튜더퓨처〉 시리즈만 보고 있었다. 시간이 지난 후에 알았다. 정비공들은 반복적인 것을 지겹다고 생각하지 않았다. 그들은 반복이 편하다고 생각하고 있었다. 나는 점차 그들을 닮아가고 있었다.

나는 걱정되었다.

'용식이가 정비기술을 다 배우면, 사무실에서 견적 내는 것 배우라고 했어. 견적 내는 것은 적성에 맞지 않아. 지금은 누가 와서 내게 이래라 저래라 하는 사람도 없어. 현장에서 일하는 게 편해. 그런데 너무 편한 것만 찾다가 현장에서 주저앉는 거 아니야?'

▶〈백투더퓨처〉 3편

1985년, 브라운 박사가 마티와 마티의 여자친구 제니퍼를 보며 말했다.

"네 미래가 아직은 쓰이지 않았다. 정해진 미래는 없어. 자신의 미래는 스스로가 만들어 나가는 거야. 그러니 둘 다 좋은 미래를 만들어 나가거라."

나는 생각했다.

'내 미래는 아직 쓰이지 않았어. 지금부터 한 페이지씩 써 나가는 거야. 나 자신의 미래는 스스로가 만들어 나가는 거야. 지금 현재 생각에 따라, 30년 뒤 내 모습은 바뀌어 있을 거야. 미래는 혼자 만들어가는 것이 아니라 함께 만들어가는 거구나!'

1992년, 8월 나는 미래의 '나'에게 주파수를 맞추었다. 나는 내게 말했다.

"나는 간절히 원하고 있어!"

30년 뒤, 미래의 '나'는 현재의 '나'에게 이렇게 말하고 있었다.

"생각하고 생각해! 끊임없이 생각해! 상상하고 상상해! 끊임없이 상상해! 믿어! 자신을 믿어! 자신을 끊임없이 믿어! 이미 원하는 대로 됐어!"

부드러우면 피곤하지 않다

정비공장에 들어간 후 내가 원하는 것은 오직 하나였다. 자동차정비공장 사장. 내 꿈도 오직 하나였다. 자동차정비공장 사장.

어느 날 미국에서 자동차정비공장을 운영하는 회장님께서 회사에 방문하셨다. 그런데 그분과 짧은 대화 중 "꿈은 이루는 것이 아니라, 다가가는 것이란다."라는 말씀을 하셨다. 나는 원하고 되고 싶은 것이 곧 꿈이라고 생각했었다. 그런데 꿈이란 다가가는 것이라니……. 짧은 인연이었지만 머리통을 해머로 내리찍힌 것 같은 충격이 남았다.

그 뒤 줄곧 생각했다.
'자동차정비공장 사장이 되는 것은 꿈인데, 그 꿈이 꿈이 아니란 말이야? 자동차정비공장 사장 다음에 무언가가 나를 기다리고 있다는 거야? 만약에 다음에 다른 무엇이 기다린다면 지금까지 고생한 것이 물거품이 되어버린다는 것이 아니야? 그동안 고생해서 익힌 기술을 어떻게 버릴 수 있어?'

만약에 또 다른 꿈이 있다고 하더라도, 그동안 고생해서 익힌 기술을 버릴 자신이 없었다. 그러나 지금 이 자리에 머물러서는 안 되었다. 어딘가에 또 다가가야 했다.

어느 날 회장님은 내게 말했다.
"강남에서 제일 큰 자동차정비공장을 운영하시는 회장님이 계시단다. 선릉역에 가면 이화카도크가 있단다. 그분이 세상을 알아가는 지혜를 줄 거다!"
나는 결심했다. '내 꿈을 찾아서 떠나자!'

나는 사장에게 작별 인사를 했다.
"사장님, 그동안 저에게 잘해주셔서 감사합니다. 이전에도 말씀드렸듯이 떠날 시간이 온 것 같습니다."
"그동안 정도 많이 들었는데……."
"저도요."
"갈 데는 정했고?"
"예, 선릉역에 이화카도크를 가보려고 합니다."
"이화카도크 회장님, 내가 잘 알고 있는데, 소개해 줄까?"

"제 힘으로 찾아뵙고 싶습니다."

"언제든지 일이 생기면 연락해!"

사장의 목소리에 내 몸이 따뜻해지는 것을 느꼈다. 28살, 추운 한 해가 그렇게 저물어가고 있었다. 새로운 여정은 내게 봄을 예고하는 중이었다.

일과를 마치고 지하철를 타고 선릉역에 내렸다. 역에 내리니 새로 생긴 자동차정비공장들이 많이 보였다. 이미 해는 떨어져서 어두웠다. '이화카도크'는 워낙 유명한 곳이라 찾아가는 데는 어렵지 않았다. 정문은 닫혀 있었다.

정문 창살을 통해 내부를 볼 수 있었다. 나는 엄청나게 큰 규모에 놀랐다.

'세상에 무슨 정비공장이 이렇게 커!'

공장 안에 있는 차들을 보고 놀랐다.

'사고 차들이 왜 이리 많아!'

나는 계속 기웃거렸다. 좀 더 가까이 가서 보고 싶었다. 그때 나이는 60대 중반으로 보이는 수위 아저씨가 나타났다. 그는 색이 바랜 청색 점퍼와 낡은 청바지를 입고 있었다. 나는 웃으며 물었다.

"아저씨, 직원들 다 퇴근하셨나 보네요?"

"모두 퇴근했단다."

이왕 온 김에 판금부 작업장을 보고 싶었다. 나는 이어 물었다.

"아저씨, 지금 일자리를 찾고 있는 중입니다. 판금부 작업장을 보면 안 될까요?"

"얼마든지 볼 수 있지."

나는 큰 기대를 하지 않고 물어보았는데, 그는 바로 대답했다. 그는 작업장으로 성큼성큼 걸어갔다. 그는 스위치가 있는 곳으로 정확히 걸어갔다. 스위치를 올리자 수많은 형광등에 불이 켜졌다. 판금부 작업 현장이 훤하게 들어왔다. 작업장은 깔끔하고 정리정돈이 잘 돼 있었다.

파란색으로 칠해진 네모난 기계가 눈에 띄었다. 나는 그에게 자랑스럽게 말했다.

"이거 CO_2 용접기네요."

"그렇단다."

"이전에 다녔던 공장에서 사용했어요. 한번 사용해 봐도 돼요?"

"얼마든지 사용해도 된단다."

나는 공장 안을 두리번거렸다. 고철장을 찾고 있었다. 그는 내게 말했다.

"잠시 기다려봐!"

그는 잠시 후에 못 쓰는 문짝을 가지고 왔다. 나는 문짝 위에 용접을 해 보았다. 이전에 사용했던 CO_2 용접기보다 훨씬 부드러웠다. 나는 말했다.

"이전에 사용한 것보다 훨씬 부드러워요."

"부드러우니 오랜 시간 용접해도 피곤하지 않을 거다."

나는 사고가 난 차 앞으로 갔다. 나는 계속 자랑스럽게 말했다.

"아저씨, 발로 밟으면 에어로 앞으로 나오는 거네요."

"그렇단다."

"이 기계도 이전에 사용해봤어요."

나는 기계를 밀어보았다. 나는 말했다.

"생각보다 무겁지가 않아요."

"그렇지. 가벼우면서도 튼튼하지."

나는 물었다.

"아저씨, 이것은 처음 보는 건데요?"

"이것은 빛으로 철판을 자르는 거란다."

"예? 빛으로 철판을 잘라요?"

"내가 하는 것 잘 보렴."

나는 그에게 가까이 다가갔다. 빛으로 철판이 잘리고 있었다. 나는 속으로 감탄했다.

'세상에! 빛으로 정말 철판이 잘리고 있어!'

더 놀라운 것은 새로운 기계가 아니었다. 수위 아저씨가 별걸 다 한다고 생각했다. 그는 미소를 띠면서 말했다.

"한번 사용해봐?"
"예? 제가요?"
"사용해봐!"
"사용하다가 고장 나면 어떡해요?"
"괜찮아!"

나는 빛으로 철판을 절단하는 기계를 한 번도 사용한 적이 없었다. 그는 내게 계속해서 사용해보라고 권했다.
"이름을 써봐!"
"이름을 써요?"
"빛으로 이름을 써봐!"
"예."

나는 기계를 잡았다. 나는 빛으로 이름을 썼다. 정말로 놀라웠다.
'세상에! 빛으로 정말 철판이 이름대로 잘리고 있어!'

나는 물었다.
"만약에 잘못해서 빛이 손가락에 스치면 어떡해요?"
"철판만 잘리니 걱정 안 해도 된단다."

"정말요?"

"정 못 믿으면 해 보든지……."

"……."

나는 한참 동안 손가락을 바라보았다. 나는 이어 물었다.

"정말 신기한 기계들 잘 봤습니다. 어떻게 사용하는 방법을 잘 아세요?"

"……."

그는 빙그레 미소로 대답했다.

다음날 오후에도 선릉역 이화카도크에 들렀다. 수위 아저씨가 눈에 띄었다. 그는 수리하러 들어오는 차들을 보고 고개를 숙이며 인사했다.

"안녕하세요? 어서 오십시오."

그는 정문으로 나가는 차들을 보고 고개를 숙이며 인사했다.

"감사합니다. 안녕히 가십시오."

나는 한동안 그의 모습을 지켜보았다. 그는 미소 띤 얼굴로 손님들에게 끊임없이 인사했다.

"안녕하세요. 어서 오십시오."

"감사합니다. 안녕히 가십시오."

사무실에서 여직원이 나왔다. 여직원이 수위 아저씨를 보자 인사를 했다. 그리고 잠시 대화를 나누고 사무실로 돌아갔다.

사무실에서 남자 직원이 나왔다. 남자 직원도 수위 아저씨

를 보자 인사를 했다. 그리고 잠시 대화를 나누고 사무실로
돌아갔다.

나는 의아하게 생각했다.
'여기는 직원들도 수위 아저씨에게 깍듯하게 인사를 하네!'
수위 아저씨는 나를 발견하고 반갑게 말했다.
"어이, 젊은이 왔어?"
"예, 아저씨."
나도 반가웠다.

그는 물었다.
"어떻게? 결정했어?"
"아직은 결정하지 못했어요."
"왜?"
"이렇게 큰 공장에서는 아무나 안 뽑아줄 것 같아요."
"왜 그렇게 생각하는데?"
"이곳 정비공장 직원들은 수준이 상당히 높은 것 같아요."
"……."

그는 이어 물었다.
"이력서는 가지고 왔어?"
"예."
"그래도 사무실에 내고 가지."

"그냥 가는 게 낫겠어요."

"왜?"

"아까 여직원하고 남자 직원이 아저씨에게 인사를 깍듯이 하는 것을 보니 놀랐어요. 여기는 기술로 뽑는 것이 아니라 사람을 보고 뽑는 것 같아서요. 저는 아직 많이 부족해서 안 되겠어요."

"하하하!"

그는 호탕하게 웃었다.

나는 말했다.

"아저씨, 어제 고마웠습니다. 미국에서 사용하는 최신형 기계를 사용해 본 것만 해도 저는 만족합니다. 제가 어디서 이런 기계를 만져보겠습니까?"

"이력서는 내게 주고 가! 내가 사무실에 제출할게."

그는 이력서를 받으면서 말했다.

"시간 나면 들러."

"예."

얼마 지나지 않아 선릉역 이화카도크에 들렀다. 멀리서 수위 아저씨가 보였다. 그는 미소 띤 얼굴로 손님들에게 끊임없이 인사했다.

"안녕하세요? 어서 오십시오."

"감사합니다. 조심해서 들어가십시오."

나는 그에게 다가가서 반갑게 인사했다.
"아저씨, 그동안 잘 지냈어요?"
"그래, 사무실에는 들러봤어?"
"사무실에는 왜요?"
"공장장이 찾던데?"
"왜 저를 찾아요?"
"글쎄? 오늘 온 김에 사무실에 들렀다가 가 봐!"
"예."
나는 의아해하며 사무실로 갔다.

사무실에 들어서자 제일 먼저 들어온 것은 여직원이었다.
모두 같은 모양의 흰색 유니폼을 입고 있었다. 단정한 옷차
림이었다. 화장도 곱게 하고 향수 냄새도 났다. 5명이 넘어
보였다. 모두 수준이 있어 보였다.

남자 직원들이 10명 넘게 보였다. 흰색 와이셔츠를 입고
있었다. 구두가 번쩍거렸다.
모두 배운 사람 같았다. 직원들 책상마다 컴퓨터가 놓여
있었다. 또한 사무실 규모에 압도당했다.

나는 작은 소리로 여직원에게 말했다.

"이전에 이력서를 제출했는데요."

"잠시만요. 공장장님 불러드릴게요."

잠시 후 공장장이 들어왔다. 공장장은 나를 보자 미소를 띠며 말했다.

"앉으세요."

"예."

소파에 앉으면서도 사무실 안을 둘러보았다. 사무실 안에는 외국 사람들도 보였다. 나는 부러운 생각이 들었다.

'이런 데서 일하면 얼마나 좋을까?'

주위 사람들이 내게 어디서 일을 하는지 물어 올 때가 있었다. 나는 사람들에게 정비공장에서 일한다고 했다. 이곳에서 다니면 폼 나게 말할 수 있을 것 같았다.

"나, 회사에서 일해."

잠시 입가에 미소가 머물렀다.

공장장은 이어 말했다.

"이력서는 잘 보았습니다. 내일부터 나와서 일하셔도 됩니다."

"예? 제가 여기에 다닐 수 있다고요?"

"예."

"내일부터 나와서 일하겠습니다."

나는 집으로 오면서 생각했다.

'여기는 직원들 수준이 상당히 높은데 왜 나를 뽑았지? 면접도 안 하고 나를 뽑았지? 내세울 학력도 경력도 없는데 말이야…….'

그 해답은 얼마 가지 않아 풀렸다.

말·태도·행동을 보면 사람이 보인다

이화카도크에서 일을 할 수 있다고 생각하니 잠을 설쳤다. 이른 아침, 정문 앞에서 빵과 우유를 먹으면서 정문이 열리기를 기다렸다. 8시가 가까워지니 수위 아저씨가 보였다. 그는 늘 색이 바랜 청색 점퍼와 낡은 바지를 입었다. 측은하게 느껴졌다.

그는 철문을 열려고 했다. 나는 그에게 달려갔다. 나는 웃으며 말했다.

"아저씨 힘드실 텐데 제가 열게요."

"……."

그는 아무 말을 하지 않고 내가 하는 행동을 지켜보았다.

나는 공장 안에 커피자판기에서 커피를 뽑았다. 나는 그에게 커피를 주면서 웃으며 말했다.

"커피 한 잔 드세요."

"……."

그는 아무 말을 하지 않고 내가 하는 행동을 지켜보았다. 나는 공장 안을 둘러보았다. 정비공들은 아무도 보이지 않았다. 출근한 사람이 아무도 없었다. 날씨가 쌀쌀했다. 아직도 한두 달 지나야 겨울 추위가 물러날 것 같았다.

수위 아저씨와의 또 다른 만남은 화장실이었다. 그는 바닥에 떨어진 담배꽁초를 줍고 있었다. 바닥에 휴지조각도 떨어져 있었다.

나는 재빨리 허리를 숙이면서 말했다.

"이건 제가 주울게요."

"……."

그는 아무 말을 하지 않고 내가 하는 행동을 지켜보았다. 그는 화장실 바닥을 물청소하려고 호스를 꺼냈다. 나는 웃으며 말했다.

"아저씨, 주세요. 제가 다른 것은 몰라도 화장실 청소만은 잘해요."

"……."

그는 아무 말을 하지 않고 내가 하는 행동을 지켜보았다. 처음에 자동차정비공장에 들어왔을 때 나는 아무런 기술이 없었다. 할 줄 아는 것은 화장실 청소밖에 없었다. 화장실 청소는 누구보다도 자신이 있었다. 화장실 청소는 바닥에 물기가 없어야 했다.

나는 대걸레로 바닥에 물기를 닦았다. 대걸레로 물기를 닦는 데도 한계가 있었다. 나는 걸레를 편 상태에서 바닥에 붙이고 뒤로 움직였다. 물이 걸레에 스며들자 물기를 짰다. 다시 걸레를 편 상태에서 바닥에 붙이고 뒤로 움직였다. 그는 아무 말을 하지 않고 내가 하는 행동을 지켜보았다.

나는 출근하는 정비공들을 따라갔다. 탈의장이 보였다. 탈의실에서 작업복으로 갈아입고 나왔다. 판금 반장은 나를 판금부 사람들에게 소개했다.

나는 웃으며 말했다.

"안녕하세요? 반갑습니다. 권익철입니다. 잘 부탁드리겠습니다."

판금 반장은 나를 편하게 대해주었다. 그는 판금부 사람들에게 부속품이 필요하면 직접 가져다주었다. 그는 늘 웃으며 판금부 사람들이 편하게 일을 할 수 있도록 도와주고 있었다. 판금부 사람들도 판금 반장을 잘 따랐다. 서로가 모르는 것을 친절하게 설명을 해 주고 있었다. 서로가 도와가며 일을 하고 있었다. 지금까지 다닌 정비공장과 확실히 달랐다. 나는 생각했다.

'여기는 달라도 뭔가 달라! 성격이 좋은 사람들만 뽑아서 그런가?'

사고가 난 차 유리창 위에는 클립보드가 보였다. 클립보드에는 작업일지가 있었다.

나는 깜짝 놀랐다.
'이거 뭐야? 부속품 가격하고 공임이 다 있네!'
작업할 내용 옆에는 부속품 가격과 공임이 빠짐없이 기록되어 있었다. 부속품 가격과 공임은 처음 보았다. 작업일지를 보니 특별한 것이 보였다. 이전에는 오른쪽 제일 하단에 작업자의 이름만 적으면 되었다. 그런데 여기서는 달랐다. 정비하는 과정마다 이름을 적어야 하는 것이었다. 나는 작업을 한 후에 작업일지에 내 이름을 적었다. 내 이름을 몇 번이나 적었는지 모른다.
일과를 마쳤다. 이제는 육체적으로 크게 힘든 일은 없었다.
사고가 난 부분을 체인블록을 사용하는 것이 아니고, 에어를 사용하기 때문에 힘이 들지 않았다.

다음날도 일찍 나갔다. 정비공장에 도착하고 수위실에 있었다. 수위아저씨는 정문을 열려고 하고 있었다. 나는 웃으며 말했다.
"아저씨 그냥 앉아 계세요. 제가 열게요."

나는 잠시 후 자판기에서 커피를 뽑아왔다.

"추우신데 커피 한 잔 드세요."

"……."

그는 커피를 마시고 화장실로 갔다. 나도 화장실에 따라갔다. 그는 어제와 마찬가지로 화장실 청소를 하려고 했다. 나는 웃으며 말했다.

"아직 일과 시작하려면 1시간 남았어요."

"……."

"일찍 나와서 특별히 할 일이 없어요."

"……."

"화장실 청소는 제가 할 테니 들어가서 쉬세요."

"……."

그는 아무 말을 하지 않고 내가 하는 행동을 지켜보았다. 화장실은 락스를 사용해야 깨끗하게 청소를 할 수 있다. 락스와 퐁퐁을 타서 수세미로 닦았다. 고무장갑을 끼지 않고 청소했다. 장갑을 끼지 않는 게 편했다.

사실 이 회사에 들어오기 이전에는 자동차정비기술에만 집중하였다. 그런데 이제는 정비기술보다 자동차정비공장을 운영하는 방법을 알고 싶었다.

이전 정비공장에 있었을 때의 일이었다. 미국에서 자동차정비공장을 운영하는 회장은 내게 말했다.

"강남에서 제일 큰 자동차정비공장을 운영하시는 회장님

이 계시단다. 선릉역에 가면 이화카도크가 있어. 그분이 세상을 알아가는 지혜를 줄 거다!"

그는 이어 말했다.
"꿈은 이루는 것이 아니라, 다가가는 것이다."

나는 이화카도크 회장님을 만날 수 있다는 기대감으로 이곳까지 왔다. 그런데 막상 들어와 보니 기대하기 어려워 보였다. 이렇게 큰 정비공장에서 회장님 만나기는 '하늘의 별따기'일 것 같았다.

다음날 오전 8시에 수위 아저씨와의 만남은 계속되었다. 그는 미소를 띠면서 물었다.
"일하는데 어렵지 않아?"
"예, 여기는 모두 저에게 친절하게 잘해줘요."
"다른 정비공장도 많은데 왜 여기에 왔는데?"
"제가 모르는 것이 있는데 답을 알고 싶어서요."
"……."
"회장님을 만나보고 싶어도 누군지도 모르고……. 회장님을 만난다고 해도 저 같은 사람을 상대나 해 주겠어요."
나는 한숨을 내쉬었다.

다음날 오전 8시에 수위 아저씨와의 만남은 계속 이어졌다.

그는 미소를 띠면서 물었다.

"일찍 나왔네?"

"예, 공장에 나오면 기분이 좋아요."

"……."

"공장은 저에게 밥도 주고 책도 줬어요."

"그래?"

"무엇보다도 꿈을 주었어요."

"꿈?"

"저의 꿈은 자동차정비공장 사장이에요."

"멋있는데……."

"꿈은 이루는 것인지 다가가는 것인지 모르겠어요."

"……."

꽤 많은 시간이 흘렀다. 월급날이 되었다. 나는 현장에서 일하고 있었다. 사무실에서 남자 직원이 내게 왔다. 그는 말했다.

"권익철 씨, 회장님이 찾으세요."

"예?"

나는 곰곰이 생각했다.

'회장님이 왜 나를 찾지? 나 같은 사람을 찾을 리가 없는데…….'

나는 내 처지를 누구보다 더 알고 있었다. 나는 이곳 사무실 두 번째 방문이었다. 사무실은 크고 깨끗했다. 하얀 유니

폼을 입은 여직원들, 흰색 와이셔츠를 입은 남자 직원들이 있었다. 이들은 내게 전혀 다른 사람처럼 느껴졌다. 정비 작업복을 입은 내게 사무실은 부담스러운 장소였다.

사무실에 들어가자 사무실 직원들은 모두 나를 쳐다봤다. 나는 앉아서 기다렸다. 여직원이 내게 다가와서 말했다.

"들어오시래요."

여직원은 문을 열어주었다. 들어가면서 주위를 둘러보았다. 큰 책상 앞에 수위 아저씨가 앉아있었다. 나는 매우 놀라서 휘둥그레진 눈으로 바라보았다. 다리가 굳어졌다.

"……."

나는 말 없이 서 있기만 했다. 그가 바로 살아있는 전설, 강남에서 막대한 부동산을 소유하고 엄청난 현금 동원력이 있다는 최병학 회장님이었다.

기회를 놓아주는 것이 더 큰 기회다

———

 회장실에는 회장과 나, 단 둘뿐이었다. 회장은 미소를 띠면서 말했다.

 "어서 오게."

 "예, 회장님."

 "앉게."

 "예. 회장님."

 "자꾸 회장님이라고 하니 부담스럽네, 그냥 편하게 불러."

 "아닙니다. 저는 회장님이라고 부르는 것이 편합니다."

 나는 신병훈련소 자세로 앉았다.

 그는 이어 말했다.

 "잠실카독크 사상, 풍성카독크 사장이 권 사장이라고 불렀다면서……."

"예, 그렇습니다."

나는 신병훈련소에서 훈련을 받는 신병으로 돌아왔다. 나는 크고 딱딱 끊어서 말했다.

그는 계속 말했다.

"권 사장이라고 부르겠네, 자네도 나를 편하게 사장이라고 불러!"

"……."

문득 여기서 말을 잘못하면 잘릴 수도 있다는 위기감이 들었다.

나는 군기가 바짝 든 목소리로 말했다.

"제가 사장님을 만난 것은 큰 기회라고 생각합니다."

"기회……."

그는 물었다.

"기회는 무엇이라고 생각해?"

"기회는 잡는 것이라고 생각합니다."

"기회는 잡는 것만 기회가 아니고, 놓는 것도 기회야."

"……."

"기회에도 큰 기회와 작은 기회가 있어."

"……."

"기회라고 생각해서 잡은 것은 작은 기회야."

"……."

"기회를 놓아주는 것이 큰 기회지."

"……."

"제대로 된 기회는 기회를 잡는 것이 아니고, 잡은 기회를 놓아주는 거야."

"……."

그는 이어 물었다.

"자네 좌우명이 있나?"

"예, 있습니다. '태양은 내일도 떠오른다.'입니다."

"그래, 기회도 마찬가지야. 기회도 내일 떠오르지."

"……."

"오늘 나를 만난 것이 기회라고 생각하니 고맙네."

회장은 미소를 지으며 이야기를 마무리했다.

나는 회장실에서 나오면서 묘한 기분이 들었다. 나는 생각했다.

'기회를 놓아주는 것이 더 큰 기회라고? 회장님을 만난 것이 기회가 아니란 말인가? 회장님과의 만남보다 더 큰 기회가 있단 말인가?'

살아가면서 평생 3번 기회가 온다고 한다. 나는 곰곰이 생각했다.

'평생 기회가 3번밖에 안 온다는데……. 기회가 오면 잡아

야지, 잡은 기회를 아깝게 어떻게 놓아줘? 큰 기회가 오면 또 잡으면 되지 무슨 걱정이야?'

지난 시간이 떠올랐다. 천지공업사에서 공장장이 내게 정말 잘 해주었다. 공장장에게 "다른 세상을 보고 싶다."면서 천지공업사에서 나왔다. 잠실카도크 사장과 전무는 내게 정말 잘 해주었다. 사장과 전무에게 "넓은 세상을 보고 싶다." 라면서 잠실카도크에서 나왔다. 풍성카도크 사장, 상무, 공장장은 내게 정말 잘 해주었다. 사장, 상무, 공장장에게 "세상을 알아가고 싶다."라면서 풍성카도크를 나왔다. 공장에 들어갈 때는 내게 모두 기회라고 생각했는데, 기회를 놓아주니 더 큰 기회가 왔다.

나는 곰곰이 생각했다.
'이화카도크도 내게 거쳐가는 곳인가? 회장님 말씀대로 더 큰 기회가 오고 있는 것인가?'
삼아카도크에서 자동차정비생활을 하여 천지공업사, 잠실카도크, 풍성카도크를 거쳐 이화카도크까지 왔다. 도전하여 변화가 되니 더 큰 기회가 내게 찾아왔다.

시간이 지난 후에 알았다. 기회가 오면 사람들은 잡는다. 움켜쥔다. 그 기회는 작은 기회였다. 기회라고 생각하는 것을 움켜쥐면 큰 기회가 찾아와도 보이지 않는다. 정말 더 큰 기회는 잡은 기회를 놓을 때 만들어낼 수 있었다.

  더 시간이 지난 후에 알게 되었다. 기회는 찾아오는 것이
아니었다. 기회는 평생 3번이 오는 것도 아니었다. 하루에
도 수많은 기회가 지나가고 있었다. 알아차리지 못했을 뿐
이었다. 더 많은 시간이 지난 후에 알게 되었다. 잡은 기회
를 놓아주니 수많은 기회가 존재하고 있었다. 기회는 내가
얼마든지 선택하고 만들어낼 수 있다는 것을 알았다.
  나는 이화카도크 사장님을 통해 세상을 조금씩 알아가고
있었다.

행동은 속일 수 없다

정비공장 안에는 늘 새로운 기계가 들어왔다. 가로, 세로, 높이가 2m가 넘는 기계가 들어왔다. 완전히 쇳덩어리였다. 10명이 밀어도 움직이지 않았다. 기계를 10m 정도 이동을 해야 하는데 손잡이조차 없었다.

정비공들은 말했다.
"지게차 불러야 하는 것 아닙니까?"
"……."
사장은 사무실로 갔다. 잠시 후 사장은 우리에게 와서 말했다.
"지게차보다 더 빠른 방법이 있으니 기다려 봐!"
"……."
잠시 후 사무실 직원이 지름 2cm, 길이 6m가 되는 둥근 모양의 파이프 4개를 차에 싣고 왔다.

사장은 말했다.

"파이프를 밑에 2개를 넣을 거야. 위에 밀어봐!"

"……."

정비공들은 위를 밀어서 밑에 파이프를 2개 넣었다. 쇳덩어리 밑에는 긴 파이프가 2개 놓였다. 사장은 미소를 띠면서 말했다.

"밀어봐!"

"……."

나는 속으로 감탄했다.

'세상에! 말도 안 돼!'

둥근 파이프라 쇳덩어리와 접촉 면적이 적었다. 쇳덩어리가 움직이기 시작했다. 3m 움직이자 파이프 2개를 다시 넣었다. 또 밀었다. 쇳덩어리는 원하는 위치에 놓였다. 사장은 진지하게 말했다.

"무슨 일이든 시간과 비용을 생각해야 해!"

"……."

"더 중요한 것은 적은 힘으로 움직여야 해!"

"……."

일을 마치고 정비공들은 각자 자신의 부서로 돌아갔다. 양복 입은 남자가 '팸플릿'을 들고 사장을 기다리는 눈치였다. 그는 사장 앞으로 다가왔다. 그는 말했다.

"사장님, 언제 시작하면 되겠습니까?"

"여기서 해봐!"

"……."

그는 잠시 머뭇거리며 사장에게 팸플릿을 주었다.

사장은 짧은 시간에 팸플릿을 훑어보았다. 그는 기계에 대해 설명을 하기 시작했다.

"이 기계는 다른 기계와 달리……."

사장은 팸플릿을 보지 않고 설명하는 그 사람만 바라보고 있었다. 그는 설명을 마쳤다. 그는 많이 긴장한 것으로 보였다. 사장은 미소를 띠고 차분한 목소리로 말했다.

"알았네! 한번 검토해볼게!"

"예, 알겠습니다."

그는 정중히 인사를 하며 사라졌다. 나는 사장에게 물었다.

"사장님은 팸플릿을 굉장히 빨리 읽는 것 같아요."

"……."

"사장님은 팸플릿에 나와 있는 그림과 글씨를 어떻게 그렇게 짧은 시간안에 다 읽을 수 있어요?"

"하하! 그림과 글씨는 중요하지 않아."

"예? 팸플릿에 나와 있는 내용이 중요하지 않다고요?"

"……."

사장은 말했다.

"글씨는 얼마든지 속일 수가 있어."

"……."

"그림도 얼마든지 속일 수가 있어."

"……."

"말도 얼마든지 속일 수가 있어."

"……."

"표정도 얼마든지 속일 수가 있어."

"표정은 자신도 모르게 나오는 것이라 진심이 아닌가요?"

"표정도 연습으로 얼마든지 가능하지."

그는 이어 말했다.

"행동을 봐야 해! 행동을 보면 그 사람을 알 수가 있어."

"행동요? 사장님 말씀대로라면 행동도 연습하면 속일 수 있지 않은가요?"

"행동도 속일 수가 있어도 계속 속이기는 쉽지가 않지."

"왜 계속 속이기가 쉽지가 않지요?"

"결국 상대가 알아차리게 돼 있어."

"……."

"행동도 어느 정도 지켜봐야 한다네."

"……."

그때 잠실카도크 사장이 떠올랐다.

나는 말했다.

"이전에 잠실카도크 사장님도 그런 말씀을 하셨어요."

"……."

"나중에 사람을 쓸 때 꼭 기억하라고 했어요. 사람 됨됨이를 보고 고르라고 했어요."

"그렇지. 사람 됨됨이를 보고 고르라는 말은 사람 됨됨이를 지켜보고 고르라는 말이야."

"이력서를 쓸 때 경력란에 지금까지 다닌 정비공장을 적었는데, 공장 사장님, 공장장 말씀도 중요하겠네요."

"물론 이전 직장에서 함께 일한 사람들의 이야기도 중요하지."

"최소한 3년 전 직장과 가장 최근 직장에서 함께 생활한 사람들의 말이 정확하겠네요?"

"……."

사장은 내게 무엇인가를 보여주려고 했다. 사장은 말했다.

"잠시 나를 따라와 보게!"

"예."

그가 나를 데려간 장소는 수리가 다 끝난 차들 앞이었다. 수리가 완전히 끝나고 도색까지 마친 상태라 지금 막 자동차 공장에서 출고된 것처럼 깨끗했다.

그는 이어 말했다.

"여기에 있는 차들은 수리가 다 끝나서 깨끗하군."

"……"

그는 물었다.

"이 차는 언제 수리하러 들어왔지?"

"3개월 전에 들어왔습니다."

"이 차는?"

"1개월 전에 들어왔습니다."

"이 차는?"

"며칠 전에 들어왔습니다."

나는 작업일지에 입고된 날짜를 보며 말했다.

그는 말했다.

"잠시 나를 따라와 보게!"

"예."

그가 나를 데려간 장소는 판금부였다. 전부 사고가 난 차들이라 모양이 흉물스러웠다. 그는 물었다.

"이 차는 언제 출고되었지?"

"3년 전에 출고되었습니다."

"이 차는?"

"1년 전에 출고되었습니다."

"이 차는?"

"1개월 전에 출고되었습니다."

나는 자동차등록증에 최초등록일을 보며 말했다.

그는 말했다.

"사고가 나기 전까지는 모두 멀쩡했지."

"……."

"사고도 모두 최근에 났지."

"……."

"수리가 돼서 앞으로 얼마나 오랫동안 잘 운행되는가가 중요한 거야."

"……."

그는 미소를 지으며 말했다.

"기계는 사용해 보면 알 수가 있어."

"……."

"사람은 지켜봐야 알 수가 있어."

"……."

"그 사람이 하는 행동을 지켜봐야 알 수가 있어."

"……."

액셀과 브레이크

일하다 보니 새참 시간을 놓쳤다. 식당으로 가니 일하시는 아주머니가 보였다. 나는 그녀에게 물었다.

"일하다 보니 새참 시간을 놓쳤어요. 시간이 지났는데 새참 주나요?"

"잠깐 기다리세요."

그녀는 웃으면서 대답했다. 나는 식당에 앉아서 새참을 기다렸다. 주위를 둘러보니 크고 깨끗하였다. 그때 누군가가 나를 불렀다. 사장이었다. 그는 미소를 띠며 말했다.

"권 사장."

"사장님."

"권 사장과 함께 새참 먹네!"

"예."

사장은 자리에 앉아 나와 함께 새참을 기다렸다. 그는 미소를 띠면서 말했다.

"일할 만해?"

"예. 만족합니다."

"여기 식사는 어때?"

"점심때 밥도 마음껏 먹어서 좋습니다. 무엇보다도 새참시간이 지난 뒤에 와도 먹을 수 있으니 좋습니다."

나는 말했다.

"사장님, 제가 궁금한 것이 있습니다."

"말해 보게."

"작업일지에 보면 작업내용, 부속품 값, 공임이 나와 있어요."

"……."

"다른 정비공장에서는 못 봤는데 부속품 값과 공임은 여기만 나와 있어요."

"……."

"부속품값과 공임비를 다른 공장에서 알면 불리한 것 아닌가요?"

"……."

그는 미소를 지으며 말했다.

"나는 그렇게 생각하지 않네."

"……."

"지금 작업일지에 적힌 부속품 값과 공임은 적절한 가격이라고 생각해. 다른 정비공장에서 여기에 적힌 가격을 보고 함부로 부속품 값과 공임을 올리지 못하지."

"……."

내가 사장에게 한 방 얻어맞은 느낌이었다. 나는 속으로 감탄했다.

"강남에서 최고로 큰 자동차정비공장 사장은 아무나 하는 게 아니구나!"

나와 사장은 식사를 마치고 식당을 나왔다. 그는 말했다.

"커피 한잔 같이 할래?"

"예."

작업장 안에 커피좌판기가 있었다. 사장과 나는 커피를 마셨다. 그는 작업장을 바라보며 물었다.

"자동차는 무엇으로 간다고 생각해?"

"액셀로 밟아야 차가 쭉쭉 나가지요."

"그렇지 액셀을 밟아야지. 액셀 옆에는 무엇이 있지?"

"브레이크요."

"그렇지. 차에는 액셀과 브레이크가 있어."

"……."

"액셀만 밟으면 사고가 나게 돼 있어."

"……."

"브레이크만 밟으면 차가 아니야. 쇳덩어리에 불과하지."

"……."

그는 힘주어 말했다.

"액셀과 브레이크가 있어야 차가 되는 거야!"

"……."

"권 사장, 큰 사람이 되고 싶으면 의견이 안 맞는 사람이 있어도 수용해야 해."

"사장님, 마음에 안 맞는 사람들까지 수용할 필요가 있을 까요?"

"……."

그는 내게 무엇인가를 보여주고 했다. 그는 말했다.

"잠시 따라와 보게."

"예."

나를 데려간 장소는 엔진부와 하체부였다. 그는 말했다.

"액셀이 잘 나가기 위해 엔진오일을 교환하고, 브레이크가 잘 듣기 위해서는 브레이크 오일을 교환하고 있어."

"……."

"액셀도 오일을 사용하고 있고, 브레이크도 오일을 사용하고 있어."

"……."

그는 이어 말했다.

"차가 잘 나가기 위해서는 스파크 플러그를 교환하지."

"……."

"브레이크 작동이 잘 되기 위해서는 라이닝을 교환하지."

"……."

나는 아무 말도 하지 않고 듣고만 있었다.

나는 궁금증이 생겼다. 나는 물었다.

"사장님. 그럼 반대되는 것을 수용한다는 말은 어디까지를 말하는 거예요?"

"반대되는 것이 무엇이 있는데?"

"시작과 끝, 태어남과 죽음, 채움과 비움…… 같은 거요."

"그렇지. 차가 액셀과 브레이크를 수용한 것처럼, 전혀 반대되는 것도 수용해야 해!"

"사장님. 그럼 선과 악도 반대되는 말인데, 악도 수용해야 하나요?"

"세상은 선과 악이 있어. 내 마음 속에도 있지."

"……."

"선은 악을 볼 수 있고, 악도 선을 볼 수 있어."

"……."

"그럼, 선과 악은 차이점이 없잖아요."

"선은 진실이 있지만, 악은 진실이 없어."

"……."

"진실한 마음의 눈으로 보면 세상이 보이고 알아갈 수 있어."

"……."

그는 차 안쪽의 변속기를 가리켰다.

"저기 P는 무슨 표시인가?"

"파킹 아니에요? 주차를 말하는데요."

"그렇지. 인생도 달리기만 하는 것보다 잠시 쉬어가야 해. 휘발유가 떨어졌으면 주유소에서 휘발유를 넣어야 하고, 타이어에 바람이 없으면 바람도 넣어야 하고, 타이어가 많이 닳았으면 교체해야 한다네!"

"……."

그는 이렇게 말을 맺었다.

"운전석에 앉아 있다고 차가 움직이는 것이 아니야. 시동을 걸어야 해!"

모두가 내 스승

나는 이화카도크에 차를 배우러 들어갔다. 그러나 사람을 배우고 나왔다. 매 순간 순간, 사장님의 말과 행동 하나하나에서 가르침을 받았다. 기술자 이상으로, 정비공장 사장이 되기 위한 꿈에 다가가는 공부를 한 시절이었다.

그렇게 1년 남짓 시간이 흘렀다. 갑작스러운 스카우트 제의가 들어왔다. 서울 개봉동의 지지자동차정비공장. 600평이 넘는 자동차정비공장 판금 반장 자리였다. 결정을 내려야 할 순간이었다.

사실 이화카도크에서 근무하는 것에 아무런 불만도 없었다. 최고의 경영 마인드를 가진 사장님 밑에서 원활한 소통이 이루어지는 회사였다. 그러나 기회를 버리고 새로운 기회를 만들기 위해 과감한 선택을 했다. 더 넓은 세상을 위해서였다. 꿈에 다가가고 싶었다.

정비공장 시다바리부터 시작한 지 4년 만에 판금 반장이 되었다. 그러나 600평 크기의 공장은 열악했다. 비바람도 제대로 못 가렸다. 도장부, 엔진부, 하체부는 천막으로 햇빛을 겨우 가렸다. 나는 천막으로 추위까지는 못 가려도 판금부 사람들의 마음만은 포근히 품어주고 싶었다.

그런데 1년도 채 되지 않아 위기와 기회가 동시에 찾아왔다. 어느 날 사장은 내게 회사 인수를 제안했다. 너무나 갑작스러운 일이었다. 사장은 말했다.

"다른 사람에게 넘기는 것보다는 권 반장에게 넘겨주고 싶네."

"……."

"인수할 생각 있는가?"

"생각 좀 해 보겠습니다."

나는 사장실에서 나왔다. 작업장으로 향하면서 하늘을 올려보았다. 그날 하늘은 유난히 파란색이었다. 나는 너무나 갑작스럽게 다가오는 꿈에 당황스러웠다. 그러나 가슴은 희망으로 뛰었다.

한 달이 지나자 사장은 나를 불렀다. 사장실에 올라가 마주 앉았다. 사장은 물었다.

"이전에 말한 것, 생가 좀 해 봤는가?"

"예, 생각해 보았습니다."

"보증금 1억에 월 500만원 어떤가?"

"보증금 5천만 원에 월 350만원까지는 가능합니다."

"알았네."

"직원들은 50%만 함께 할 생각입니다."

"50%?"

"50%는 사장님이 정리해 주시면 좋겠습니다."

"알겠네!"

나는 사장실에서 나오면서 탄성을 질렀다.

"내가 간절히 바라던 꿈이 이루어졌다."

작업장으로 향하면서 하늘을 올려보았다. 그날 하늘은 유난히 뭉게구름이 많이 보였다.

나는 계약서에 서명을 했다. 29살, 결국 내가 간절히 원하는 일이 이루어졌다. 자동차정비공장 사장이 되었다.

'지지공업사'

서울 개봉역에서 내리면 5분 거리에 있었다. 계약하고 나니 늘 일하던 공장이 새삼스러웠다. 직원들이 모두 퇴근한 후 공장 안을 천천히 돌아보았다. 600평이 넘는 1급 자동차정비공장이었다. 소형차뿐만 아니라 대형차들도 수리하는 곳이다. 그날 나는 집에서 이불과 옷을 가지고 왔다. 당분간 정비공장 사무실에서 숙식을 해결하기로 했다.

나는 사무실 소파에서 아침을 맞이하였다. 직원들이 출근하기 전이었다. 이화카도크 사장이 생각났다. 화장실에서 바닥에 떨어진 담배꽁초를 손수 줍던 분이다. 나는 화장실 바닥을 물청소하려고 호스를 꺼냈다. 락스와 퐁퐁을 사용해서 닦고 또 닦았다. 바닥의 물기는 걸레로 제거했다. 8시가 되자 닫혀 있던 공장 문을 힘차게 열었다. 9시 조회 시간이었다. 작업장에 모두 모였다. 공장장, 판금 반장, 도장 반장, 하체 반장, 엔진 반장, 전기 반장, 각 부서의 부원들 모두 모였다.

나는 힘주어 말했다.
"변화와 도전을 두려워하는 자는 생존하지 못합니다. 수용하는 자만이 살아갈 수 있습니다. 변화와 도전, 수용을 즐기시길 바랍니다."

나는 조회 시간에 모인 사람들에게 천 원을 주었다.
"먼저 길게 2번을 접어보시기 바랍니다. 그리고 반대로 중간을 접어보세요. 한 손으로 접힌 부분을 펴보세요."

그들은 모두 나를 따라 했디.

나는 이어 말했다.

"한 손으로 접힌 부분을 펴려고 하면 쉽게 펴지지 않습니다. 옆에 있는 사람과 함께 끝부분을 잡아 당겨보세요. 그러면 쉽게 펴집니다. 세상일도 마찬가지입니다. 혼자서 모든 것을 하지 말고, 도와가며 함께하시길 바랍니다."

나는 계속 말했다.

"자신의 부족함을 알고 겸손한 마음으로 늘 배운다는 자세를 가지시길 바랍니다. 세상은 알아가는 것입니다."

나는 조회를 마치고 사무실로 왔다. 여직원이 내게 커피를 가져다주었다. 나는 웃으며 말했다.

"제 커피는 제가 직접 자판기에서 뽑아먹을게요."

"……."

"누구든지 커피 부탁하면 거절하세요. 자판기에서 직접 뽑아먹으라고 하세요."

"예, 사장님."

나는 정비공으로 일할 때는 차주에게 이렇게 말했다.

"공장이 잘 돌아가야 저도 삽니다."

나는 지금 직원들에게 이렇게 말했다.

"공장이 잘 돌아가야 함께 삽니다."

정비공장 바로 옆에 식당을 지정했다. 점심시간에 순서를 기다리지 않게 했다. 식당에 오면 바로 식사를 할 수 있었다. 밥은 원 없이 먹을 수 있게 했다. 휴식공간으로 2층에 휴게실을 두었다. 의자에 누워서 쉬게 했다. 일하다 새참 시간을 놓친 정비공들은 언제든지 식사를 할 수 있게 했다.

오늘은 판금부 사람들 야근이 있는 날이다. 그들은 주로 불고기 백반을 주문했다. 저녁식사가 배달되는 것이 보였다. 나는 판금부 작업장으로 갔다. 나는 직원들에게 말했다.

"저녁식사는 비싼 것 시켜! 돈은 내가 낼 테니 걱정하지 말고!"

판금부 직원들은 종이박스를 구했다. 종이박스 위에 음식을 놓고, 직원들과 앉았다. 식사를 같이했다. 나는 판금부 직원들에게 말했다.

"많이 먹어!"

"예."

"고기 더 먹고……."

"예."

판금부 직원은 말했다.

"사장님도 함께 드세요."

"먼저 먹어."

"예."

나는 판금부 직원들의 종이컵에 물을 따라 주었다. 이화카
도크 사장도 정비공들이 야근을 할 때, 저녁 식사 때 종이컵
에 물을 따라 주었다. 그분께 받은 감동대로 나도 했다. 사
장은 정비공들에게 말 한마디라도 상처를 받지 않게 조심해
서 말했다. 나도 사장에게 배운 대로 직원들을 대했다.

나와의 경쟁상대는 세 군데가 있었다. 현대자동차 서비스
센터, 기아자동차 서비스센터, 대우자동차 서비스센터였다.
특정 자동차 업체 전속 서비스센터를 이겨야 내가 살아남는
다. 사훈이 있었다.
'빠르고 정확하게!'
수리비는 서비스센터와 동일한 수준으로 받았다. 사고가
난 차들이 정비공장에 들어오면 판금부를 거치는 시간이 가
장 오래 걸렸다. 내가 직접 판금을 했다. 작업 속도에서 서
비스센터와 다른 정비공장이 따라올 수 없었다. 수리를 마
친 차주들은 공장에서 빠르고 정확하게 수리된 차를 지켜보
고 입소문을 내기 시작했다.
손님들은 웃으며 내게 말했다.
"빨리 잘 고쳐줘서 고맙습니다."
"좋아하는 모습을 보니 제가 기쁩니다."

나는 잠시 눈을 감았다. 내 눈앞에 수리된 차가 안전하게
운행되는 모습을 그렸다. 내 입가에는 미소가 지나갔다. 내

20대는 그렇게 흘러가고 있었다. 간절히 원하는 사장의 모습을 그려보곤 했었다. 사장실 회전의자에 앉아 책상 위에 다리를 올려놓은 모습을 상상했다. 지금 내 모습은 내가 생각하던 사장의 모습은 아니었다. 양복은 입어보질 못했다. 늘 작업복을 입었다. 고객과 상담을 해야 했다. 견적도 내야 하고 일반처리, 보험처리도 해야 했다. 작업장에서 판금, 산소용접, 전기용접을 했다. 파손상태 사진도 찍고 정리해야 했다. 보험회사 직원들도 만나야 했다. 부속가게 사장들도 만나야 했다. 직원들이 모두 퇴근해도 나는 남아서 일을 해야 했다. 내가 하는 일이 점점 늘어났다. 직원들의 월급을 맞춰주려면 일을 해야 했다. 돈을 빌릴 수도 없었다. 당시 사채 이자가 6부였다. 사채업자에게 돈을 한번 빌리면 모든 것이 끝났다.

천지공업사 공장장, 잠실카도크 사장, 풍성카도크 사장, 이화카도크 사장이 떠올랐다.

나는 생각했다.

'그들이었으면 문제점을 어떻게 해결해 나갔을까?'

천지 공장장은 현장에서 이렇게 말했다.

"다 모여! 하나, 둘, 셋 하면 드는 거야! 하나! 둘! 셋!"

그는 이렇게 말해 준 것 같았다.

"혼자 할 생각하지 말고 사람들과 함께 일해. 그들 속으로 녹아 들어가!"

잠실카도크 사장은 현장에서 이렇게 말했다.
"늘 자신이 부족하다는 것을 알고 진정성을 다하면 이룰
수 있어!"
그는 이렇게 말해 줄 것 같았다.
"겸손하고 진실하면 사람들이 언젠가는 알게 되어 있어! "

풍성카도크 사장은 현장에서 이렇게 말했다.
"온종일 생각하고 꾸준히 노력하는 사람이 결국 이겨!"
그는 이렇게 말해 줄 것 같았다.
"인내심을 가지고 참고 견뎌! 절대로 포기하지 마!"

이화카도크 사장은 현장에서 이렇게 말했다.
"두려움은 원래부터 없었어. 다 지나가는 과정이다."
그는 이렇게 말해 줄 것 같았다.
"마음은 항상 열려있어야 해! 수용해야 변화할 수 있어!"

그는 광명시에서 땅을 구입하면서 앞을 가리키며 말했다.
"앞으로 여기는 많은 자동차정비공장이 들어올 거야."
그는 오른팔을 죽 뻗으며 말했다.
"이쪽은 아파트 단지가 들어올 거야."
그는 산 위에서 앞을 보며 말했다.

"여기는 앞으로 자동차정비공장 단지가 만들어질 거야."

그는 이렇게 말해 줄 것 같았다.

"세상은 보이는 것이 전부가 아니야. 더 큰 그림을 그려봐!"

지식이 쌓여서 지혜가 되는 것은 아니었다. 지혜는 삶에서 깨달아가는 것이었다.

자동차정비공장 공장장과 사장들은 지혜를 가지고 있었다. 그들의 말 한마디 한마디는 내 살에 녹아들었다. 그들의 말 한마디 한마디는 내 뼈에 박혔다. 그들은 정비공들과 함께 식사했다. 작업장에서 정비공들과 함께 '기름밥'을 먹었다. 그들은 사람들에게 가르치지 않았다.

'언행일치'

'지행합일'

그들은 말과 행동이 같았다. 알고 있는 것을 실행했다. 말만 앞세운 사람이 아니었다. 그들의 삶으로 보여주었다.

천지공업사 공장장은 정비공들을 동료로 따뜻하게 대했다.

그는 정비공들을 인격적, 수평적, 협력적 관계로 대했다.

그는 말했다.

"몸만 건강하면 무슨 일이든지 할 수 있어!"

잠실카도크 사장은 정비공들에게 꿈과 희망을 주있다.

세상이 아무리 힘들어도 꿈과 희망을 품으면 이겨낼 수 있다고 했다.

그는 말했다.

"낭떠러지에서 나뭇가지를 잡고 있을 때도 희망을 놓아서
는 안 돼!"

풍성카도크 사장은 정비공들을 믿어주었다. 정비공들이
지각, 조퇴하면서 거짓말해도 그는 믿어주었다. 그는 정비
공들이 백을 흑이라고 해도 믿어주었다. 그는 말했다.

"괜찮아, 괜찮아, 앞으로 좋아질 거야."

이화카도크 사장은 피곤할 때 자주 사우나에 갔다. 그날은
나와 함께 갔다. 사장은 따뜻한 탕 속에서 피곤함을 녹이곤
했다. 사장은 말했다.

"어서 들어오게."

"예."

나도 탕 안으로 들어갔다. 사장은 냉탕을 보며 물었다.

"저곳은 왜 사람이 없는데?"

"저기는 너무 차가워서 그런 거 아니에요?"

사장은 열탕을 보며 이어 물었다.

"저곳은 왜 사람이 없는데?"

"저기는 너무 뜨거워서 그런 거 아니에요?"

사장은 계속 물었다.

"여기는 왜 사람들이 많이 있는데?"

"그거야 여기는 적당하게 따뜻함을 느낄 수 있어서 그런 거 아니에요?"

사장은 미소를 지으며 말했다.

"그렇지, 물이 적당하게 따뜻하니 사람들이 이곳에 들어와 피곤함을 녹이고 있지. 세상 사람들도 마찬가지야. 내가 따뜻해야 사람들이 다가올 수 있어."

"예."

그때 탕 속에서 느낀 물의 온도는 아직도 내 몸이 기억하고 있다. 나는 그들에게 지혜를 배웠다. 지금도 그들의 목소리가 내 몸속에서 울리고 있다.

"사람은 됨됨이를 봐야 해! 기술은 시간이 지나면 익힐 수 있지만, 인성은 자신이 노력해야 해!"

"기계는 사용해 보면 알 수 있어. 사람은 지켜봐야 알 수가 있어. 그 사람이 하는 행동을 지켜봐야 알 수가 있어."

"차는 액셀과 브레이크가 있어. 반대하는 사람도 수용해야 해! 수용하여야만 변화하고 성장할 수 있어! 네 종류의 그릇이 있다네. 작은 그릇, 중간 그릇, 큰 그릇……. 나는 자네가 무한히 '커가는 그릇'이 되었으면 하네."

"돈을 보고 차를 수리하지 말게! 수리된 차가 안전하게 운행되면 얼마나 좋아!"

"과거는 중요하지 않아. 수리가 돼서 앞으로 얼마나 오랫동안 잘 운행되느냐가 중요한 거지."

"진실한 마음의 눈으로 보면 세상이 보이고 세상을 알아갈 수 있어."

"미련을 가지지 않기 위해 나를 쓰레기통에 버려!"

"기회는 잡는 것이 아니라 놓아주는 거야."

"내가 따뜻해야 사람들이 다가올 수 있어."

"꿈은 이루는 것이 아니라, 다가가는 것이야. 꿈은 여러 개, 아니 많은 꿈을 꿀 수 있어. 꿈은 얼마든지 다양하게 꿀 수 있어."

"다시 젊은 시절로 돌아간다면 많은 꿈을 꾸면서 다른 세상, 넓은 세상을 경험하고 싶네. 인생은 한 번 밖에 오지 않아. 삶도 마찬가지야. 얼마나 의미 있고, 가치 있게 살았는지 내게 묻고 싶네."

"꿈을 통해 기뻐하는 삶이 되도록 오늘 이 순간을 즐기게……."

그들은 내게 어려움을 극복해 나갈 수 있는 지혜를 주었다.

그렇게 자동차정비공장 사장이 된 지 2년이 지났다. 31살 때, 햇빛도 못 보던 방 한 칸에서 탈출했다. 아침에 눈을 뜨면 여의도 한강 변을 달렸다. 일과를 마치고 집으로 오면 아파트 거실에서 멋진 한강 야경을 즐기게 되었다. 휴일이면 자주 한강에 나왔다. 여유로워졌다. 차 트렁크에서 접이식 의자를 꺼내 누웠다. 파란 하늘이 보였다. 여기저기에 많은 뭉게구름이 보였다. 따사로운 햇볕과 시원하게 불어오는 강바람은 지난날의 땀을 씻어주었다.

 내 무대는 '여의도'로 옮겨 가고 있었다.

꿈은

다가가는 자의 것이다

chapter 3.

도전과 변화를 즐기면 행복해진다

★

92년, 95년은 내게 큰 사건이 있던 때이다. 92년 8월 24일에 한중수교를 맺었다. 내 나이 28살 때였다. 한국을 벗어나고 싶었다. 새로운 세계로 나가고 싶었다.

1992.08.24. 경제신문에 '1인 GNP 한국의 1/16'이라는 기사가 났다.

중국은 미美 달러 화貨로 환산하면 316달러 정도이다. 중국 1인당 GNP⁽국민소득⁾는 25만원이었다.

수교를 맺었다고 누구나 중국에 바로 들어갈 수 있는 것은 아니었다. 들어간다고 바로 사업을 할 수 있는 것은 더더욱 아니었다. 아는 사람도 없고 언어가 통하지 않았다. 심장은 전쟁터의 적토마처럼 뛰었지만, 이성을 차갑게 식혔다.

한 해가 지나갔다. 나는 정비공 시절부터 쉬는 날이면 늘 가는 곳이 광화문 교보문고였다. 종로 거리, 광화문 거리를 걷는 것을 좋아했다. 그날은 종로 거리를 걷고 있었다. 탑골 공원 근처를 지날 때였다. 신문지 위에 약을 올려놓고 파는 아주머니들이 보였다.

아주머니들은 점심때 빵을 먹고 있었다. 물도 없었다. 나는 그녀들 중 한 명에게 다가갔다.
나는 물었다.

"이 약은 뭐예요?"
"호랑이 약입니다."
그녀의 말투가 조금 특이했다.

나는 이어 물었다.
"어디다 쓰는 것이에요?"
"아무 데나 다 발라도 나아요."
"정말요?"
"예."

호랑이 약을 자세히 보니 한자로 쓰여 있었다.
나는 계속 물었다.
"한자로 적혀있네요?"

"중국에서 가지고 온 거예요."

"중국요?"

"중국에서 직접 가지고 온 거예요."

"어떻게요?"

"여기 있는 사람들 모두 조선족이에요."

나는 그때 처음으로 중국인을 만났다. 나는 말했다.

"호랑이 약은 아무 데나 발라도 낫는다는 말을 들었어요. 하나 주세요."

"예."

"아주머니 왜 여기 있는 분들이 빵만 드세요? 가게에서 우유를 사서 드시면 되는데요."

"우유가 비싸요."

"예? 우유가 비싸다니 무슨 말씀이세요?"

그녀는 내 운동화를 보면서 말했다.

"아저씨 신고 있는 운동화를 사려면 한 달 일해야 해요."

"……."

나는 작년 경제신문에 '1인 GNP 한국의 1/16'이라는 기사가 떠올랐다.

나는 물었다.

"중국에서 집 한 채 사려면 얼마 정도 해요?"

"……."

"한국 돈 100만 원이면 살 수 있나요?"

"시골은 사고도 남아요."

나는 가게에 가서 우유를 사서 그녀들에게 주었다. 나는 웃으며 말했다.

"오늘 아주머니를 만난 것은 무언가 뜻이 있는 것 같아요."

"……."

나는 중국에 가고 싶었다. 미국에서 자동차정비공장을 하는 것보다는 중국에서 하고 싶었다. 한국은 못 배우고, 돈 없으면 무시당하는 사회였다. 미국은 기술만 있으면 학력은 그리 중요하지 않다고 들었다. 중국은 다 같이 못 사니 그 속에 파묻히면 표시가 안 날 것 같았다.

시간이 흘러갔다. 자동차정비공장을 운영한 지도 2년이 지났다. 31살, 경제적으로 여유가 생겼다.

나는 시간이 나면 '한국의 월가'로 불리는 여의도 증권가를 찾았다. 특히 동서증권사를 자주 들렀다. 동서증권사는 증권사 중에서 전광판이 제일 컸다. 어느 증권사도 동서증권사 객실 전광판의 크기를 따라 오질 못했다.

나는 주식거래를 직접 하고 있었다. 대부분 60대, 70대 이저씨들이었다. 내가 제일 나이가 어렸다. 31살이면 직장에서 한창 일할 나이였다.

　내가 여기에 자주 오는 이유가 있었다. 여기에 오는 사람들은 지금까지 만난 사람들과 달랐다. 여기에 오는 대부분의 사람은 일을 하지 않았다. 나는 일을 해야만 먹고사는 줄 알았다. 그들만의 이야기가 있었고 그들만의 모임이 있었다. 그들은 시간과 장소에는 제약을 받지 않는 사람들이었다. 그들은 만남을 중요시했다.

　동서증권사는 휴식공간이 좋았다. 푹신한 의자에 누워 자도 누구도 간섭하지 않았다. 내가 오는 이유는 '정보'였다. 자주 동서증권사를 가다 보니 낯익은 사람들이 생겼다. 나는 그들과 대화를 자주 했다. 나는 말했다.

"사람들이 탄광주에 관해 이야기를 많이 해요."
"뭔가 있는 것 같은데……."

증권가에는 '찌라시'라는 것이 있었다. 나는 물었다.

"강원도에 카지노가 들어선다면서요?"
"……."

나는 이어 물었다.
"만약 강원도에 카지노가 들어선다는 것을 알면, 땅값이 올라간다는 기사가 나와야 하는데 왜 조용하지요?"

"직접 가서 확인해 보면 좋지."

그들 중 한 명이 웃으며 말했다.

나는 차에 기름을 가득 채웠다. 늘 즐겨보던 부동산 관련 잡지가 있었다.

'부동산 뱅크'

강원도 임야가 평당 500원으로 적혀있었다. 마을 부동산도 들렀다. 이곳저곳을 찾아갔다. 마을 주민들도 만났다. 이들은 금시초문인 것 같았다.

95년 7월이었다.

'강원도 탄광촌 카지노 추진'

"의견을 수렴하는 차원에서 공청회를 가질 것이다."라는 신문기사가 났다.

95년 11월이었다.

'폐광지역 카지노 설립 확정'

"폐광지역진흥특구를 지정한 뒤, 그 안에 다시 관광특구를 지정, 외국인뿐 아니라 내국인도 출입할 수 있는 카지노사업을 할 수 있게 한다."하는 신문기사가 났다. 나는 동서증권사에 갔다. 늘 모이는 60대, 70대 이지씨들이 있었다. 나는 그들과 함께 저녁식사를 했다.

나는 힘없이 말했다.

"카지노가 생긴다는 말이 사실이었네요."

"많이 아쉽나 보네!"

"좀 아쉽습니다."

"강원도 카지노보다 더 큰 기회의 땅이 있어."

"……."

나는 눈이 휘둥그레졌다. 나는 물었다.

"어딥니까?"

"중국이야."

"예?"

"중국은 이제 시작이야."

"중국요?"

"내가 다시 자네 나이면 한번 도전해 보겠네."

"……."

나는 그들과 많은 이야기를 나누었다. 나는 생각했다.

'로빈슨 크루소처럼 더 넓은 세상으로 나가기 위해서는 카누를 만들자.'

세상 밖으로 나가기 위해서는 커다란 나무가 필요했다. 커다란 나무를 찾아야 했고, 나무를 찾았으면 잘라야 했다.

곧바로 중국으로 들어가기에는 모험이었다. 아는 사람이

전혀 없었다. 나는 이어 생각했다.

'한 가지씩 시작하자. 너무 급하게 하지 말고 천천히 앞만 보고 나가는 거야.'
중국으로 가는 것은 새로운 도전이라 설레기만 했다. 시작하는 것은 두렵지 않았다. 도전과 변화는 늘 재미있고 신나고 즐거웠고 행복했다. 도전과 변화는 늘 기쁨이었다.

내가 가진 것을 못 내려놓는 게 두려울 뿐이었다. 나는 계속 생각했다.
'내가 가진 정비기술을 어떻게 그만둘 수 있단 말인가!'

'내가 얼마나 고생해서 익힌 정비기술인데……. 판금, 산소용접, 전기용접…….'
지난 시절이 순식간에 떠올랐다.

1년 내내 산소용접 연습을 했다.
1년 내내 전기용접 연습을 했다.

'지금 익힌 정비 실력으로 얼마를 버는데…….'

너무 아까웠다. 그때 이화카도크 사장의 말이 생각났다.

'기회는 잡는 것이 아니라 놓아주는 거야. 미련을 가지지 않기 위해서는 나를 쓰레기통에 버려! 꿈은 이루는 것이 아니라, 다가가는 것이야. 꿈은 여러 개, 아니 많은 꿈을 꿀 수 있어. 꿈은 얼마든지 다양하게 꿀 수 있어. 다시 젊은 시절로 돌아간다면 많은 꿈을 꾸면서 다른 세상, 넓은 세상을 경험하고 싶네. 인생은 한 번밖에 오지 않아. 삶도 마찬가지야. 얼마나 의미 있고, 가치 있게 살았는지 내게 묻고 싶네. 꿈을 통해 기뻐하는 삶이 되도록 오늘 이 순간을 즐기게…….'

나는 결심했다.
'중국 대륙으로 가서 세계 사람들과 무역을 하는 거야!'

나를 세상에서 시험하다

★

나는 또다시 고민이 시작되었다.

'지금 내가 하는 자동차정비를 어떻게 그만둘 수 있어!'

'중국에서 무역을 시작하려면 어디서부터 시작하지?'

'자동차정비도 하고, 중국에서 무역도 하면 되잖아?'

나는 길을 가다가 자동차정비공장을 보면 반가웠다. 내가 제일 재미있고 신나는 것은 자동차정비였다. 무엇보다 좋은 것은 자동차정비를 하면 돈을 벌 수 있었다.

그런데 동서증권사에서 만난 사람들은 아무 일도 하지 않았다. 그들은 사업체를 전문경영인에게 맡기고 노후를 즐기고 있었다. 부동산으로 재산을 증식시켜 임대료를 받고 있었다.

나는 32세에 결혼을 했다. 다음 해 97년, 가을에 부산으로 내려갔다.

이화카도크 사장은 이렇게 말했다.

"인생도 달리기만 하는 것보다 잠시 쉬어가야 해. 휘발유가 떨어졌으면 주유소에서 휘발유를 넣어야 하고, 타이어에 바람이 없으면 바람도 넣어야 하고, 타이어가 많이 닳았으면 교체해야 한다네!"

내가 부산에 온 목적은 두 가지였다.

첫째는 '이곳 부산에서도 자동차정비공장을 할 것인가?'였다.

둘째는 '자동차정비업에서 완전히 손을 떼고 무역업을 준비할 것인가?'를 결정하는 것이었다.

서울과 부산을 연결하고 싶었다.

무역업을 하기 전에 유통업을 먼저 경험해 봐야 할 것 같았다. 유통업을 먼저 경험해야 실패할 확률이 낮을 것 같았다. 나는 유통 사업을 바로 시작할 수 있는 충분한 자금을 가지고 있었다. 언제든지 유통업에 뛰어들 수 있었다.

100일 노상에서 체력과 정신력을 시험해 보고 싶었다. 노상에서 못 버틸 체력과 정신이면 중국무역을 접기로 했다.

부산은 처음이고 아는 사람이 없었다. 부산사람 특성을 알아야 했다. 부산 지리를 알아야 했다. 부산에서 가장 사람들이 붐비는 곳이 있었다. 동래 '메가마켓' 후문이었다. 메가마켓 후문에서 장사하는 상인들 30명이 보였다. 부산 사람들은 억양이 투박하면서 강했다.

툭하면 상인들끼리 몸싸움이 일어났다. 서로가 자리를 뺏기지 않으려고 욕과 주먹까지 오고 갔다. 옷이 찢겨나갔다. 얼굴은 피투성이가 되었다. 기존 상인들의 결집력은 대단했다. 자리를 뺏기면 생존이 뺏기는 것이었다. 나는 계속해서 그들의 행동을 지켜보았다. 나는 생각했다.

'내가 중국에서 사업을 할 때는 이것보다 더할 수 있어!'

내 경쟁자는 나였다. 나는 나와 약속했다. 나는 나를 믿었다. 나 자신을 시험해 보고 싶었다. 그동안 안일함만 몸에 쌓여 있었다. 이전처럼 헝그리 정신을 키워야 했다. 여기는 길거리였다. 배짱이 있어야 했다.

고등학교 때부터 자신 있는 것이 있었다. 맞는 것은 자신 있었다. 매도 맞아본 사람이 잘 안다. 맞는 사람이 10의 에너지를 쓴다면, 때리는 사람도 1은 사용할 수밖에 없다. 결국 때리는 사람도 결국 지쳐서 그만둔다.

목표를 정했다. 동래 메가마켓 후문의 제일 앞자리로 정했다. 나는 생각했다.

'한 달 안으로 저기 제일 앞자리를 차지할 거야! 100일을 여기서 버티면 바로 부산에서 유통업을 시작하는 거야.'

메가마켓 후문에는 계란빵 장사, 붕어빵 장사, 사탕 장사, 과일 장사, 의류 장사, 생활용품 장사 등 많은 상인들이 보였다. 품목을 정했다.

'붕어빵 장사'

나는 여기서 버틸 것이다. 4년만 유통업을 하고 바로 중국으로 간다. 자동차정비공장에 시다바리로 들어왔을 때와 똑같았다. 그때도 4년 뒤에는 최고의 기술자가 된다고 내게 약속했다. 이번에는 그때보다는 한결 편하고 쉬웠다. 그때는 아무것도 없었다.

'라보' 차를 샀다. 부전시장으로 가서 붕어빵 틀을 샀다. 붕어빵을 10개 찍어내는 것과 12개를 찍어내는 것이 있었다. 나는 12개를 골랐다. 주전자, 밀가루 통, 플라스틱 통, 흰 봉투, 목장갑도 구입했다. 쌀집에서 팥을 가마니로 샀다. 팥 삶는 통도 샀다. 불꽃을 더 크게 하려고 불꽃 구멍을 드릴로 넓혔다. 밀가루를 반죽하기 위해서 지름 0.5cm, 길이 1m 되는 스테인리스 봉을 준비했다. 0.5cm, 길이 20cm, 3개를 휘어서 전기용접을 했다. 통에 밀가루와 물을 넣고 드릴로 돌렸다. 엄청나게 고운 밀가루 반죽이 만들어졌다.

라보차 위에서 밀가루, 소금, 명반, 식소다, 베이킹 파우더, 우유, 마가린, 바닐라향, 찹쌀가루, 전분을 넣고 15일 동안 연습했다. 레시피를 만들어야 했다. 라보 차 위에서 쉬지 않고 반복했다. 주전자에 밀가루를 넣고 붕어빵 틀에 부어보았다. 실패를 거듭하여 결국 내가 원하는 맛이 나왔다.

팥을 삶기 시작했다. 흑설탕, 소금, 연유, 꿀, 물엿, 전분을 넣고 또다시 15일 동안 연습했다. 레시피를 만들어야 했다. 팥 삶기는 손이 많이 간다. 조금만 타도 화근내가 나기 때문에 버려야 했다. 흑설탕만 많이 넣는다고 단맛이 나는 것이 아니었다. 굵은 소금을 넣으니 당도가 순식간에 올라가고 팥의 맛도 유지할 수 있었다. 팥에 굵은 소금이 조금만 더 들어가도 짠맛이 났다. 정확한 계량이 필수였다. 결국 내가 원하는 맛이 나왔다.

한 달 만에 결국 완성되었다.
'찹쌀 붕어빵'

찹쌀가루를 넣어서 찹쌀 붕어빵이라고 지었다. 첫날은 부곡동 지하철역에서 개시했다. 나는 흰 가운과 흰 모자를 썼다. 오후 6시부터 팔기 시작했다. 오후 6시 이전에는 공무원들이 단속을 나오기 때문이었다. 오후 7시~8시 동안 많은 사람들이 줄을 서서 기다렸다.

나는 흐뭇하게 생각했다.

'내가 만든 찹쌀 붕어빵이 맛있나 보다!'

첫날은 빵틀에 기름칠한 것으로 만족했다. 다음날 동래 메가마켓 후문에 도착했다. 오후 6시, 후문에서 바로 나오는 자리에 라보 차를 세웠다. 얼마 후 상인들이 몰려왔다.

체력이 다부진 상인이 차가운 목소리로 말했다.

"여기서 장사하면 안 되는데…….."

그는 뒷말이 흐렸다. 나는 말했다.

"왜, 안 되는데…….."

나도 뒷말을 흐렸다. 그는 인상을 쓰며 말했다.

"이 새끼 봐라. 어디서 굴러온 개뼈다귀야!"

"얼굴 펴고 말해! 말도 골라서 해야지!"

나는 웃으면서 말했다.

그는 내 멱살을 잡고 라보 차 위에서 끌어내렸다. 나는 기다렸다는 듯이 멱살을 잡힌 채 내려갔다. 그는 나를 땅바닥에 내동댕이쳤다. 그는 라보 차 위에 올라갔다. 그리고 반죽 통을 엎어버렸다. 흰색의 물이 흘러내렸다. 그는 크게 말했다.

"야, 이 새끼야! 다른 데 가서 장사해!"

"나는 여기서 장사하고 싶은데…….."

나는 일어섰다. 그리고 나는 라보 차 위에 올라갔다. 나도 반죽 통을 엎어버렸다. 흰색의 물이 흘러내렸다. 나는 생각했다.

'너희들이 진 게임이야.'

바닥에 흐른 하얀 밀가루 물은 잘 지워지지 않았다. 치우는 데 시간이 오래 걸렸다.

다음 날. 나는 오후 6시에 또 메가마켓 후문으로 갔다. 상인이 말했다.

"이 새끼 또 왔네!"

"나 네 새끼 아니야! 예쁜 말을 좀 써라!"

"어디서 굴러먹다 온 놈이야!"

"오늘도 반죽통 엎든지…….."

그는 내게 다가왔다. 이번에도 내 멱살을 잡고 라보 차 위에서 끌어내렸다. 그는 나를 땅바닥에 내동댕이쳤다. 잠시 후 나는 일어섰다. 그리고 나는 라보 차 위로 올라갔다. 나는 웃으며 말했다.

"엎으려면 제대로 엎어!"

나는 반죽 통을 상인들 장사하는 방향으로 밀어버렸다. 반죽 통은 장사하는 사람 쪽으로 다 튀었다. 나머지 한 통도 상인들 장사하는 방향으로 밀어버렸다. 흰색 물이 흘러내렸다.

상인들은 말했다.

"이를 어째. 하필이면 내 자리에 밀가루를 엎어?"

"너희들이 어제 내 반죽 통을 엎었잖아? 오늘은 내가 너희 수고를 덜어주려고 그래!"

"미친놈……."

"하하! 내일도 올게!"

나는 웃으며 말했다.

다음 날은 상인들이 라보 차 앞을 막았다. 손님들이 붕어 빵을 사지 못하게 라보 차 앞을 막았다. 나는 말했다.

"한번 붙든가? 그게 뭐야 쫀쫀하게……."

"이 새끼가 뭔 말하는 거야?"

"아니면 나를 병신으로 만들어 이 자리에 나오지 못하게 하든지……."

"아주 뒤지고 싶어 환장했구먼."

"너희들 나 잘못 건드리면 치료비 많이 나와. 돈 많이 벌어 놓았으면 해 보든지."

"그래, 알았어!"

그들은 내게 다가왔다. 그들은 내 멱살을 잡고 라보 차 위 에서 끌어냈다. 그들은 나를 땅바닥에 내동댕이쳤다. 잠시 후 나는 일어섰다. 그리고 라보차 위로 올라갔다. 나는 웃으 며 말했다.

"인생 공부시켜 줘서 고마워. 내 선물이야!"

나는 반죽 2통을 엎어버렸다. 흰색의 물이 흘러내렸다.

나는 하루도 빠지지 않고 메가마켓 후문으로 향했다. 그들도 지쳐가는 것이 보였다.

보름이 지나자 상인들은 내게 손을 뗐다. 다른 곳에서 사람들을 불렀다. 그들은 얼굴에 칼자국이 있는 사람들이었다. 이제는 상인들이 오는 것이 아니라 깡패들이 왔다. 그들이 내게 다가왔다. 한 명이 웃통을 벗으며 말했다.

"이게 뭔지 알아? 칼자국 보여, 안 보여?"

"안 보여!"

"아쭈, 안 보여? 너도 사시미 떠 줄까?"

"떠 줘!"

그들은 내게 다가왔다. 그들은 내 멱살을 잡고 라보 차 위에서 끌어냈다. 그들은 나를 땅바닥에 내동댕이쳤다. 나는 일어났다. 그들은 프로였다. 치료비가 들어가는 곳은 때리지 않았다. 표시가 안 나는 데만 골라서 때렸다. 잠시 후 나는 일어섰다. 그리고 라보 차 위로 올라갔다. 나는 웃으며 말했다.

"인생 공부시켜 줘서 고마워. 내 선물이야!"

나는 반죽 3통을 엎어버렸다. 흰색의 물이 흘러내렸다.

이번에도 깡패들이 왔다. 그들이 내게 다가왔다. 그들은 회 치는 칼을 보여주며 말했다.

"이게 뭔지 알아? 사시미 칼이야. 너도 사시미 떠 줄까?"

"······."

나는 웃통을 벗었다. 나는 웃으며 말했다.

"찌를 때는 그냥 쑤셔! 뺄 때는 돌려서 빼고!"

"······."

"쑤셔! 뭐 해? 안 쑤시고?"

"뭐 이런 재수 없는 새끼가 있어."

그들은 내게 다가왔다. 그들은 내 멱살을 잡고 라보차 위에서 끌어냈다. 그들은 나를 땅바닥에 내동댕이쳤다. 나는 일어났다. 나는 그들에게 얼굴을 갖다 들이밀었다. 그들은 프로였다. 치료비가 들어가는 곳은 때리지 않았다. 표시가 안 나는 데만 골라서 때렸다. 잠시 후 나는 일어섰다. 그리고 라보차 위로 올라갔다.

"나는 다시 일어서기를 포기하지 않았다."

나는 웃으며 말했다.

"인생 공부시켜 줘서 고마워. 내 선물이야!"

나는 반죽 4통을 엎어버렸다. 흰색의 물이 흘러내렸다.

반죽통은 붕어빵 반죽으로 된 것이 아니라, 그냥 밀가루였다.

나는 장사할 생각이 애초에 없었다. 그들도 점차 지쳐갔다. 거의 한 달이 되어갔다.

평상시보다 1시간 일찍 갔다. 오후 5시에 도착했다. 상인들이 짐을 싸기 시작했다. 한 상인이 급히 말했다.

"단속 공무원들이 온다. 빨리 짐 싸!"

나는 상인들을 향해 소리쳤다.

"내 라보 차에 다 올리세요."

"……."

상인들은 빤히 내 얼굴을 바라보았다. 나는 그들의 과일, 의류, 사탕, 잡화를 라보 차에 실었다. 그리고 잠시 다른 곳에 이동했다. 다시 돌아와서 그들의 물건을 내려다 주었다. 한 상인이 내게 정중히 물었다.

"한 달이 다 되어 가는데 언제까지 해 볼 생각입니까?"

"계속 나올 생각입니다."

"맞는 것, 두렵지 않습니까?"

"두려움은 자신이 만들어내는 겁니다."

"자신이 만들어낸다고요?"

"두려움은 원래부터 없습니다."

"지겹지도 않습니까?"

"고통도 괴로움도 다 지나가는 과정입니다."

"……."

이화카도크 사장은 내게 이렇게 말했다.

"모든 문제는 자신에게 있는 거야. 자신 스스로가 만들어 낸 거야. 세상의 모든 일은 다 지나가는 과정이야."

다음 날부터는 오후 5시에 메가마켓 후문에 도착했다. 상인들이 공무원 단속으로 잠시 자리를 피해야 했다. 나는 상인들의 물건을 싣고 잠시 있다 돌아왔다. 한 상인이 말했다.

"도와주는 것은 고마운데, 우리들은 자리를 뺏기고 싶지 않습니다."

"장사하는 사람들이 많이 있으면 손님들이 몰려오는 것이 아닙니까?"

"……."

"자동차정비공장도 한 곳에만 있는 것보다, 자동차정비공장 단지로 형성되어 있으면 더 많은 사람들이 옵니다."

"……."

"자동차 중고매매센터도 한 곳만 있는 것이 아니라 자동차 중고매매센터가 단지로 형성되어 있으면 더 많은 사람들이 옵니다."

"……."

내가 생각나는 단지는 두 군데 밖에 없었다. 자동차정비공장 단지와 자동차 중고매매센터 단지만 알고 있었다. 상인들끼리 이야기를 했다. 대표 상인이 내게 말했다.

"상인들끼리 모여서 의논해 보겠습니다."

"……."

　나는 하루도 빠지지 않고 메가마켓 후문으로 나왔다. 오후
5시에 나와서 공무원 단속을 도와주었다. 대표 상인이 내게
왔다. 그는 말했다.

"여기서 장사하세요."
"고맙습니다."
　나는 웃으면서 말했다. 지금까지 살아오면서 얻어맞은 것
보다, 여기서 더 많이 맞았다. 맞으면서도 나는 이겨낼 수
있다고 생각했다. 이화카도크 사장은 내게 이렇게 말했다.

"물이 적당하게 따뜻하니 사람들이 이곳에 들어와 피곤함
을 녹이고 있지. 세상 사람들도 마찬가지야. 내가 따뜻해야
사람들이 다가올 수 있어."

　결국 한 달 안으로 동래 메가마켓 후문의 최고 명당을 접
수했다.
　'1,000원에 5마리, 찹쌀 붕어빵'
　동래 메가마켓 직원들이 간식으로 사 갔다. 은행에서 간식
으로 사 갔다. 상가에서 간식으로 사 갔다.
　부산진 시장에서 흰 기운과 흰 모자를 새로 구입했다. 흰
가운을 입고 흰 모자를 쓰고 붕어빵을 팔았다. 자리가 확보

된 곳에서는 편하고 쉽게 팔렸다. 3마리를 먼저 넣고 2마리를 넣고 팔았다. 2마리를 먼저 넣고 3마리를 넣고 팔았다. 2마리를 먼저 넣고 2마리를 넣고 1마리를 넣고 팔았다. 손님들은 3마리 먼저 넣고 2마리를 넣어 주는 것에 제일 만족했다. 종이는 흰 종이로 열을 흡수하지 않아야 했다. 열을 흡수하면 어느 정도 시간이 지나면 눅눅해졌다.

나를 또다시 시험했다. 생소한 자리에 가서 팔아보았다. 사람들이 많이 붐빈다고 잘 팔리는 것이 아니었다. 부산지리도 조금씩 알아가기 시작했다. 주위 사람들은 나를 공격했다. 주위 사람들은 경찰서에 나를 신고했다. 나는 상황대처 능력이 생겨났다. 재료비 다 빼고 순수익이 하루에 10만 원이 넘었다. 하루 일당 10만 원에 만족했다. 100일의 붕어빵 장사 경험은 돈으로 살 수 없는 귀중한 것이었다.

나와 약속한 100일이 지났다. 라보 차, 붕어빵 틀, 붕어빵 비품은 형편이 어려운 지인에게 주었다. 붕어빵 만드는 법과 팥 삶는 법도 알려주었다. 부산 서면에 가까운 부암동에 1층 상가가 나왔다. 바로 계약했다. 유통업 상호를 지었다.

'빅트레이드'

중국에서 무역회사 상호도 생각했다.

'유나트레이드'

'빅트레이드는 중국으로 가기 전에 전초기지가 될 것이다. 유통업은 4년만 하고 중국으로 가는 거다. 적토마를 타고 청룡도를 날리는 관운장이 되어보는 거야.'

고통을 즐겨라

★

  나와 약속된 유통업 4년의 시간이 지났다. 나는 또다시 내 꿈을 향해 갔다.

  나는 중국으로 갈 비행기 표를 끊어놓았다.

  나는 생각했다.

  '중국무역, 더 큰 꿈을 찾기 위해 중국으로 가는 거야! 이제는 한국에서 유통업이 아니라 중국 대륙에서 유통업을 하는 거야. 중국 대륙에서 전 세계 사람들을 대상으로 무역을 하는 거야.

  30대 중반을 넘기고 있었다. 또다시 내 꿈을 찾기 위해 중국행 비행기를 탔다.

  기내에서 방송이 들렸다. 중국에 오기 전에 중국어 공부를 했지만, 막상 들리는 것은 단어 몇 개뿐이었다. 귀는 중요하지 않다. 긴장하면 뇌가 작동하지 않는다. 그러나 중국말이 들리지 않고, 중국어를 하지 못해도 큰 걱정은 하지 않았다. 막연하게 믿는 구석이 있었다. 중국은 '공자의 나라' 아닌가? 인仁과 예禮를 강조한 나라가 아니던가?

나는 중국 사람들은 대륙의 기질로 모두를 포용한다고 생각하고 있었다. 그러나 막상 중국에 아는 사람이 아무도 없었다. 포용이고 뭐고 안겨 보려 해도 도무지 아는 사람이 없었다. 맨땅에 헤딩이었다. 맨 몸뚱아리 하나로 버텨야 했다.

어쨌든 날아오른 것은 반드시 땅으로 내려온다. 중국 땅이 보이기 시작했다. 빨간 벽돌로 지은 집들이 보였다. 대부분 집들이 붉은 벽돌로 지어졌다. 삭막했다. 빨간색이 무채색으로 느껴질 수도 있음을 처음 보았다.

비행기가 중국 칭다오에 도착했다.

나는 자동차정비공장 시다에서 출발해서 일을 배울 때 2년 동안 거의 말을 하지 않았다. 당시 일을 배우는 시다는 선임이 시키면 이유를 묻지 말고 군소리 없이 시키는 일을 해야만 했다. 선임들의 태도, 표정, 어조, 손짓으로 알아차렸다. 나는 기내에 있는 중국인들을 따라서 걸었다. 그 당시 중국에는 질서가 따로 없었다. 사람이 질서였다. 사람들이 건너면 건너고, 줄을 서면 이유를 몰라도 서고, 사람들이 먹으면 먹었다.

그들이 줄을 서면 나는 뒤에 따라섰다. 그들이 무엇인가를 적으면 나도 따라서 적었다. 공안복을 입은 중국 군인들이 근엄한 표정으로 서 있었다. 한국 사람들은 한 명도 보이지 않았다. 한국말은 전혀 들리지 않았다. 중국말들만 내 귀에 쟁쟁하게 들려왔다.

공안이 나를 보았다. 엄숙한 목소리로 무엇이라고 큰 소리로 말했다. 무슨 말 하는지 하나도 모르겠다. 알게 뭔가. 외국인이 없는 것보다는 있는 것이 중국에 좋던 시절이다. 들여보내 주겠지. 결국 밖으로 나왔다. 어떻게 나왔는지도 기억이 없었다. 사람에 밀려 가방 바퀴를 굴리다 보니 밖이었다. 나는 생각했다.

'주사위는 던져졌어! 이제 또다시 새로운 도전과 모험이 시작되는 거야. 준비됐지? 잘할 수 있을 거야. 나를 믿어!'

공항 택시가 보였다. 택시가 내 앞으로 지나가고 있었다. 나는 손을 들었다. 택시는 내 앞에 멈추었다. 운전석이 특이했다. 투명 플라스틱 커버로 가려졌고 중간중간 쇠창살이 있었다. 운전사를 보호하고 있었다. 나는 운전사에게 말했다.
"我们去青岛市中心吧!(청도중심부로 갑시다)"
청도 중심부에 도착했다. 시내를 한동안 걸어 다녔다. 내 눈에는 모든 것이 신기했다. 어둠이 조금씩 깔리기 시작했다.

식당이 보였다. 식당에 들어가서 자리에 앉았다. 메뉴판을 보아도 무엇을 먹어야 할지 몰랐다. 중국 음식은 대부분이 기름지다는 것을 직접 눈으로 보게 되었다. 옆에 있는 사람이 닭죽을 맛있게 먹고 있었다. 닭을 물에 끓인 것인지 기름에 끓인 것인지조차 알 수 없었다. 모르면 사람들을 따라서! 나는 손짓으로 같은 것으로 주문했다. 주문한 음식이 나오는 순간, 조금 이상한 냄새가 났다. 수저도 이상하게 생겼다. 일식집 우동 숟가락도 아니고 우리 밥숟가락도 아닌 애매한 것이 나왔다. 숟가락으로 국물을 떠서 입으로 가까이 가져가니 음식에서 특유의 향기가 났다. 싸구려 화장품을 실수로 닭죽에 들이부은 것 같은 냄새가 났다.

숟가락으로 국물을 입에 넣고 삼키려는데 목에서 넘어가질 않았다. 몇 차례 시도를 했다. 나는 생각했다. '어떤 일이 있어도 먹어야 해!' 목에 힘을 주어 삼키려고 해도 삼켜지지 않았다. 국물이 입안에서만 맴돌고 있었다. 반찬은 모두 식용유를 넣고 달달 볶았다. 하다못해 해초까지도 기름이 반지르르하다.

"아뿔싸……."

사태의 심각성을 느꼈다.

'만약 중국음식을 극복하지 못하면 중국 전역을 돌아다닐 수 없어!'

중국 음식에는 '고수'라는 향신료가 있었다. 대부분의 중국 음식에는 '고수'가 들어있었다. 먹을 수가 없었다. 청도는 산둥성에 있다. 한국과 가장 가깝다. 산둥성은 삼면이 바다로 둘러싸인 반도다. 우리와 비슷하다. 한국인이 중국 음식을 정복하는 관문이다. 여기에서 무너지면 중국 내륙에 한 발짝도 못 들인다.그 자리에서 일어나서 바로 슈퍼마켓으로 갔다. 향신료, 식용유를 구입하고 모텔에서 여장을 풀었다. 모텔에 돌아와서 향신료 가루를 침대 머리맡에 뿌렸다. 화장실 바닥에도 향신료 가루를 뿌렸다. 모텔에는 유리컵이 있었다. 식용유를 유리컵에 부었다. 저녁식사로 입에다 향신료 가루를 부었다. 그리고 바로 식용유를 마셨다.

"꿱! 꿱! 꿱"

바로 구토를 했다. 예상대로였다. 화장실 거울에 비친 내 얼굴을 보았다. 입가에 식용유가 줄줄 흐르고 있었다. 한동안 화장실 거울에 비친 내 얼굴을 말없이 보고만 있었다. 나는 생각했다.

'중국 음식을 극복하지 못하면 중국인들과 함께 식사할 수 없어. 중국 전역을 돌아다니다 보면 별의별 음식을 다 먹어야 하는데, 이 정도도 극복하지 못하면 어떡해? 내 생각과 의지가 내 몸을 이끌지 못하는 것인가? 할 수 있어! 난 할 수 있어!'

"나는 할 수 있어! 나는 나를 믿어! 향신료 냄새가 좋다. 향신료가 맛있다. 내가 좋아하는 냄새를 떠올리는 거야! 내가 좋아하는 음식으로 대체하는 거야!"

향신료 가루를 입에 털었다.

"꿱! 꿱! 꿱!" 몸이 받아주지 않고 있었다. 첫날은 무척 피곤했다. 배가 고프다는 생각보다 쉬고 싶다는 생각이 앞섰다. 바로 침대에서 곯아떨어졌다. 그렇게 중국에서 첫날이 지났다. 아침이 되었다. 나는 커튼으로 햇빛을 가렸다. 내 방은 어둠만 존재하고 있었다. 내가 어둠 속으로 사라질지⋯⋯. 아니면 햇빛 있는 세상으로 걸어 나갈 지는 며칠 안으로 승부가 날 것이다. 게임의 룰은 내가 정했다. 또다시 주사위를 던졌다. 아침 식사로 입에다 향신료 가루를 입에 부었다. 그리고 바로 식용유를 마셨다.

"꿱! 꿱!"

예상대로였다. 향신료와 식용유와의 싸움이 언제 끝날지 나도 모른다. 나는 걱정하지 않았다. 이 싸움도 내가 이긴다는 자신감이 있었다. 점심 식사로 입에다 향신료 가루를 부었다. 그리고 바로 식용유를 마셨다.

"꿱! 꿱!"

예상대로였다. 저녁 7시가 되었다. 저녁식사로 입에다 향신료 가루를 부었다. 그리고 바로 식용유를 마셨다.

"꿱! 꿱!"

예상대로였다. 오늘도 아무것도 먹지 못했다. 배가 무척 고팠다. 나는 생각했다.

'향신료와 식용유 때문에 내 꿈을 접을 수는 없어! 나는 이겨낼 거야!'

생각과 의지는 있어도 몸이 받아주질 않았다. 그러나 반복이 몸에 익숙해지면 몸도 결국 받아들인다. 몸은 머리보다 빨리 배운다. 나는 수없이 말했다.

"맛있다. 맛있다. 맛있다……."

"냄새가 좋다. 냄새가 좋다. 냄새가 좋다……."

생각과 의식을 주입시켜도 내 몸이 따라주지 않고 있었다. 향신료와 식용유를 이겨내지 못하면 지금 내 꿈을 접어야 했다. 나는 생각했다.

'향신료와 식용유를 극복하지 못하면 한국으로 돌아간다!'

나는 나를 믿었다.

"지금까지 나는 잘해 왔잖아! 앞으로도 잘 할 수 있을 거야!"

적토마를 타고 청룡도를 든 관운장의 모습을 그렸다. 흙먼지를 날리면서 적진으로 들어가는 관운장의 모습을 그렸다. 뿌연 흙먼지도 보였고, 대지를 달리는 말발굽 소리도 들렸다. 그날 밤은 관운장을 생각하며 잠을 청했다. 이틀이 지났다. 아침이 되었다. 아침 식사로 입에다 향신료 가루를 부었다. 그리고 바로 식용유를 마셨다.

"꽥!"

소리만 지를 뿐 입에서 나오는 것은 식용유뿐이었다. 이제 입에서 나오는 별다른 내용물이 없었다. 중국을 보고 싶었다. 중국 거리를 돌아다니고 싶었다. 중국인들의 모습을 보고 싶었다. 그러나 먹지를 못한다. 중국 음식에는 향신료가 들어가 있는데, 그렇다고 향신료만 빼고 음식을 해 달라고 할 수는 없었다. 중국인들과 함께 식사할 때가 많을 텐데, 내 스스로 이방인임을 자처하는 것이었다. 이제 오기가 생겼다. 다시 향신료 가루를 입에다 가득 털었다. 그리고 식용유를 마셨다.

"꿱!"

나는 나와의 싸움에서 빨리 승부를 내고 싶었다. 몇 번을 시도했는지 모른다. 점심때가 되었다. 몸이 아직도 향신료에 적응하지 못하고 있었다. 몇 번을 먹어보았다. 먹을 때마다 마찬가지였다.

"꿱!"

저녁식사 시간이 되었다. 나와의 싸움을 이제 끝내고 싶었다. 이틀 동안 아무것도 먹지 않았다. 밖에 나가 과일이라도 사서 먹고 싶었다. 내 꿈을 과일로 바꾸고 싶지 않았다. 저녁식사로 입에다 향신료 가루를 입에 부었다. 그리고 바로 식용유를 마셨다.

"……."

이번에는 구토를 하지 않았다. 나는 정말 기뻤다. 이제 몸이 적응하기 시작한 것 같았다. 다시 한번 향신료 가루를 먹었다.

"……."

"나는 향신료 가루 먹기를 포기하지 않았다."

몸에서 거부반응이 일어나지 않았다. 갑자기 눈이 감겨오기 시작했다. 나는 생각했다.

'왜 갑자기 잠이 오지?'

다음 날 오후에 깨어났다. 얼마나 잤는지 나도 모른다. 배가 고팠다. 거리로 나갔다. 식당이 보였다. 중국식당에 중국 사람들이 줄 서 있는 모습이 보였다. 간판에 '麻辣烫(마라탕)'이라고 쓰여 있었다. 식당에 들어가니 맛있는 음식 냄새가 났다. 나는 마라탕을 주문했다. 국물에 기름이 둥실둥실 떠올라 있었다. 나는 먼저 국물을 숟가락으로 떠서 천천히 맛을 보았다. 나는 신기하듯이 말했다.

"우아, 맛있다!"

천천히 음식을 먹었다. 나는 신기한 표정으로 말했다.

"우아, 정말 맛있다!"

식당 앞 테이블에는 여러 종류의 향신료들이 보였다. 고수를 종류별로 듬뿍 넣었다. 중국인들이 마라탕에 향신료를 가득 넣는 모습을 신기한 듯 보고 있었다. 나는 향기와 맛을 음미하면서 먹었다. 나는 탄성을 질렀다. "세상에! 말도 안돼! 내 체질이 바뀌었어!" 이제 몸이 완전히 받아들이고 있다는 것을 알았다. 식용유로 뒤범벅이 된 반찬을 먹었다. 나는 또다시 말했다.

"우와! 정말 맛있다."

몸에서 전혀 거부반응을 일으키고 있지 않았다. 이후 나는 '고수'라는 향신료를 상추처럼 먹게 되었다. 고수가 없으면 식사를 못할 정도가 되었다. 향긋한 냄새가 나서 먹고 나니 입 안이 개운했다. 식용유 문제도 해결되었다. 식용유에 밥을 말아 먹을 정도가 되었다. 식용유는 땅콩 맛이 났다. 기름진 음식이 몸에 받았다. 음식이 해결되니 중국을 돌아다니는 일이 무섭지 않았다. 중국 전역을 돌아다니며 중국인 뿐만 아니라 세계 여러 나라의 상인들과 함께 식사하게 되었다. 생각과 의지만으로 실행으로 옮겨지는 것이 아니다. 나는 생각했다. '머리로 안다고 해서 몸이 받아주는 것이 아니야. 몸이 편하게 움직이면 생각과 감정은 따라오는 거야!' 머리는 몸을 이끌지 못하지만 몸은 머리를 이끌었다. 생각은 감정을 이끌지 못하지만 감정은 생각을 이끌었다. 결국 몸은 감정을 이끌고, 감정은 생각을 이끌었다. 이화카도크 사장이 내게 한 말이 떠올랐다.

"원하지 않는 일은 하지 않는 것이 좋아." "······." "사람에게는 느낌이라는 것이 있어." "" "······." "머리보다는 몸이 더 정확하게 알고 있지." "······." "세상을 알아가고 이해할 때 머리보다는 몸으로 받아들여야 해!" "예, 잘 알겠습니다."

초등학교 3학년 때 '신밧드의 모험'이란 만화가 있었다. TV에서 주제가가 나오면 따라 불렀다.

"펼쳐라. 펼쳐라. 너의 모험담. 불끈 불끈 용기가 용솟음친다. 어딘지 모르는 신비의 나라. 우리 우리 가고 싶다. 모험의 나라."

나는 내가 꿈꾸는 세상으로 한발씩 가고 있었다. 도전-시련-성취-변화-성장은 새로운 역사였다. 도전-시련-성취-변화-성장은 신나고 즐거운 모험이었다. 중국은 내게 무역과 교육을 인도해 주었다. 중국은 내게 '꿈 너머 꿈'을 알려주었다. 중국은 내게 신비의 나라, 모험의 나라였다.

춤을 추듯이 움직여라

★

　빈관(賓館: 중국의 모텔)에서 나온 나는 청도 바닷가 근처를 들러보았다. 건물들이 중국 고유의 모습이 아니었다. 중국 안의 유럽을 보는 것 같았다.

　전쟁은 아픔을 남기지만 그것도 사람과 사람이 만나는 방식 중 하나다. 중국 청도는 독일에 의해 개항된 후 급속한 성장을 이룬 도시였다. 맥주로 유명한 독일이 중국에 들어오는 바람에 "양꼬치, 칭다오!" 하는 중국 청도 맥주가 탄생했다. "남쪽의 귤이 강을 건너 북쪽으로 오면 탱자가 된다."는 말도 있다. 독일에서 넘어온 맥주도 청도에 오자 중국의 맛으로 변했다. 전쟁의 역사는 이 뿐이 아니다. 하얼빈 맥주도 러시아 군대가 점령하면서 생겨났다. 또 홍콩 맥주 블루걸은 식민지 시절 영국에서 들어온 맥주의 자손이다. 혈기왕성한 남자들을 모아놓고 전쟁만 시켰다. 그들을 달래 줄 유흥이 필요하고 술이 필요했다. 자기 나라 군인들에게 맥주라도 제공하려던 게 중국 땅이 넓다 보니 각국의 맥주들이 속속 들어가는 결과를 낳았다.

건물도 그랬다. 대부분의 건물들이 별장 같았다. 유럽에서나 볼만한 독일식 유리 창문 양식들이 흔하게 보였다. 전쟁은 슬프면서도 다채롭다. 전쟁의 문화는 참혹하면서 효율적이다. 그래서 더 무섭다.

식당이 보였다. 식당에 들어가니 긴 나무의자가 보였다. 훈툰(중국식 만둣국)을 주문했다. 만두가 한국 만두보다 작았다. 만두피가 얇아 후루룩 넘어가면서도 육수에서 깊은 맛이 났다. 먹은 건지 마신 건지 몰랐다. 가격은 우리 돈 120원이었다.

청도 바닷가를 벗어나 중국 중류층이 사는 동네를 알아보기로 했다. 몇 시간을 걸었는지 모른다. 공원이 보였다. 공원은 규모가 컸다. 많은 중국인들이 산보를 즐기고 있었다. 카세트를 틀어놓고 음악에 맞춰 운동을 하는 사람들도 있었다.
중국식 제기차기하는 사람들이 보였다. 남녀 서너 명이 모여서 돌아가면서 차는 것이다. 제기 술을 깃털로 만들어서 우리나라 것보다 하늘 높이 날아오른다. 덕분에 받아 찰 시간이 충분하다. 여럿이 차도 몇 분 동안 떨어뜨리지 않는 모습이 신기했다.

'콩쥬놀이'도 보였다.

1999년. 세상이 망할까 봐 걱정이었다. 밀레니엄 버그로 핵전쟁이 날 거라며 뒤숭숭하던 그 와중에도 김희선은 지금처럼 예뻤더랬다. 탤런트 김희선이 드라마 속에서 요요를 굴리고 다녔다. 대유행. 기름때 덕지덕지한 정비공장에서도 요요를 굴리는 놈이 있었다. 콩쥬가 바로 중국식 요요 같은 물건이다. 두 개의 대나무 막대에 줄을 매달아 대나무 통 가운데 부분에 실을 넣어 감고 빠른 손놀림으로 방향을 바꿔가면서 돌리는 놀이이다. 여러 방향으로 돌리고 위아래로 던져 다시 받는 모습은 묘기였다.

새장을 들고나온 할아버지도 있었다. 새장에는 구관조, 앵무새 등 새가 다양했다. 중국어로 인사도 했다. 다정한 암수 한 쌍이 보였다. 30분 동안 쳐다보며 열심히 "안녕"을 가르쳤다. 대답은 "니하오!"

얼후(중국 전통 현악기)를 들고나온 할아버지도 있었다. 처절하게 사느라 음악회 근처도 못 가본 내가 청도 공원에서 처음으로 악기 연주를 들었다. 잘은 몰라도 웬만한 한국의 국악인만큼 연주를 잘하시는 것 같았다.

소매시장도 가까웠다. 시장에는 많은 상인들과 물건을 사려는 사람들이 보였다. 상인들은 지나가는 손님들의 눈길을 끌기 위해 큰소리로 외치고 있었다. 과일가게들이 내 눈에 제일 먼저 들어왔다. 시장에는 지금까지 보지 못했던 열대 과일들이 즐비하게 놓여 있었다. 나중에서야 그 이름들을 알았다. 망고스틴, 두리안, 사피과蛇皮果, 스타푸르트양타오: 杨桃. 과일가게를 지나니 채소가게가 있었다. 배추가 보였다. 생긴 모양이 한국에서 보았던 배추와 별 차이가 없었다. 노란속 배추만 따로 다듬어 팔기도 했다. 제일 큰 것을 가르치며 가격을 물어보았다. 가격은 120원이었다. 한국에서 귀하디 귀한 죽순도 달랑 500원이었다.

더 어이가 없는 것은 당근이었다. 8t은 되어 보이는 크기의 트럭에 줄기도 자르지 않은 흙 묻은 당근이 가득 실려 있었다. 당근의 산을 보았다. 중국인의 스케일에 기가 질리는 순간이었다.

거주할 지역을 정했다. 놀아도 중국인과 놀아야 한다. 중국인들만 사는 동네에서 지내야 빨리 중국어를 배울 것 같았다. 지나가다 보니 부동산이라는 간판이 보였다. 부동산을 몇 군데 둘러보았다. 가장 마음에 드는 곳이 연립주택 4층에 위치한 집이었다. 아직 엘리베이터가 보편화하기 전이라 중국의 연립주택은 4층 이하가 대부분이었다. 앞마당은 공원으로 들어가는 입구였다. 운동기구가 놓여 있었다.

방 1개, 거실, 화장실, 부엌이 있었다. 내가 사야 할 물건은 없었다. 이미 TV가 있었고, 기실에는 소형 냉장고가 있었다. 부엌에는 가스레인지가, 화장실에는 세탁기가 있었다. 화장실 문턱이 없는 게 신기했다.

중개인이 집주인에게 전화를 했다. 중국엔 전세 제도가 없다. 중개인은 집주인이 1년 치 월세를 한꺼번에 받고 싶어 한다고 했다. 중개 수수료는 1개월 임대료 가격을 달라고 했다. 중개인과 계약서를 적었다. 중개사, 집주인과 함께 공안국에 가서 외국인 거주 신고를 했다.

중개사에게 이 근처에서 가깝고 큰 시장을 물어보았다. 청도시장은 버스로 30분 정도 간다고 했다. 나는 버스를 타고 청도시장으로 갔다. 버스비는 120원이었다. 내가 고등학교 1학년 때 버스 토큰 장사할 때와 가격이 같았다.

버스 안에서 보이는 광경은 신기했다. 안내양이 있었다. 과거의 시간으로 되돌아가는 것이었다. 10년 전, 20년 전, 30년 전으로 돌아가고 있었다. 눈에 보이는 모든 것들이 초등학교 때 보았던 것이었다. 나를 초등학생, 아니 초등학교 다니기 이전의 시절로 되돌렸다.

시장에 도착하니 시장 안은 상인들과 사람들로 가득 찼다. 지게꾼들이 내 앞으로 지나갔다. 쇠로 만든 지게였다. 올려 놓은 물건은 상당했다. 짐꾼은 각자의 인생을 지고 간다. 지금 내 인생의 짐은 어디로 갈지 궁금했다.

제일 눈에 띄는 것은 참기름 가게였다. 나는 고등학교 1학년 때 참기름 장사를 했다. 어쩜 그 시절 내가 사용했던 기계와 똑같을 수 있을까 신기했다. 기계 옆에 고등학생 정도 돼 보이는 남자아이가 꾸벅꾸벅 졸고 있었다. 17살 익철이도 기계 옆에서 꾸벅꾸벅 졸고 있을 것 같았다.

시장의 규모는 생각 외로 컸다. 이곳은 청도 도매시장이었다. 나도 도매시장 물건을 떼어 팔던 장사꾼이었다. 관심 있는 물건값을 하나씩 물어보았다.

속옷과 양말을 샀다. 양말은 한 켤레에 우리 돈 100원이었다. 팬티와 러닝셔츠는 200~300원이었다. 정장 바지는 1,000원이었다.

수박이 보였다. 중국 수박은 한국 수박보다 크기가 작았다. 가격은 300~500원이었다. 나는 이전에 과일 장사를 할 때 과일값에 30% 마진을 붙여서 팔았다. 3일째까지는 30%, 그다음 날에는 20%, 그다음 날에는 10% 마진을 붙였다. 다음 날에는 본전으로 팔았다. 그래도 남으면 땡처리해 버렸다. 일부러 손해를 보면서도 팔았다. 공산품은 20% 마진을 붙여서 팔았다. 그런데 여기는 생각 외로 소매점에서 마진을 많이 붙이고 있었다. 중국 소매점에서는 과일과 채소는 최소 50%, 공산품은 최소 두 배의 마진을 붙여서 팔고 있었다.

농기구를 파는 가게도 보였다. 가게가 아니라 대장간이었다. 농기구를 직접 만들고 있었다. 불에 달군 쇠를 두드리고 있었다. 어릴 적 망원동을 지나가다가 보던 대장간이 생각났다. 타임머신을 탄 것 같았다.

돼지고기를 파는 곳도 보였다. 그런데 냉장고가 안 보였다. 고기를 걸어 놓고 길거리 좌판에서 팔고 있었다. 중국에서 '고기'를 달라고 하면 돼지고기를 준다. 가장 즐기는 일반적인 고기가 돼지고기다. 잘 상하니까 툭하면 중국 음식 중에 튀긴 고기가 나오는 모양이었다. 하긴 맥주를 시켜도 시원한 맥주는 없었다. 그 시절 중국은 아직 냉장고가 보편화되지 않았다. 미개발의 거대 대륙이었다.

어두워지기 시작했다. 야경이 없다. 7시 전에 웬만한 길거리의 등은 다 꺼져버린다. 길에서 장사하는 상인들은 서둘러 물건을 정리하기 시작했다.
나는 가구점에 들렀다. 나무 책상과 나무 의자를 구입했다. 주인아저씨에게 배달을 부탁하면서 약도를 그려주었다. 이불 집에 가서 이불을 구입하고 택시를 탔다. 도착하고 30분 정도 지났을 때 벨 소리가 들렸다. 50대로 보이는 짐꾼 2명이 왔다. 차에서 책상, 의자를 내렸다.
잠시 후 아저씨가 무엇인가를 꺼내기 시작했다. 끈이었다. 나는 탄성을 질렀다.

"세상에!"

끈으로 책상을 감싸서 혼자 어깨에 메고 4층까지 가는 것이었다. 이번에는 다른 한 명이 끈으로 의자를 감싸서 어깨에 메고 4층까지 올라왔다. 나는 물었다.

"不累吗?(힘 안드세요?)"

"怀着愉快的心情，像跳舞一般动起来就行.(즐거운 마음으로 춤추듯이 하면 됩니다.)"

"跳舞?(춤이요?)"

"……."

짐꾼은 미소를 짓고 있었다.

다음 날 새벽에 확성기 소리가 들렸다. 나는 4층에서 밖을 내려다보았다. 공터에 50명 정도 되는 사람들이 있었다. 춤을 추고 있나 했다. 내려가서 물어보니 한 아주머니가 대답하신다.

"타이치!"

태극권이다. 부드러운 움직임을 통해 힘을 발휘하는 무술이었다. 어릴 때 무협지를 보면 남권북퇴南拳北腿라는 말이 있었다. 중국의 남쪽은 주먹으로, 북쪽은 발로 싸우기를 잘한다는 말이었다. 태극 '권拳'이라 그런지 어깨를 타고 흘러내리는 손동작이 춤추듯 넘실댔다. 부드럽고 유연한 동작이 이어졌다. 그들은 모두 붉은색의 옷을 입고 있었다.

 아주머니 목소리가 다시 들렸다.

 "跳舞(티아오우)⋯⋯."

 어제 짐꾼 아저씨가 말한 단어였다.

 태극권을 하는 모습은 일사불란했다. 나는 마칠 때까지 지켜보기로 했다. 30분 동안 수십 마리 학이 너풀너풀 군무를 추는 것 같았다. 태극권을 가르치는 강사는 50대 여자였다. 맨 앞에서 먼저 시범을 보이면 나머지 50명은 조금 있다가 따라 했다. 그녀의 몸의 움직임이 무척 부드러웠다. 그녀는 태극권을 하는 사람들 사이에서 계속 말하고 있었다. 그녀는 깃털 같은 몸을 흩날리며, 천천히 움직이고 있었다.

 다음 날 새벽 6시가 되니 어제와 똑같이 태극권이 시작되었다. 맨 앞에서 여자 강사가 먼저 시범을 보이면 나머지 50명이 그녀를 따라 했다. 그들의 동작은 몸에 힘을 빼서 편안하고 자연스러웠다. 나는 맨 뒤에서 그들이 하는 동작을 따라 했다. 내 동작은 뚝뚝 끊기고 있었다.

 여자 강사가 나를 보았다. 그녀가 천천히 몸을 날리면서 내게 다가왔다. 그녀는 미소를 띄우며 부드럽게 말했다.

 "像跳舞般动起来!(춤을 추듯이 움직이세요!)"

중국인 역시 인성과 인품이 우선이었다!

　중국에 제품 주문을 할 때는 30% 선금을 걸고 시작했다. 제품 생산이 완료되고 검품 후 문제가 없으면 공장에서 출고 시 잔금 70%를 결재하고 내보냈다. 관세는 제품마다 달랐다. 또한 운송비는 지역별로 차이가 있었다. CBM[14]당 가격을 알려주었다. 나는 주로 거래 대상국이 남미 쪽이라 물류 운송은 컨테이너 베이스로 나갔다. 얼마 되지 않는 몇십 박스 정도 주문하면 컨테이너에 파셜[15]로도 선적이 가능했다. 파셜은 물류 운송비가 많이 부담되었다.

....

14　큐빅 미터(cubic meter) : 컨테이너 계산법(가로*세로*높이)

15　파셜(partial shipments) : 분할 선적.

물건 주문 시 FOB[16]로 할지, CIF[17]로 할지 알려줘야 했다. 나는 중국 공장에서 생산된 제품이 각 나라 항구에 도착하여 주문한 상대방 눈앞까지 안전하게 전해지는 데 드는 단가를 소수점 두 자리까지 뽑아냈다.

가장 저렴하게 생산하는 중국 공장은 웬만한 데는 거의 가봤다. 많은 종류의 제품을 중국에서 세계 각 나라로 내보냈다. 의류 부자재, 가방, 지갑, 모자, 시계, 벨트, 양말, 신발, 문구, 언더웨어, 선글라스, 패션잡화, 완구, 유아용품, 액세서리, 주얼리, 컴퓨터 주변기기, 휴대폰 주변기기…….

제품을 생산하는 공장은 누구나 찾을 수 있다. 그러나 품질 좋고 저렴한 원자재를 생산하는 공장을 아는 사람은 극소수다. 중국 상인들의 공통된 특성이 있었다. 첫 거래를 하기 전에 상대 회사의 최고 경영자를 직접 대면하기를 원했다. 중국 공장 규모를 한국 공장 크기로 생각하면 안 된다.

와이셔츠 주문을 받았다. 중국에서 인지도 있는 회사는

....

16 본선인도가격. 매도인이 약속한 화물을 매수인이 지정한 선박에 싣고, 화물의 인도를 마칠 때까지 일체의 비용과 위험을 부담한다. 일반인들에게 익숙한 택배로 비유하면 착불과 비슷.

17 무역 거래에서 매도인(수출자)이 수입업자에게 물건을 인도하기까지 싣고, 운반하고, 도착하기까지의 운임, 보험료 모두를 부담할 것을 조건으로 한 무역계약. 선불제 택배와 비슷하게 이해하면 된다.

OEM 방식이라 세계 각 나라에서 주문이 들어왔다. 그들은 미국, 영국, 유럽의 세계적으로 이름 있는 회사에서 주문받은 것을 우선으로 작업했다. 내가 주문하면 기본으로 3~6개월은 기다려야 했다. 그래도 주문을 받아준 것만 해도 고마웠다.

그날도 직원들과 함께 찾아갔다. 회사 정문은 누구나 들어갈 수 있었다. 1층 로비에서 수위가 나를 전체적으로 훑어보았다. 여러 가지를 물어보았다. 별로 중요하지 않은 내용이었다. 수위가 2층으로 올라가도 된다고 한다. 수위는 내게 사장실(고층)로 올라가기 전에 2층에서 차를 마시면서 기다리라고 했다.

2층에 올라가니 철관음, 보이차, 커피를 비롯해 여러 가지 종류의 차와 전기 포트가 있었다. 과자, 사탕도 있었다. 누군가가 앞서 먹은 과자, 사탕의 종이와 비닐이 휴지통 주위에 떨어져 있었다. 나는 차를 마신 후에 아무 생각 없이 테이블을 정리했다. 휴지통 주변을 치웠다. 그날 중국 책임자를 만나서 일이 잘 성사되었다.

나중에 안 일이지만, 그때 만난 수위는 전직 이사급이라고 했다. 중국에서는 퇴직한 임원을 수위로 재고용하는 경우가 있다. 수위는 1층 로비에서 내 태도, 모습, 음성을 체크하고, 진품이 아닌 짝퉁을 몸에 치장하지 않았는지 살폈다고 했다. 심지어 내가 책임자를 만나기 전에 테이블을 정리한 것과 쓰레기를 휴지통에 주워서 넣는 것까지 다 보고 있었다고 했다.

중국인들은 상대방을 직접 만나 차를 마시면서 인성을 확인하고 거래를 한다.

'신용을 잃어버리면 모든 것을 잃는다.'

중국 상인, 특히 항저우 상인에게 신용은 목숨이었다. 항저우 상인은 단순한 상인이 아니었다. 그들의 뿌리에는 사업과 예술을 겸하는 기품과 자존심이 있었다. 이탈리아에는 상인으로 시작해 교황까지 배출한 유명한 메디치 가문이 있다. 중국에는 수많은 예술인을 후원한 항저우 상인이 있다. 품격과 신용이 그들의 자산이다.

중국 상인들은 남미, 북미, 유럽, 아시아, 아프리카 사람을 전혀 구분하지 않았다. 그들은 중문과 영문으로 쓰인 계약서 내용을 중요하게 여겼다. 그것보다 더 소중하게 여기는 것은 '진정성'이었다. 그들이 진정으로 원하는 것은 함께할 '펑요우(친구)'였다.

세상 어디든 인성과 인품이 먼저다!

기름때에 전 정비공장이 내 교과서였다. 그 속에서 사업에 필요한 인품을 배웠다. 인품 없는 엔지니어는 평생 기름밥만으로 만족해야 한다. 천막으로 가려진 세상에서 벗어나 푸른 하늘을 보려는 노력과 준비도 인성과 인품에서 시작된다.

천지공업사를 떠나 더 큰 꿈으로 다가가려고 할 때를 가끔 떠올려본다. 역삼역에 내렸다. 역삼동 땅을 밟자 2년 전의 내가 떠올랐다.

정비기술이 없는 사람에게는 월급이 없었다. 역삼역에 내리는 사람들이 대부분 깔끔하고 세련되었다. 월급도 못 받을 동네라도 이왕이면 깨끗한 데서 일하고 싶었다.

2년 후의 나는 달랐다. 나는 생각했다.

'이제 내가 정비공장을 직접 고를 수 있다.'

나 자신이 뿌듯하고 대견했다. 이전에 다녔던 공장장과의
대화가 생각났다.

"공장장님, 저 정비공장을 옮겨보려고요."
"왜, 여기가 마음에 안 들어서……?"
"마음에 듭니다."
"그런데?"
"이전에도 몇 차례 말씀드렸듯이, 저는 여기 1년만 있겠다
고 했습니다."
"왜, 월급이 적어서?"
"여기는 공장장님도 좋고 동료들도 좋아요. 월급도 만족하
고 있고요."
"그런데?"
"다른 세상을 보고 싶어요."
"……."

공장장은 잠시 머뭇거리다가 물었다.

"갈 데는 있고?"
"찾아봐야지요."
"문래단지에 있는 정비공장은 내가 소개해 줄 수가 있어."

"이전에 있었던 강남 쪽에서 찾아보려고요."

"강남……. 내가 아는 공장 있는데 소개해 줄까?"

"제 힘으로 한번 찾아보고 싶어요."

"언제든지 도움이 필요하면 연락해!"

공장장의 목소리에 내 몸이 따뜻해지는 것을 느꼈다.

2년 전, 가장 힘든 시간을 견디고 지지해준 녀석이 바로 '태양'이었다. 힘들 때마다 하늘을 바라보았다. 태양은 언제나 나를 지켜주었다. 태양은 언제나 나를 보호해 주었다. 걸어갈 때도 혼잣말로 중얼거렸다. 출근하면서, 공장에서 일하면서, 퇴근하면서 늘 대화를 했다.

"오늘도 공장에서 잘 버틸 수 있게 도와줘!"

"오늘 잘 견딜 수 있게 힘을 줘!"

"내일은 오늘보다 더 좋겠지!"

"내일도 나와 함께 해 줄 거지!"

"앞으로도 나와 영원히 함께 해 줄 거지!"

2년 뒤에 다시 역삼역, 선릉역, 종합운동장, 잠실역을 걸어서 돌아다녔다. 자동차정비공장을 찾아보았다. 안으로 들어가면서 작업 현장을 보았다. 수위는 말했다.

"어떻게 오셨어요?"

"정비 기사 만나려고 왔습니다."

"사무실은 저쪽에 있어요."

"예."

이전 정비공장에서 함께 있었던 판금부 사람을 만나보고 싶었다. 나는 사무실에 들어가지 않았다. 현장에서 작업하는 정비공들을 바라보았다. 나보다 6개월 먼저 들어온 선임이 보였다. 나보다 한 살 어렸고, 함께 연장 정리하고 청소했던 동료였다. 나는 그를 보자 무척 반가웠다. 나는 그가 일하는 곳으로 갔다. 나는 물었다.

"이전에 일했던 사람들은 다 어디로 갔어?"

"공장 문 닫은 후에 연락이 안 돼."

"공장 문 닫은 다음에 바로 여기 왔나 보네?"

"강남이 깨끗하고 시설이 좋잖아. 다른 데는 더러워서 일 못 하겠어."

그는 아직도 시다에서 벗어나지 못했다. 나는 공장에서 나와 걸어 다녔다. 다른 정비공장에서 중간선임도 보였다. 나는 그를 보자 무척 반가웠다. 나는 그가 일하는 곳으로 갔다. 나는 물었다.

"이전에 일했던 사람들은 다 어디로 갔어요?"

"나도 몰라."

"공장 문 닫은 다음에 바로 여기 왔나 봐요?"

"강남이 다른 데보다 월급이 많이 주잖아. 나는 강남이 좋아"

이제 내 눈에는 선임이 중간급이 아니라 초급으로 보였다. 나는 공장에서 나와 걸어 다녔다. 또 다른 공장에서 A급 선임이 보였다. 나는 그를 보자 무척 반가웠다. 그가 일하는 곳으로 갔다. 그는 여전히 담배를 물고 작업을 하고 있었다.

나는 정중히 인사를 했다. 나는 물었다.

"이전에 일했던 사람들은 다 어디로 갔어요?"

"그거 알아서 뭐 하게."

"공장 문 닫은 다음에 바로 여기 왔나 봐요?"

"……."

그는 아무 말도 하지 않고 얼굴을 붉혔다. 이전 정비공장에 있을 때, 나는 그가 묻는 말에만 대답해야 했다. 그는 내게 한마디 툭 던졌다.

"너, 많이 컸네!"

"……."

"이 새끼 봐라! 완전히 겁대가리 짱 박었어!"

"아직도 변한 게 하나도 없어."

나는 빙그레 웃으며 너그러운 목소리로 말을 이었다.

"나는 이 새끼가 아니야. 말조심해!"

"……."

"사람이 갖추어야 할 것이 뭔지 알아?"

"……."

"기술은 시간이 가면 해결해 줘!"

"……."

"인성과 인품은 자신이 노력해야 해!"

"……."

그는 더 이상 아무 말도 하지 못하고, 내 눈만 응시했다. 대답없이 눈에 핏대가 선 것 보니, 내 말이 맞는 것 같았다. 그는 더 이상 A급 선임이 아니었다. 판금 기술은 A급일지라도 인성과 인품은 낙제였다. 이제 그의 기술은 내 눈에 중간선임 정도로 보였다. 나는 정비공장 정문을 나왔다.

인성과 인품은 만국 공통의 진리다. 기름때에 전 시다바리에서 나를 구해준 원동력도 그 진리다. 시간은 모든 것을 해결해준다. 인성과 인품만은 시간이 해결하지 못한다. 나는 그 진리를 중국에서 사업을 하면서도 절감했다.

내 롤모델은 누구인가?

초등학교 5학년 때부터 지금까지 가장 많이 읽은 책이 있다면 『삼국지』이다. 가장 기억에 남는 대목이 있다. 초등학교 때 나는 말했다.

"나는 커서 관우처럼 될 거야."

당시 관운장은 내 롤모델이었다. 지금 봐도 관운장은 멋진 사나이다.

관우가 독화살에 맞아 독이 퍼져 살과 뼈가 썩어 들어가고 있었다. 화타라는 의원이 칼로 독을 긁어내야 한다고 했다. 관우는 바둑판을 가지고 오라고 한다. 바둑을 두는 동안 화타는 관우의 살을 째고, 팔을 갈라 뼛속의 독을 긁어내는 수술을 한다. 칼로 뼈에 있는 독을 긁어내는 '사각사각' 소리가

장막 너머까지 들렸다고 한다.

삶이 힘들 때마다 관운장을 떠올렸다. 그는 칼로 뼛속의 독을 긁어내는 수술을 하는데도 아무런 고통스러운 표정을 짓지 않았다. 신음 한 번 내지 않고 바둑에만 열중했다고 한다. 힘든 시간에도 나를 버티게 해준 것 중 하나가 관운장의 모습이었다.

중국에 가면 싸구려 식당에도 관우가 있다. 5성급 호텔 문 앞에서도 관우를 자주 본다. 계산대 앞에도 늘 관우가 있다. 심지어 중국에 안 가도, 우리나라 서울 동묘에 가도 관우가 있다. 관우는 중국에서 문을 지키는 신이다. 재물이 밖으로 나가지 않게 지키는 신이다. 나쁜 것이 들어오지 못하게 하는 신이다. 인간의 몸으로 태어나 신이 되려면 인간의 고통을 뛰어넘어야 한다. 예수님도 그랬고, 헤라클레스도 그랬고, 관우도 그랬다. 삶에 고통이 찾아올 때마다 관우를 떠올렸다.

그래서 『삼국지』를 읽으면서 언젠가는 중국에 가서 『삼국지』의 주 무대를 구경하고 싶었다. 중국을 무대로 세계를 돌아다니는 꿈을 꾸었다. 그러다가 기계 설비 건으로 장쑤청 쉬조우徐州에 들렀다. 『삼국지』의 주요 무대다. 쉬조우는 과거에 팽성이라고도 불렸다. 산세가 험하여 유비, 조조, 손권이 서로 차지하려고 한 중원지방이다. 이들만 그랬던 게 아니다. 『초한지』의 항우 장사 서초패왕도 팽성을 잃고 천하를 잃었다. 중국 5000년 동안 팽성을 얻은 자가 천하를 얻었다.

산세가 험해서 탐냈던 게 아니다. 천하의 싸움은 예나 지금이나 알고 보면 '먹고사니즘' 때문이다. 중국의 세금은 모두 팽성을 통해 지나갔다. 수운木運을 통한 물류의 중심지가 팽성이었다. 팽성을 차지한 국가는 부강해진다. 천하를 손에 쥐려면 이곳을 싸워 얻어야 한다. 그 팽성의 성벽을 둘러보았다. 감개무량하다.

또 다른 내 롤모델이 있었다. 유비 현덕이었다. 조조가 가장 견제하고 부러워 한 이가 있었다. 짚신과 돗자리를 팔아 생계를 이어갔던 유비였다. 유비는 조조의 지략도 손권의 용맹도 없었다. 그러나 사람을 대하는 데 있어 가장 중요한 덕을 지녔다. 진정성이 있는 덕이다. 유비에게는 관우, 장비, 제갈량, 조운, 황충, 마초, 위연, 방통 등 많은 인재가 있었다.

"덕은 사람을 모은다."

덕을 베풀고 산 사람에게 힘들고 어려운 일이 생기면 주위에 사람들이 모여들고 함께한다. 온종일 돌아다니면서 '유비, 관운장, 조조, 손권 이들은 이곳 전장에서 무슨 생각을 하였을까?' 하는 생각을 했다. 나는 그들의 생각과 느낌을 가져보았다.

아직도 중국 대륙을 향한 내 꿈은 진행형이다.

꿈 너머 꿈이 있다

★

초등학교 5학년 때부터 지하 셋방에 살았다. 비가 오면 천장에서 비가 샜다. 우리 집 천장에는 늘 알 수 없는 세계지도가 얼룩져 있었다. 이때 내 꿈은 햇빛 보는 집에서 비 걱정 안 하고 살아보는 것이었다.

중학교 때 낚시터에서 국밥 장사를 했다. 겨울 낚시터에서 쇠로 만든 체인으로 썰매를 끌었다. 차가운 기운이 손과 어깨에 바로 전해졌다. 너무 추웠다. 너무 차가웠다. 이때 내 꿈은 어디 가서 추위를 피하는 것이었다.

고등학교 때는 버스 토큰, 학생 버스표를 팔았다. 토큰 사러 온 손님이 오면 일어나서 팔아야 했다. 나는 오뚝이였다. 누웠다. 일어났다. 누웠다. 일어났다……. 소금 가마니까지 들다가 얻은 허리디스크는 평생 내 친구가 되었다. 이때 내 꿈은 버스 토큰, 학생 버스표 안 파는 것이었다.

군대 제대 후 1년 6개월은 늘 새벽 인력시장에서 일자리를 찾아야 했다. 잡부, 공구리, 하스리, 도배공, 페인트공, 이삿짐센터, 물류센터 등에서 일했다. 주로 공사장 잡부였다. 늘 하루 일당을 받고 일했다. 비가 오면 일을 하지 못했다. 이때 내 꿈은 월급 받는 직장에 다니는 것이었다.

나는 자동차정비공장을 몇 번 옮겼다.
"다른 기술을 배우고 싶었다."
"다른 세상을 보고 싶었다."
"넓은 세상을 보고 싶었다."
"세상을 알아가고 싶었다."

내게 지혜를 준 사람들이 있었다. 그들은 이렇게 말했다.
"꿈은 이루는 것이 아니라, 다가가는 것이다."
"한 우물만 파다 보니 다른 세상에 관심을 두지 않았어. 많은 꿈, 다양한 꿈을 꾸었더라면 다른 세상, 넓은 세상에서 더 많은 경험을 했을 수도 있다는 생각이 들어."
"꿈을 통해 기뻐하는 삶이 되도록, 오늘 이 순간을 즐기게……."

내가 힘든 과정을 참아낼 수 있었던 것도 바로 꿈이 있었기 때문이었다. 이때 내 꿈은 자동차정비공장 사장이었다. 결국 내가 간절히 원하던 자동차정비공장 사장이 되었다. 그 시절 내 꿈의 공간은 600평이었다.

그런데 한중 수교가 내게 또 다른 꿈을 주었다. 관운장의 모습이 떠올랐다. 중국 중원에서 적토마를 타고 달리며 청룡도를 휘두르는 두 자의 긴 수염과 대춧빛 얼굴, 봉황의 눈매를 지닌 관운장.

나는 중국으로 가기로 결심했다. 그런데 준비된 게 없었다. 나는 생각했다.

'유통업부터 시작해도 안 늦어. 하나씩 배워나가는 거야!'

이때 내 꿈은 유통업 사장이었다. 유통업을 4년 동안 운영하면서 준비 기간을 가졌다. 창고 안에 칸막이를 설치했다. 그 안에는 조그만 책상과 책을 밝혀줄 전등, 그리고 전기밥솥이 있었다. 어두컴컴한 창고 안, 스티로폼 위에서 먹고 자면서 책을 읽었다. 이때 내 꿈은 중국 무역 사장이었다.

중국에서 무역을 시작했다. 그런데 무역업을 하면서 꿈이 바뀌었다. 개인의 영달은 꿈이 될 수 없었다. 이때부터 새로운 꿈이 생겼다. 선생님이다. 중국과 한국에서 교육을 시작했다. 살아가면서 알아야 할 학습과 배움에 대해 말했다. '누구의 관점'에서 '왜?' '누구를 위하여?' 살아야 하는지 말했다.

지금 내 꿈은 도서관을 짓는 목수가 되는 것이다. 공사장 잡부 시절 익힌 삽질, 자동차정비공장 정비공 시절 익힌 용접기술로 도서관을 짓는 데 도움이 되고 싶다. 정비공 때 잡은 판금 망치가 도서관을 짓는 데 사용되는 목수 망치로 바뀐다니 심장이 뛴다. 내 꿈은 다시 고향으로 돌아가는 것이다. 공사장 잡부, 자동차 정비공으로……. 그동안 내 몸에 맞지 않은 과분한 옷을 걸친 것 같다.

나는 많은 경험을 하고 많은 책을 읽기를 권한다. 죽을 때까지 배움과 학습은 이어져야 한다. 교육은 삶 속에서 이루어져야 한다. 배운 것을 실행實行하고, 알고 있는 것을 실천實踐해야 한다. 아이, 어른 할 것 없이 살아가면서 많은 경험을 하는 것이 좋다. 또한 살아가면서 많은 책을 읽는 것도 좋다. 경험과 이론은 둘 다 필요하다. 지상병담(紙上兵談: 경험 없는 이론)은 쓸모가 없다. 경험과 이론이 완벽하게 갖추고 있더라도, 자신을 뛰어넘지 못한 이론은 사라져가는 안개와 같다. 나 자신을 뛰어넘어야 한다. 에고를 없애야 한다. 에고를 버려야 한다. 에고가 죽어야 한다. 그래야 세상의 많은 이들의 죽어가는 생명과 영혼을 살릴 수 있다.

나를 없애고, 버리고, 내가 죽어야만 세상과 연결되고 경계가 사라진다. 지식의 경계, 학문의 경계, 사상의 경계, 종교의 경계가 사라진다. 세상에 대해 알려고 하지 말라. 세상을 알려고 다가갈수록 세상은 달아난다. 세상에 대해 알려고 하지 말고, 그 안에 머물러 알아차리고 깨달아라. 진정성을 가지고 오직 진실만을 찾는 자, 자신을 초월하고 영적 수준에 있는 자들 중에 그는 선택한다. 그는 자신이 선택한 자와 '공동창조'를 한다.

지금 호흡하는 순간, 존재의 의미는 시작되었다. 각자 자신의 위치(位)에서 화살을 힘껏 당겨 쏘아라. 화살은 멀리 날아가 과녁(的)에 꽂힌다. 삶의 방향과 마지막 도착점이 어디인가를 살펴보아라. 도착점(목적지)에서 뒤를 돌아보아라. 지난 시간은 다 지나가는 과정이었다. 이제 자신 있게 말하라.

"나는 다 이루었다."

지난 인생의 수많은 역경과 고난의 시간을 강건하게 잘 견디어 왔다.
동등한 위치(인격적. 수평적. 협력관계)에서 사회적 약자에게 '나눔-도움-돌봄'을 주어라.
내 삶이 오늘 하루만 남아 있다면, 내가 하고 싶은 일을 하는 것보다는 그들에게 내가 가지고 있는 자원을 나누어라. 그들에게 '도움'을 주고 돌봐주어라 .
사람의 한 단면만 보고 판단하지 말고, 상대의 마음을 알아가면 결국 진실이 나온다. 영혼은 아름답다. 본연의 마음을 알아가면 세상이 보인다.

결국 아무것도 없는 무경계의 세상이고, 아무것도 존재하지 않는 공空의 세상이다.

지금 여러분은 '자신의 역사'를 쓰고 있다.

자신의 역사는 과거가 되어서는 안 된다. 지나간 일은 과거일 뿐이다. 자신의 역사는 미래를 향하고 있어야 한다. 왜냐하면, 새롭게 쓰이고 이어져야 하기 때문이다. 여러분의 역사는 현재 진행형이다. 살아 숨 쉬는 동안, 여러분의 이야기는 계속 쓰일 것이다. 자신의 역사는 혼자 쓰는 것이 아니라 함께 쓰이는 것이다. 여러분의 역사는 '하늘에 기록'되고 있다.

나는 꿈에 대해 말하고 싶다. 꿈은 목표를 뛰어넘어야 한다. '내 삶의 의미意味는 무엇인가?'

목표目標는 눈으로 보이는 대상물에만 한정된다. 의미意味가 뜻하는 것이 무엇인지 맛을 보아라. 가치와 목표를 머리로 생각하지 말고 마음으로 느껴야 한다. 세상 사람들은 유有를 찾으려 한다. 눈을 감고 마음의 눈으로 의미를 찾아보아라. 눈에 보이는 삶의 목표는 티끌에 불과하다.

만 번 생각보다 한 번 행동하라. 만 번 행동보다 한 번 변화하라. 세상은 변화하는 자와 함께한다. 도전-시련-성취-변화-성장하면서 꿈을 꾸자. 많은 꿈을 꾸자. 다양한

꿈을 꾸자. 혼자가 아닌 함께하는 꿈을 꾸자. 혼자가 아닌
함께하는 꿈을 만들어가자.

"자신의 존재를 잊어라."
"숨소리도, 호흡하는 것도 잊어라."
"세상에는 아무것도 없다."

"꿈 너머 꿈이 있다."
"믿으면 이루어진다."
"믿는 순간, 미래는 현재가 된다."
"간절히 원하면 이루어진다."
"두드리라. 그리하면 열릴 것이다."

– 지나간 시간에 대해 아쉬워하지 마라

 땅에 발을 디디고 사는 사람들의 영혼은 고통 속에서 사라진다. 늘 깨어있어라. 깨달음은 영혼에 생명을 준다. 그는 시간과 공간을 옮겨놓고 결과도 만들어 놓았다. 그의 계획대로 내 삶은 결정된다.

 그의 목적이 무엇인가? 우리들의 삶의 목적은 무엇인가?

 그는 그의 목적을 깨달은 자를 원한다. 그는 그의 목적을 실행한 자를 선택한다.

– 삶의 목적이 있으면 삶의 의미와 가치, 개인의 역사가 바뀐다.

– 삶의 목적을 깨닫는 순간, 시공간이 자유로움을 느낀다.

– '나는 원한다.'라는 것은 머리로 원하는 것이다. '나는 간절히 원한다.'라는 것은 마음으로 원하는 것이다.

– 나의 역할

인성과 인품이 되는 사람이 '사람을 세우는 사람'이 되도록 하는 것이 내 역할이다. 머리로 아는 '지식인知識人'이 아닌 마음으로 함께하는 '진정성眞情性'을 가진 사람이 되기를 원한다.

"미안합니다."

"부끄럽습니다."

"고맙습니다."

"감사합니다."

"사랑합니다."

– 왜(Why), 무엇(What), 어떻게(How)에 대해 늘 자문해야 한다.

과거-현재-미래를 정렬을 시켰을 때, 첫 번째 교차되는 지점, 즉 내 몸을 또 다른 나에게 투영시킬 수 있는 첫 관문이 왜Why이다.

– 나는 첫 수업 시간에 가장 먼저 하는 말이 있다.

"수업을 받는 분도 선생님이시고, 수업을 진행하는 저도 선생님입니다."

"저 역시 배우는 입장이니 저에게도 피드백 부탁드립니다."
"변화와 성장은 열린 마음-수용-인정-감사입니다."

– 욕심을 가지는 순간, 자신의 성장은 멈춘다. 선한 말, 선한 생각, 선한 마음, 선한 행동을 하라. 선한 행동으로 '새로운 사건'을 만들어라. 지금 여러분의 과거, 현재, 미래는 변하고 있다.

– 지난 시간을 돌이켜보면 많은 사람들이 내게 도움을 주었다. 지금 내 모습은 나 혼자 능력으로 된 것이 아니었다. 만남을 통해 도리道里를 알았고, 살아가면서 우리 모두가 각자의 삶의 주인공이라는 것을 알았고, 세상을 알아가면서 누구나 아름다운 영혼을 가지고 있다는 것을 알았다.

– 내게는 세 분의 스승님이 계셨다.
'반복의 스승님' '침묵의 스승님' '성찰의 스승님'

– 늘 깨어있으라! 알아차려라!

– 사람은 우주이다. 개개인 모두 무한한 자원과 에너지가 있다.

– 끊임없이 생각하라. 실행하면서 수정하고, 수정하면서 실행하라.

– 생각은 상상의 날개를 달아준다. 의식은 시공간을 연결한다.

– 지식을 자랑하지 마라. 경험을 자랑하지 마라. 침묵沈黙하라.

– 사람이 지녀야 할 최소한의 인격과 양심은 부끄러움과 미안함이다.

– 신뢰는 목숨이다. 신뢰를 잃으면 모든 것을 잃는다. 진정성眞情性은 생명이다. 진정성이 없으면 이미 모든 것을 잃은 것이다.

– 말로 상대를 속일 수 있다. 행동으로도 상대를 속일 수 있다. 그러나 세상은 '그대의 삶'을 보고 속지 않는다.

– 거짓은 방해물과 위험물을 만드는 힘을 지녔다. 자신에게 솔직해지면 '괴물'은 사라진다. "자신에게 솔직해져라!"

– 불편한 만남은 불편한 관계를 만든다. 참된 만남은 참된 관계를 만든다.

– 동행同行이란 함께 간다는 사실이 아니라, 함께 가고 있다는 것을 느끼는 것이다.

– 그릇의 크기는 생각과 행동이 결정한다. 그러나 '사람 그릇'은 인성人性이 결정한다.

– 세상에 '공부工夫' 만큼 특별한 것이 없다.

- 배움은 심미안(審美眼)을 가져다준다.

'시간, 공간, 위치, 방향, 크기, 모양, 관계, 공空, 자유, 죽음, 초월, 사랑'

세상을 아름답게 보는 눈과 마음을 가진 자는 자기 정렬整列을 뛰어넘어 자기 행렬行列도 가능하다. 자기 행렬을 뛰어넘는 자만이 2, 3인칭의 타자행렬他者行列도 가능하다.

- 세상 사람들은 눈에 보이는 것을 평가한다. 세상은 눈에 보이는 것보다는 보이지 않는 것이 더 소중하다. 세상은 눈으로 보는 것이 아니라, 마음으로 보는 것이다. 마음으로 보고, 듣고, 느낄 때, 보다 더 큰 세상이 열린다.

- 책을 보고 가르쳐 주는 것보다, 삶에서 체득한 것을 '삶의 언어'로 말해야 한다. 내 '행동과 사건' 안에서 보는 것과 밖에서 보는 것은 뚜렷한 차이가 있기 때문이다.

- 과거의 '나'는 현재의 '나'에게 목표를 알려준다. 미래의 '나'는 현재의 '나'에게 목적을 알려준다. 하늘을 보면 꿈이 보이고, 하늘은 내게 소망을 준다.

- 내 현재가 바뀌어도 내 미래는 바뀌지 않는다. 내 미래를 바꾸어야 내 현재가 바뀐다. 왜냐하면 현재의 '나'는 과거의 '나'이기 때문이다.

440

- 공(空)은 자유를 만든다. 공(空)에 대한 집착에서 벗어나라. 공
  (空)에서 자유로움을 누려라.

- 땅을 파고 더 내려와야 한다. 내려와서 자신의 부끄러움을 알아
  야 한다.

  그에게 숨김없이 아뢰고, 용서를 구해야 한다. 내려놓고
  내려온 자만이 세상을 더 멀리, 더 깊게 볼 수 있다.

- 나는 세상을 알려고 했다. 세상을 아는 것은 내 한계이고, 할 수
  있는 것도 내 한계였다. 인간의 능력은 한계점에 도달한다.

  "그가 무엇을 원하는가?" "그의 메시지에 주파수를 맞춰라!"
  "그는 사람과 환경을 등장시키고 있다. 그의 관점과 시선으
  로 세상을 보아야 한다. 삼라만상, 그의 계획 하에 있다."
  "땅에 가치를 두지 마라. 땅의 시간은 순간이다. 그에게 모
  든 것을 맡겨라. 그가 결정한다."

- 한 걸음, 한 걸음 옮길 때마다 새로운 시간과 장소, 기회와 선택
  이 있다. 내가 선택하는 것이 아니라 그에게 아뢰고 실행하는 것
  이다. 그는 나와 늘 함께하시고, 이 땅의 삶을 떠나도 그는 나와
  영원히 함께하신다.

"저는 지금 지구 여행을 하고 있습니다.

일정이 짧으면 소풍,

일정이 조금 길어지면 여행이 되겠습니다.

이제 제가 살던 고향으로 돌아갈 시간도

얼마 남지 않았습니다.

그가 부르면 바로 가야 합니다. 큰 별로 다시 돌아갑니다.

재미, 신남, 기쁨, 즐거움, 행복을 가지고 갑니다."

꿈/희망/도전

CHALLENGE KOREA

미래창직 경진대회
최우수상

대한민국국회

권익철 국제교사
캘리포니아 NLP University

도전한국 2018-11-18호

최우수상

성 명 : 권익철 국제교사
소 속 : 미국 캘리포니아 NLP 대학교

귀하는 도전한국인운동본부가 주최하고 정부부
처 등이 후원하는 '4차 산업혁명 미래직업 창
직 경진대회'에서 우수한 성적을 거두었기에
최우수상을 드립니다.

2018년 11월 24일

 도전한국인운동본부

후원ㅣ고용노동부 / 과학기술정보통신부 / 산업통상자원부 / 중소벤처기업부
대통령직속 산업혁명위원회 / / 서울특별시 / 부산광역시 / 인천광역시
대전광역시 / 경기도 / 충청남도 / / 한국세정군수구청장협의회

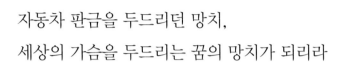

자동차 판금을 두드리던 망치,
세상의 가슴을 두드리는 꿈의 망치가 되리라

권선복

|도서출판 행복에너지 대표

요즘 사회에는 더 이상 낭만적인 부와 성공, 꿈이 없다고 합니다. 북한 고향 땅에서 끌고 나온 소를 판 밑천으로 성공한 후, 다시금 황소 500마리와 트럭째 고향에 되갚은 어느 대기업 회장님의 일화는 참 멀게 느껴집니다. 서울대학교 입학생 중 상당수가 이미 부유한 집안의 자제들로 채워져 있다는 소리를 들을 때면, 시골에서 서울대 수석을 했다느니, 사법고시에 합격해서 판·검사가 되었다느니 하는 이야기들은 이미 공중에 흩어져 버린 부질없는 구름 같습니다. 질풍노도가 휘몰아치는 열정의 시대는 지나가고, 잔물결조차 없는 고요하고 적막한 호숫가를 모두가 관망만 하는 시대입니다. 그런데 이 잔잔한 호숫가에 어느 자동차 정비공이 열

심히 물수제비를 띄웁니다.

『두드려라, 꿈이 열릴 것이다』

이 책 속에 담긴 그의 삶은 어쩌면 물수제비 정도가 아니라 고요를 깨는 판금 망치질입니다. 지독한 흙수저에서 출발해 오직 망치 하나로 자신의 삶을 하나하나 개척해 나갔습니다. 왠지 그의 삶을 보면 '토르Thor'가 떠오릅니다. 요즘 헐리우드 영화 〈어벤저스〉를 보면 북유럽 신화 속 천둥의 신 토르가 주인공 중 하나입니다. 토르는 원래 농업의 신이었습니다. 망치 하나로 척박한 돌을 바수어 흙을 만들고, 곡식을 심고, 구름을 모아 천둥을 불러일으켜 결국엔 비옥한 농작물을 수확해 냅니다. 무無에서 망치 하나로 모든 것을 이루어 낸 '꿈 사냥꾼' 권익철. 그가 바로 토르입니다.

특히나 이 책이 나올 겨울 무렵의 거리엔 희망과 절망으로 나뉜 젊음들이 넘쳐 납니다. 100세 인생 시대에 시험 한 문제로 인해 나머지 삶의 꽃떨기가 사라진 듯 좌절하는 안타까운 젊음들, 취업으로 번번이 고배를 마시는 우울한 청춘들……. 삶의 꿈으로 벅차야 할 시기에 우리는 결코 좌절할 수 없습니다. 여러분, 여기 17살 익철이가 건네는 희망의 망치로 꿈의 성문을 두드려 보시기 바랍니다.

하루 5분, 나를 바꾸는 긍정훈련

행복에너지

'긍정훈련' 당신의 삶을
행복으로 인도할
최고의, 최후의 '멘토'

'행복에너지
권선복 대표이사'가 전하는
행복과 긍정의 에너지,
그 삶의 이야기!

인터파크
자기계발 분야 주간
베스트 1위

권선복 지음 | 15,000원

권선복

도서출판 행복에너지 대표
영상고등학교 운영위원장
대통령직속 지역발전위원회
문화복지 전문위원
새마을문고 서울시 강서구 회장
전) 팔팔컴퓨터 전산학원장
전) 강서구의회(도시건설위원장)
아주대학교 공공정책대학원 졸업
충남 논산 출생

책 『하루 5분, 나를 바꾸는 긍정훈련 - 행복에너지』는 '긍정훈련' 과정을 통해 삶을 업
그레이드하고 행복을 찾아 나설 것을 독자에게 독려한다.

긍정훈련 과정은 [예행연습] [위밍업] [실전] [강화] [숨고르기] [마무리] 등 총
6단계로 나뉘어 각 단계별 사례를 바탕으로 독자 스스로가 느끼고 배운 것을 직접
실천할 수 있게 하는 데 그 목적을 두고 있다.

그동안 우리가 숱하게 '긍정하는 방법'에 대해 배워왔으면서도 정작 삶에 적용시키
지 못했던 것은, 머리로만 이해하고 실천으로는 옮기지 않았기 때문이다. 이제
삶을 행복하고 아름답게 가꿀 긍정과의 여정, 그 시작을 책과 함께해 보자.

『하루 5분, 나를 바꾸는 긍정훈련 - 행복에너지』